中国最有作为皇帝演义
ZHONGGUOZUIYOUZUOWEI HUANGDIYANYI

汉高祖刘邦

【清】蔡东藩◎著

新华出版社

图书在版编目（CIP）数据

汉高祖刘邦／蔡东藩著. -北京：新华出版社，2015.7
（中国最有作为皇帝演义）
ISBN 978-7-5166-1843-1
Ⅰ.①汉… Ⅱ.①蔡… Ⅲ.①章回小说—中国—现代 Ⅳ.①I246.4
中国版本图书馆CIP数据核字（2015）第158061号

汉高祖刘邦

作　　者：蔡东藩

出 版 人：张百新　　选题策划：要力石
封面设计：李尘工作室　　责任印制：廖成华
责任编辑：刘广军　郑建玲

出版发行：新华出版社
地　　址：北京石景山区京原路8号　　邮　　编：100040
网　　址：http：//www.xinhuapub.com　　http：//press.xinhuanet.com
经　　销：新华书店
购书热线：010-63077122　　中国新闻书店购书热线：010-63072012

照　　排：钟铉工作室
印　　刷：北京文林印务有限公司

成品尺寸：145mm×210mm
印　　张：11.5　　字　　数：190千字
版　　次：2015年8月第一版　　印　　次：2015年8月第一次印刷

书　　号：ISBN 978-7-5166-1843-1
定　　价：48.00元

出版说明

蔡东藩（1877–1945），清山阴县临浦（今属浙江省杭州市萧山）人。近代著名演义小说作家、历史学家。14岁中秀才，后又进京朝考，名列优贡，分发福建候补知县，因不满官场恶习，数月后即称病回乡。辛亥革命之后，先后在杭州、绍兴等地教书。1916年开始，蔡东藩用10年时间完成了《中国历朝通俗演义》，时间跨度自秦始皇到民国九年，凡2166年。其内容跨越时间之长、人物之众、篇制之巨，堪称历史演义之最，被誉为“一代史家，千秋神笔”。

蔡东藩先生的这套历史演义，在史料上遵循“以正史为经，务求确凿，以轶闻为纬，不尚虚诬”的原则，在体裁上突出“义以载事，即以道情”的特点，并且自写正文，自写批注，自写评述，是历史性与趣味性相融合的典范之作。此套书是毛泽东的枕边书，也深受诸多历史学家好评，顾颉刚先生认为“蔡先生对史料的运用与取舍，采取了相当认真的态度”，“随意翻览一下，说不定会有提纲挈领的功效”。著名历史小说作家二月河认为“读蔡先生的书可以导你入门，且是独此一家，别无分店”。因而对于大众读者来说，读《二十四史》，不如读蔡东藩。

本套“中国最有作为皇帝演义”即从《中国历朝通俗演义》中精选出中国历史上8位杰出皇帝，删芜就简，以飨读者。丛书包括《汉高祖刘邦》《汉武帝刘彻》《光武帝刘秀》《唐太宗李世民》《宋太祖赵匡胤》《元太祖成吉思汗》《明太祖朱元璋》《清圣祖康熙》。丛书经过精心编选，除却个别地方为保持语句畅通而做了微小改动之外，其余完全遵循蔡东藩先生的原著。丛书对于历史爱好者、帝王研究者和各类文化学者而言，具有很高的收藏、研赏价值。

编者

2015年7月

目录

第一回 降真龙光韬泗水 斩大蛇夜走丰乡

却说秦二世元年九月，江南沛县地方，有个丰乡阳里村，出了一位真命天子，起兵靖乱，后来就是汉朝高祖皇帝，姓刘名邦字季。父名执嘉，母王氏，名叫含始。执嘉生性长厚，为里人所称美，故年将及老，时人统称为太公。王氏与太公年龄相等，因亦呼为刘媪。刘媪尝生二子，长名伯，次名仲，伯、仲生时，无甚奇异，到了第三次怀孕，却与前二胎不同。相传刘媪有事外出，路过大泽，自觉脚力过劳，暂就堤上小坐，闭目养神，似寐非寐，蓦然见一个金甲神人，从天而下，立在身旁，一时惊晕过去，也不知神人作何举动。此亦与姜嫄履拇同一怪诞，大抵中国古史，好谈神话，故有此异闻。惟太公在家，记念妻室，见他久出未归，免不得自去追寻。刚要出门，天上忽然昏黑，电光闪闪，雷声隆隆，太公越觉着急，忙携带雨具，三脚两步，趋至大泽。遥见堤上睡着一人，好似自己的妻房，但半空中有云雾罩住，回环浮动，隐约露出鳞甲，像有蛟龙往来。当下疑惧交乘，又复停住脚步，不敢近前。俄而云收雾散，天日复明，方敢前往审视，果然是妻室刘媪，欠伸欲起，状态蒙眬，到此不能不问。偏刘媪似无知觉，待至太公问了数声，方睁眼四顾，开口称奇。太公又问她曾否受惊，刘媪答道："我在此休息，忽见神人下降，遂至惊晕，此后未知何状。今始醒来，才知乃是一梦。"太公复述及雷电蛟龙等状，刘媪全然不知，好一歇神气复原，乃与太公俱归。

不意从此得孕，过了十月，竟生一男。难道是神人所生么？长颈高鼻，左股有七十二黑痣。太公知为英物，取名为邦，因他排行最小，就以季为字。太公家世业农，承前启后，无非是春耕夏耘，秋收冬获等事。伯仲二子，亦就农业，随父营生。独刘邦年渐长大，不喜耕稼，专好浪游。太公屡戒勿悛，只好听他自由。惟伯、仲娶妻以后，伯妻素性悭吝，见邦身长七尺八寸，正是一个壮丁，奈何勤吃懒做，坐耗家产，心中既生厌恨，口中不免怨言。太公稍有所闻，索性分析产业，使伯、仲挈眷异居。邦尚未娶妻，仍然随着父母。

光阴易过，倏忽间已是弱冠年华，他却不改旧性，仍是终日游荡，不务生产。又往往取得家财，结交朋友，征逐酒食。太公本说邦秉资奇异，另眼相看，至此见他年长无成，乃斥为无赖，连衣食都不愿周给。邦却怡然自得，不以为意，有时恐乃父叱逐，不敢回家，便至两兄家内栖身。两兄究系同胞，却也呼令同食，不好漠视。哪知伯忽得疾，竟致逝世，伯妻本厌恨小叔，自然不愿续供了。邦胸无城府，直遂径行，不管她憎嫌与否，仍常至长嫂家内索食。长嫂尝借口孤寡，十有九拒，邦尚信以为真。一日更偕同宾客数人，到长嫂家，时正晌午，长嫂见邦复至，已恐他来扰午餐，讨厌得很，再添了许多朋友，越觉不肯供给，双眉一皱，计上心来，急忙趋入厨房，用瓢刮釜，佯示羹汤已尽，无从取供。邦本招友就食，乘兴而来，忽闻厨中有刮釜声，自悔来得过迟，未免失望。友人倒也知趣，作别自去。邦送友去后，回到长嫂厨内，探视明白，见釜上蒸气正浓，羹汤约有大半锅，才知长嫂逞刁使诈，一声长叹，掉头而出。不与长嫂争论，便是大度。

嗣是绝迹不至嫂家，专向邻家两酒肆中，做了一个长年买主。有时自往独酌，有时邀客共饮。两酒肆统是妇人开设，一呼王媪，一呼武妇。史记作负，负与妇通。二妇虽是女流，却因邦为毗邻少年，也不便斤斤计较；并且邦入肆中，酤客亦皆趋集，统日计算，比往日得钱数倍，二主妇暗暗称奇，所以邦要赊酒，无不应允。邦生平最嗜杯中物，见二肆俱肯赊给，乐得尽情痛饮，往往到了黄昏，尚未回去，还要痛喝几杯。待至醉后懒行，索性假寐座上，鼾睡一宵。王媪、武妇本拟唤他醒来，促令回家，谁知他头上显出金龙，光怪离奇，不可逼视。那时二妇愈觉希罕，料邦久后必贵，每至年终结账，也不向邦追索。邦本阮囊羞涩，无从偿还，历年宕账，一笔勾销罢了。两妇都也慷慨。

但邦至弱冠后，非真绝无知识，也想在人世间，做些事业，幸喜交游渐广，有几人替他谋划，教他学习吏事。他一学便能，不多时便得一差，充当泗上亭长。亭长职务，掌判断里人狱讼，遇有大事，乃详报县中，因此与一班县吏，互相往来。最莫逆的就是沛县功曹，姓萧名何，与邦同乡，熟谙法律。何为三杰之一，故特笔叙出。次为曹参、夏侯婴诸人，每过泗上，邦必邀他饮酒，畅谈肺腑，脱略形骸。萧何为县吏翘楚，尤相关切，就使刘邦有过误等情，亦必代为转圜，不使得罪。

会邦奉了县委，西赴咸阳，县吏各送赆仪，统是当百钱三枚，何独馈五枚。及邦既入咸阳城，办毕公事，就在都中闲逛数日。但见城阙巍峨，市廛辐凑，车马冠盖，络绎道旁，已觉得眼界一新，油然生感。是时始皇尚未逝世，坐了銮驾，巡行都中。邦得在旁遥观，端的是声灵赫濯，冠冕堂皇，至御驾经过，邦犹徘徊瞻望，喟然叹息道："大丈夫原当如是哩！" 人人想做皇帝，无怪刘季。

既而出都东下，回县销差，仍去做泗上亭长。约莫过了好几年，邦年已及壮了，壮犹无室，免不得怅及鳏居。况邦原是好色，怎能忍耐得住？好在平时得了微俸，除沽酒外，尚有少许余蓄，遂向娼寮中寻花问柳，聊做那蜂蝶勾当。里人岂无好女？只因邦向来无赖，不愿与婚。邦亦并不求偶，还是混迹平康，随我所欲，费了一些缠头资，倒省了多少养妇钱。

会由萧何等到来晤谈，述及单父单音善，父音斧。县中，来了一位吕公，名父字叔平，与县令素来友善。此次避仇到此，挈有家眷，县令顾全友谊，令在城中居住，凡为县吏，应出资相贺云云。邦即答道："贵客辱临，应该重贺，邦定当如约。"说毕，大笑不止。已寓微旨。何亦未知邦怀何意，匆匆别去。越日，邦践约进城，访得吕公住处，昂然径入。萧何已在厅中，替吕公收受贺仪，一见刘邦到来，便宣告诸人道："贺礼不满千钱，须坐堂下！”明明是戏弄刘邦。刘邦听着，就取出名刺，上书贺钱盈万，因即缴进。当有人持刺入报，吕公接过一阅，见他贺礼独丰，格外惊讶，便亲自出迎，延令上坐。端详了好一会儿，见他日角斗胸，龟背龙股，与常人大不相同，不由得敬礼交加，特别优待。萧何料邦乏钱，从旁揶揄道：“刘季专好大言，恐无实事。”吕公明明听见，仍不改容，待至酒肴已备，竟请邦坐首位。邦并不推让，居然登席，充作第一位嘉宾。大众依次坐下，邦当然豪饮，举杯痛喝，兴致勃然。到了酒阑席散，客俱告辞，吕公独欲留邦，举目示意。邦不名一钱，也不加忧，反因吕公有款留意，安然坐着。吕公既送客出门，即入语刘邦道：“我少时即喜相人，状貌奇异，无一如季，敢问季已娶妇否？”邦答称尚未。吕公道：“我有小女，愿奉箕帚，请季勿嫌。”邦听了此言，真是喜从天降，乐得应诺。当即翻身下拜，行舅甥礼，并约期亲迎，欢然辞去。吕公入告妻室，已将娥姁许配刘季。娥姁即吕女小字，单名为雉。吕媪闻言动怒道：“君谓此儿生有贵相，必配贵人，沛令与君交好，求婚不允，为何无端许与刘季？难道刘季便是贵人么？”吕公道：“这事非儿女子所能知，我自有慧鉴，断不致误！”吕媪尚有烦言，毕竟妇人势力，不及乃夫，只好听吕公备办妆奁，等候吉期。转瞬间吉期已届，刘邦着了礼服，自来迎妇。吕公即命女雉装束齐整，送上彩舆，随邦同去。邦回转家门，迓女下舆，行过了交拜礼，谒过太公刘媪，便引入洞房。揭巾觑女，却是仪容秀丽，丰采逼人，不愧英雌。顿时惹动情肠，就携了吕女玉手，同上阳台，龙凤谐欢，熊罴叶梦。过了数年，竟生了一子一女，后文自有表见，暂且不及报名。

只刘邦得配吕女，虽然相亲相爱，备极绸缪，但他是登徒子一流人物，怎能遂不二色？况从前在酒色场中，时常厮混，免不得藕断丝连，又去闲逛。凑巧得了一个小家碧玉，楚楚动人，询明姓氏，乃系曹家女子，彼此叙谈数次，竟弄得郎有情，女有意，合成一场露水缘，曹女却也有识。她却比吕女怀妊，还要赶早数月，及时分娩，就得一男。里人多知曹女为刘邦外妇，邦亦并不讳言，只瞒着一个正妻吕雉，不使与闻。已暗伏吕雉之妒。待吕氏生下一子一女，曹女尚留住母家，由邦给资赡养，因此家中只居吕妇，不居曹妾。

邦为亭长，除乞假归视外，常住亭中。吕氏但挈着子女，在家度日。刘家本非富贵，只靠着几亩田园，作为生活，吕氏嫁夫随夫，暇时亦至田间刈草，取做薪刍。适有一老人经过，顾视多时，竟向吕氏乞饮。吕氏怜他年老，回家取汤给老人，老人饮罢，问及吕氏家世，吕氏略述姓氏，老人道：“我不意得见夫人，夫人日后必当大贵。”吕氏不禁微哂，老人道：“我素操相术，如夫人相貌，定是天下贵人。”当时何多相士。吕氏将信将疑，又引子至老人前，请他相视，老人抚摩儿首，且惊且语道：“夫人所以致贵，便是为着此儿。”又顾幼女道：“此女也是贵相。”说毕自去。适值刘邦归家，由吕氏具述老人言语，邦问吕氏道：“老人去了，有多少时候？”吕氏道：“时候不多，想尚未远。”邦即抢步追去，未及里许，果见老人踯躅前行。便呼语道：“老丈善相，可为我一看否？”老人闻言回顾，停住脚步，即将邦上下打量一番，便道：“君相大贵，我所见过的夫人子女，想必定是尊眷。”邦答声称是。老人道：“夫人子女，都因足下得贵，婴儿更肖足下，足下真贵不可言。”邦喜谢道：“将来果如老丈言，决不忘德！”老人摇首道：“这也何足称谢。”一面说，一面转身即行，后来竟不知去向。至刘邦兴汉，遣人寻觅，亦无下落，只得罢了。惟当时福运未至，急切不能发迹，只好暂作亭长，静待机会。

闲居无事，想出一种冠式，拟用竹皮制成。手下有役卒两名，一司开闭埽除，一司巡查缉捕，当下与他商议，即由捕盗的役卒，谓薛地颇有冠师，能作是冠，邦便令前去。越旬余见他返报，呈上新冠，高七寸，广三寸，上平如板，甚合邦意。邦就戴诸首上，称为刘氏冠。后来垂为定制，必爵登公乘，才得将刘氏冠戴着。这乃是汉朝特制，为邦微贱时所创出，后人号为鹊尾冠，便是刘邦的遗规了。叙入此事，见汉朝创制之权舆。

二世元年，秦廷颁诏，令各郡县遣送罪徒，西至骊山，添筑始皇陵墓。沛县令奉到诏书，便发出罪犯若干名，使邦押送前行。邦不好怠玩，就至县中带同犯人，向西出发。一出县境，便逃走了好几名，再前行数十里，又有好几个不见，到晚间投宿逆旅，翌晨起来，又失去数人。邦孑然一身，既不便追赶，又不能禁压，自觉没法处置，一路走，一路想，到了丰乡西面的大泽中，索性停住行踪，不愿再进。泽中有亭，亭内有人卖酒，邦嗜酒如命，怎肯不饮，况胸中方愁烦得很，正要借那黄汤，灌浇块垒，当即觅地坐下，并令大众都且休息，自己呼酒痛饮，直喝到红日西沉，尚未动身。

既而酒兴勃发，竟抽身语众道："君等若至骊山，必充苦役，看来终难免一死，不得还乡，我今一概释放，给汝生路，可好么？"大众巴不得有此一着，听了邦言，真是感激涕零，称谢不置。邦替他一一解缚，挥手使去，众又恐刘邦得罪，便问邦道："公不忍我等送死，慨然释放，此恩此德，誓不忘怀，但公将如何回县销差？敢乞明示。”邦大笑道：“君等皆去，我也只好远扬了，难道还去报县，寻死不成？”道言至此，有壮士十数人，齐声语邦道：“如刘公这般大德，我数人情愿相从，共同保卫，不敢轻弃。”邦乃申说道：“去也听汝，从也听汝。”于是十数人留住不行，余皆向邦拜谢，踊跃而去。刘邦胆识，可见一斑。

邦乘着酒兴，戴月夜行，壮士十余人，前后相从。因恐被县中知悉，不敢履行正道，但从泽中觅得小径，鱼贯而前。小径中最多荆莽，又有泥洼，更兼夜色昏黄，不便急走。邦又醉眼模糊，慢慢儿地走将过去，忽听前面哗声大作，不禁动了疑心。正要呼问底细，那前行的已经转来，报称大蛇当道，长约数丈，不如再还原路，另就别途。邦不待说毕，便勃然道：“咄！壮士行路，岂畏蛇虫？”说着，独冒险前进。才行数十步，果见有大蛇横架泽中，全然不避，邦拔剑在手，走近蛇旁，手起剑落，把蛇劈作两段。复用剑拨开死蛇，辟一去路，安然趋过。行约数里，忽觉酒气上涌，竟至昏倦，就择一僻静地方，坐下打盹，甚且卧倒地上，梦游黑甜乡。待至醒悟，已是鸡声连唱，天色黎明。

适有一人前来，也是丰乡人氏，认识刘邦，便与语道：“怪极！怪极！”邦问为何事？那人道：“我适遇着一个老妪，在彼处野哭，我问他何故生悲？老妪谓人杀我子，怎得不哭？我又问他子何故被杀，老妪用手指着路旁死蛇，又向我呜咽说着，谓我子系白帝子，化蛇当道，今被赤帝子斩死，言讫又泪下不止。我想老妪莫非疯癫，把死蛇当作儿子，因欲将她笞辱，不意我手未动，老妪已经不见。这岂不是一件怪事？”邦默然不答，暗思蛇为我杀，如何有白帝、赤帝等名目，语虽近诞，总非无因，将来必有征验，莫非我真要做皇帝么？想到此处，又惊又喜，那来人还道他酒醉未醒，不与再言，掉头径去。邦亦不复回乡，自与十余壮士，趋入芒、砀二山间，蛰居避祸去了。小子有诗咏道：

不经冒险不成功，仗剑斩蛇气独雄。

漫说帝王分赤白，乃公原不与人同。

刘邦避居芒、砀山间，已有数旬，忽然来了一个妇人，带了童男童女，寻见刘邦。欲知此妇为谁，请看下回便知。

本回叙刘季微贱时事，脱胎《高祖本纪》，旁采史汉各传，语语皆有来历，并非向壁虚造。惟史官语多忌讳，往往于刘季所为，舍瑕从善，经本回一一直叙，才得表明真相，不没本来。盖刘季本一酒色徒，其所由得成大业者，游荡之中，具有英雄气象，后来老成练达，知人善任，始能一举告成耳。若刘媪之感龙得孕，老妪之哭蛇被斩，不免为史家附会之词；然必谓竟无此事，亦不便下一断笔。有闻必录，抑亦述史者之应有事也。

第二回 戕县令刘邦发迹 杀郡守项梁举兵

却说芒、砀二山，本来是幽僻的地方，峰回路转，谷窈林冥。刘邦与壮士十余人，寄身此地，无非为避祸起见，并恐被人侦悉，随处迁移，踪迹无定。偏有一妇人带着子女，前来寻邦，好像河东熟路，一寻就着。邦瞧将过去，不是别人，正是那妻室吕氏。夫妻父子，至此聚首，正是梦想不到的事情。邦惊问原委，吕氏道："君背父母，弃妻孥，潜身岩谷，只能瞒过别人，怎能瞒妾？"邦闻言益惊，越要详问。吕氏道："不瞒君说，无论君避在何地，上面总有云气盖着，妾善望云气，所以知君下落，特地寻来。”父善相人，女善望气，确是吕家特色。邦欣然道：“有这等事么？我闻始皇常言，东南有天子气，所以连番出巡，意欲厌胜，莫非始皇今死，王气犹存，我刘邦独能当此么？”始皇语借口叙出，可省笔墨。吕氏道：“苦尽甘来，安知必无此事。但今日是甘尚未回，苦楚已吃得够了。”说着，两眼儿已盈盈欲泪，邦忙加劝慰，并问他近时苦况。待吕氏说明底细，邦亦不禁泪下盈眶。

原来邦西行后，县令待他复报，久无消息。嗣遣役吏出外探听明白，才知邦已纵放罪徒，逃走了去。当下派役搜查邦家，亦无着落，此时邦父太公，已令邦分居在外，幸免株连。只吕氏连坐夫罪，竟被县役拘送至县，监禁起来。秦狱本来苛虐，再经吕氏手头乏钱，不能贿托狱吏，狱吏遂倚势作威，任意凌辱。且因吕氏华色未衰，往往在旁调戏，且笑且嘲。吕氏举目无亲，没奈何耐着性子，忍垢蒙羞，巧有一个小吏任敖，也在沛县中看管狱囚，平时与刘邦曾有交谊，一闻邦妻入狱，便觉有心照顾，虽然吕氏不归他看管，究竟常好探视，许多便当。某夕又往视吕氏，甫至狱门，即有泣声到耳。他便停步细听，复闻狱吏吆喝声，谩侮声，谑浪笑敖，语语难受。顿时恼动侠肠，大踏步跨入门内，抢起拳头，就向该狱吏击去。狱吏猝不及防，竟被他殴了数拳，打得头青目肿，两下里扭做一团，往诉县令。县令登堂审问，彼此各执一词，一说是狱吏无礼，调戏妇女，一说是任敖可恶，无端辱殴。县令见他各有理由，倒也不好遽判曲直，只好召入功曹萧何，委令公断。萧何谓狱吏知法犯法，情罪较重，应该示惩。任敖虽属粗莽，心实可原，宜从宽宥。左袒任敖，就是隐护吕氏。这谳案一经定出，县令亦视为至公，把狱吏按律加罚。狱吏挨了一顿白打，还要加受罪名，真是自讨苦吃，俯首退下，连呼晦气罢了。谁教你凌辱妇人？萧何更为吕氏解免，说他身为女流，不闻外事，乃夫有过，罪不及妻，不如释出吕氏，较示宽大等语。县令也得休便休，就将吕氏释放还家。吕氏既至家中，不知如何探悉乃夫，竟挈子女寻往芒、砀，得与刘邦相遇。据吕氏谓望知云气，或果有此慧眼，亦未可知。

邦已会晤妻孥，免得忆家，索性在芒、砀山中，寻一幽谷，作为家居。后世称芒、砀山中有皇藏峪，便是因此得名，这且不必絮述。

且说陈胜起兵蕲州，传檄四方，东南各郡县，往往戕杀守令，起应陈胜。沛县与蕲县相近，县令恐为胜所攻，亦欲举城降胜。萧何曹参献议道："君为秦吏，奈何降盗？且恐人心不服，反致激变，不若招集逋亡，收得数百人，便可压制大众，保守城池。”县令依议，乃遣人四出招徕。萧何又进告县令，谓刘季具有豪气，足为公辅，若赦罪召还，必当感激图报。县令也以为然，遂使樊哙往召刘邦。哙亦沛人，素有膂力，家无恒产，专靠着屠狗一业，当作生涯，娶妻吕媭，就是吕公的少女，吕雉的胞妹。哙得吕媭为妻，想亦由吕公识相，特配以女，好与刘邦做成一对特别连襟。县令因他与邦有亲，故叫他召邦。果然哙已知邦住处，竟至芒、砀山中，与邦相见，具述沛令情意。邦在山中已八九月，收纳壮士，约有百人，既闻沛令相招，便带领家属徒众，与哙同诣沛县。

行至中途，蓦见萧何、曹参，狼狈前来。当即惊问来意，萧、曹二人齐声道：“前请县令召公，原期待公举事，不意县令忽有悔意，竟疑我等召公前来，将有他变，特下令闭守城门，将要诛我两人，亏得我两人闻风先逃，逾城而出，尚得苟延生命。现只有速图良策，保我家眷了。”邦笑答道：“承蒙两公不弃，屡次照拂，我怎得不思报答？幸部众已有百人，且到城下察看形势，再作计较。”萧、曹二人，遂与邦复返，同至沛县城下。城门尚是关着，无从闯入。萧何道：“城中百姓，未必尽服县令，不若先投书函，叫他杀令自立，免受秦毒。可惜城门未开，无法投递，这却如何是好？”刘邦道：“这有何难？请君速即缮书，我自有法投入。”萧何听着，急忙草就一书，递与刘邦。邦见上面写着道：

天下苦秦久矣！今沛县父老，虽为沛令守城，然诸侯并起，必且屠沛。为诸父老计，不若共诛沛令，改择子弟可立者以应诸侯，则家室可完！不然，父子俱屠无益也。

邦约略阅过，便道：“写得甚好！”便将书加封，自带弓箭，至城下呼守卒道：“尔等毋徒自苦，请速看我书，便可保住全城生命。”说罢，即把书函系诸箭上，用弓搭着，嗖的一声，已将箭干射至城上。城上守卒，见箭上有书，取过一阅，却是语语有理，便下城商诸父老。父老一体赞成，竟率子弟们攻入县署，立把县令杀死，然后大开城门，迎邦入城。

邦集众会议，商及善后方法，众愿推邦为沛令，背秦自主。邦慨然道：“天下方乱，群雄并起，今若置将不善，一败涂地，悔何可追？我非敢自爱，恐德薄能鲜，未能保全父老子弟，还请另择贤能，方足图谋大事。”众见邦有让意，因更推萧何、曹参，萧、曹统是文吏出身，未娴武事，只恐将来无成，诛及宗族，因力推刘邦为主，自愿为辅。邦仍然推辞，诸父老同声说道：“平生素闻刘季奇异，必当大贵，且我等已问过卜筮，莫如季为最吉，望勿固辞！”邦还想让与别人，偏大众俱不敢当，只好毅然自任，应允下去。众乃共立刘邦为沛公，是时刘邦年已四十有八了。

九月初吉，邦就沛公职，祠黄帝，祭蚩尤，杀牲衅鼓，特制赤旗赤帜，张挂城中。他因前时斩蛇，老妪夜哭，有赤帝子斩白帝子语，故旗帜概尚赤色。即授萧何为丞，曹参为中涓，樊哙为舍人，夏侯婴为太仆，任敖等为门客。部署既定，方议出兵。看官听说！自刘邦做了沛公，史家统称沛公二字，作为代名，小子此后叙述，也即称为沛公，不称刘邦了。沛公令萧何、曹参，收集沛中子弟，得二三千人，出攻胡陵、方与，俱县名，方音旁，与音豫。命樊哙、夏侯婴为统将，所过无犯。胡陵、方与二守令，不敢出战，但闭城守着。哙与婴正拟进攻，忽接到沛公命令，乃是刘媪去世，宜办理丧葬，未遑治兵，因召二人还守丰乡。二人不好违命，只得率众还丰。沛公至丰治丧，暂将军事搁起。那故楚会稽郡境内，又出了项家叔侄，戕吏起事，集得子弟八千人，横行吴中。叙出项氏叔侄，笔亦不苟。

看官欲知他叔侄姓名，便是项梁、项籍。项梁本下相县人，即楚将项燕子，燕为秦将王翦所围，兵败自杀，楚亦随亡。梁既遭国难，复念父仇，常思起兵报复，只因秦方强盛，自恨手无寸铁，不能如愿。有侄名籍，表字子羽，少年丧父，依梁为生。梁令籍学书，历年无成，改令学剑，仍复无成。梁不禁大怒，呵叱交加，籍答说道："学书有什么大用？不过自记姓名。学剑虽稍足护身，也只能敌得一人。一人敌何如万人敌，籍愿学万人敌呢！"有志如此，也好算是英雄。梁听了籍言，怒气渐平，方语籍道："汝有此志，我便教汝兵法。"籍情愿受教。梁祖世为楚将，受封项地，故以项为姓。家中虽遭丧乱，尚有祖传遗书，未曾毁灭，遂一律取出，教籍阅读。籍生性粗莽，展卷时却很留心，渐渐地倦怠起来，不肯研究，所以兵法大意，略有所知，终未能穷极底蕴。籍之终于无成者，便由此夫。梁知他的本性难移，听他蹉跎过去。

既而梁为仇家所讦，株连成狱，被系栎阳县中。幸与蕲县狱掾曹无咎，素相认识，作书请托，得无咎书，投递狱掾司马欣，替梁缓颊，梁才得减罪，出狱还家。惟梁是将门遗种，怎肯受人构陷，委屈了事？冤冤相凑，那仇人被梁遇着，由梁与他评论曲直，仇人未肯认过，惹起梁一番郁愤，竟把仇人拳打足踢，殴死方休。一场大祸，又复闯出，自恐杀人坐罪，为吏所捕，不得已带同项籍，避居吴中。吴中士大夫，未知项梁来历，梁亦隐姓埋名，伪造氏族，出与士大夫交际，遇事能断，见义必为，竟得吴人信从，相率悦服。每遇地方兴办大工，及豪家丧葬等事，辄请梁为主办。梁约束徒众，派拨役夫，俱能井井有条，差不多与行军相似，吴人越服他才识，愿听指挥。

当秦始皇东巡时，渡浙江，游会稽，梁与籍随着大众，往看銮驾。大众都盛称天子威仪，一时无两，独籍指语叔父道："他！句他虽然是个皇帝，据侄儿看来，却可取得，由我代为呢！"与刘季语异心同。梁闻言大惊，忙举手掩住籍口道："休得胡言，倘被听见，罪及三族了！"籍才不复说，与梁同归。时籍年已逾冠，身长八尺，悍目重瞳，力能扛鼎，气可拔山，所有三吴少年，无一能与籍比勇，个个惮籍。梁见籍艺力过人，也料他不在人下，因此阴蓄大志，潜养死士数十人，私铸兵器，静待时机。

到了陈胜发难，东南扰攘，梁正思起应，忽由会稽郡守殷通，差人前来，召梁入议。梁奉召即往，谒见郡守，殷通下座相迎，且引入密室，低声与语道："蕲、陈失守，江西皆叛，看来是天意亡秦，不可禁止了。我闻先发制人，后发为人所制，意欲乘机起事，君意以为何如？"这一席话，正中项梁心坎，便即笑颜相答，一力赞成。殷通又道："行兵须先择将，当今将才，宜莫如君。还有勇士桓楚，也是一条好汉，可惜他犯罪逃去，不在此地。”梁答道：“桓楚在逃，他人都无从探悉，惟侄儿项籍，颇知楚住处。若召楚前来，更得一助，事无不成了?”殷通喜道：“令侄既知桓楚行踪，不得不烦他一往，叫楚同来。”梁又说道：“明日当嘱籍进谒，向公听令。”说着，即起身告辞，径回家中，私下与籍计议多时，籍一一领教。

翌日早起，梁令籍装束停当，暗藏利剑，随同前往。既至郡衙，即嘱籍静候门外，待宣乃入。并申诫道：“毋得有误！”话里藏刀。籍唯唯如命。梁即入见郡守殷通，报称侄儿已到，听候公命。殷通道：“现在何处？”梁答道：“籍在门外，非得公命，不敢擅入。”殷通闻言，忙呼左右召籍。籍在外伫候传呼，一闻内召，便趋步入门，直至殷通座前。通见籍躯干雄伟，状貌粗豪，不由得喜欢得很，便向梁说道：“好一位壮士，真不愧项君令侄。”梁微笑道：“一介蠢夫，何足过奖。”殷通乃命籍往召桓楚，梁在旁语籍道：“好行动了。”口中说着，眼中向籍一瞅。籍即拔出怀中藏剑，抢前一步，向通砍去，首随剑落，尸身倒地。殷通的魂灵儿恐尚莫名其妙。

梁俯检尸身，取得印绶，悬诸腰间。复将通首级拾起，提在手中，与项籍一同出来。行未数步，就有许多武夫，各持兵器，把他拦住。籍有万夫不当的勇力，看那来人不过数百，全不放在心里，一声叱咤，举剑四挥，剑光闪处，便有好几个头颅，随剑落地。众武夫不敢近籍，一步步的倒退下去。籍索性大展武艺，仗着一柄宝剑，向前奋击，复杀死了数十人，吓得余众四散奔逃，不留一人。府中文吏，越觉心慌，统在别室中躲着，不敢出头。还是项梁自去找寻，叫他无恐，尽至外衙议事。于是陆续趋出，战兢兢的到了梁前。梁婉言晓谕，无非说是秦朝暴虐，郡守贪横，所以用计除奸，改图大事。众人统皆惊惶，怎敢说一个不字，只好随声应诺，暂保目前。梁又召集城中父老，申说大意，父老等不敢反抗，同声应命。

全城已定，派吏任事。梁自为将军，兼会稽郡守，籍为偏将，遍贴文告，招募兵勇。当有丁壮逐日报名，编入军籍，复访求当地豪士，使为校尉，或为候司马。有一人不得充选，竟效那毛遂故事，侈然自荐。项梁道："我非不欲用君，只因前日某处丧事，使君帮办，君尚未能胜任，今欲举大事，关系甚巨，岂可轻易用人！君不如在家安身，尚可无患。"这一席话，说得那人垂头丧气，怀惭自去。众益称项梁知人，相偕畏服。梁即使籍往徇下县。籍引兵数百，出去招安，到处都怕他英名，无人与抗，或且投效马前，愿随麾下，籍并收纳，计得士卒八千人，统是膂力方刚，强壮无比。籍年方二十有四，做了八千子弟的首领，越显出一种威风。他表字叫作子羽，因嫌双名累坠，减去一字，独留羽字，自己呼为项羽，别人亦叫他项羽，所以古今相传，反把项羽二字出名，小子后文叙述，也就改称项羽了。小子有诗咏道：

欲成大业在开端，有勇非难有德难。
一剑敢挥贤郡守，发硎先已太凶残。

项氏略定江东，同时又有几个草头王，霸据一方。欲知姓名履历，容至下回再详。

刘项起兵，迹似相同，而情则互异。沛令从萧何言，往召刘邦，设非后来之翻悔，则亦不至自杀其身。且杀令者为沛中父老，非真邦亲手下刃也。若项梁之赴召，明明为郡守之诚意，梁正不妨依彼举事，为君父复仇，何必计嘱项籍，无端下刃乎！况仇为秦皇，无关郡守，杀之尤为无名，适以见其贪诈耳。观此而刘项之仁暴，即此而分，即刘项之成败，从此而定。老夫刘邦之退让鸣恭，项梁之专横自立，盖第为一节之见端，犹其小焉者也。

第三回　说燕将厮卒救王　入赵宫叛臣弑主

却说陈胜为张楚王，曾遣魏人周市，北略魏地。市引兵至狄城，狄令拟婴城固守。适有故齐王遗族田儋，充当城守，独与从弟田荣、田横等，潜谋自立。当即想出一法，佯把家奴缚住，说他有通敌情事，押解县署，自率少年同往，请县令定罪加诛。县令不知是计，贸然出讯，被田儋拔出宝剑，砍死县令，也与项梁相类，怪不得与梁同死。遂招豪吏子弟，当面晓谕道："诸侯皆背秦自立，我齐人如何落后？况齐为古国，由田氏为主百数十年，儋为田氏后裔，理应王齐，光复旧物。”大众各无异言，儋遂自称齐王，募兵数千，出击周市。周市经过魏地，未遇剧战，猛见齐人奋勇前来，料知不便轻敌，遂即引兵退还。儋既击退周市军，威名渐震，便遣荣、横等分出招抚，示民恢复。齐人正因秦法暴虐，追怀故国，闻得田儋称王，自然踊跃投诚，不劳兵革。惟周市退还魏地，魏人亦欲推市为王，市慨然道：“天下昏乱，乃见忠臣，市本魏人，应该求立魏王遗裔，才好算是忠臣呢。”会闻魏公子咎，投效陈胜麾下，市即遣使往迎。胜不肯将咎放归，再经市再三固请，直至使人往复五次，方得陈胜允许，命咎返魏，立为魏王。市为魏相，辅咎行政。于是楚赵齐魏已成四国。

同时尚有燕王出现，看官道是何人？原来就是赵将韩广。赵王武臣，使韩广略燕，广一入燕境，各城望风归附，燕地大定。燕人且欲奉广为王，广也欲据燕称尊；但因家属居赵，并有老母在堂，不忍致死，所以对众告辞，未敢相从。燕人说道：“当今楚王最强，尚不敢害赵王家属，赵王岂敢害将军老母？尽请放心，不妨自主。”广见燕人说得有理，便自称燕王。赵王武臣，得知此信，遂与张耳、陈余商议，两人意见，以为杀一老妪，无甚益处，不如遣令归燕，示彼恩惠，然后乘他不防，再行攻燕未迟。武臣依议，遣人护送广母，并广妻子，一同赴燕。广得与骨肉相见，当然大喜，厚待赵使，遣令归谢。

武臣便欲侵燕，亲率张耳、陈余诸人，出驻燕赵交界的地方。早有探马报知韩广，广恐赵兵入境，急令边境戒严，增兵防守。张耳、陈余，觇知燕境有备，拟请武臣南归，徐作后图。偏武臣志在得燕，未肯空回，耳、余也无可如何，只好随着武臣，仍然驻扎。惟彼此分立营帐，除有事会议外，各守各营，未尝同住。武臣独发生异想，竟思潜入燕界，窥探虚实，只恐耳、余二人谏阻，不愿与议，自己放大了胆，改装易服，扮做平民模样，挈了仆从数名，竟出营门，偷入燕境。燕人日夕巡逻，遇有闲人出入，都要盘查底细，方才放过。冒冒失失的赵王武臣，不管什么好歹，闯将进去，即被燕人拦住，向他究诘。武臣言语支吾，已为燕人所疑，就中还有韩广亲卒，奉令助守，明明认得武臣，大声叫道："这就是赵王。快快拿住！"道言未绝，守兵都想争功，七手八脚，来缚武臣，武臣还想分辩，那铁链已套上头颈，好似凤阳人戏猢狲，随手牵去。咎由自取。余外仆从，多半被拘，有两三个较为刁猾，转身就走，奔还赵营，报知张耳、陈余。

耳、余两人，统吃了一大惊，寻思没法营救，互商多时，别无他策，只有选派辩士，往说燕王韩广，愿将金银珍宝，赎回赵王。及去使返报，述及燕王索割土地，必须将赵国一半，让与了他，方肯放还赵王。张耳道："我国土地，也没有什么阔大，若割去一半，便是不成为国了。这事如何允许！"陈余道："广本赵臣，奈何无香火情；况从前送还家眷，亦应知感，今当致书诘责，令彼知省，万不得已，亦只能许让一二城，怎得割界一半呢？"书生迂论。张耳踌躇一会儿，委实没法，乃依陈余言，写好书信，复遣使赍去。哪知待了数日，杳无复音，再派数人往探消息，仍不见报。到后来逃回一人，说是燕王韩广，贪虐得很，非但不允所请，反把我所遣各使，陆续杀死。顿时恼动了张耳、陈余，恨不即驱动大众，杀入燕境，把韩广一刀两段。但转想投鼠忌器，如欲与燕开战，胜负未可预料，倒反先送了赵王性命。两人搔头挖耳，思想了两三日，终没有什么良策，忽帐外有人入报道："大王回来了！"张耳、陈余，又惊又疑，急忙出营探望。果见赵王武臣，安然下车，后面随一御人，从容入帐。二人似梦非梦，不得不上前相迎，拥入营中，详问情状。我亦急欲问明。武臣微笑道："两卿可问明御夫。"二人旁顾御者，御者便将救王计策，说明底细。

原来御人本赵营厮卒，不过在营充当火夫，炊爨以外，别无他长。自闻赵王被掠，张、陈两将相，束手无策，他却顾语同侪道："我若入燕，包管救出我王，安载回来！”同侪不禁失笑道：“汝莫非要去寻死不成？试想使人十数，奉命赴燕，都被杀死，汝有什么本领，能救我王？”斯卒不与多言，竟换了一番装束，悄悄驰往燕营，燕兵即将他拘住，斯卒道：“我有要事来报汝将军，休得无礼！”燕兵不知他有何来历，倒也不敢加缚，好好的引他入营。斯卒一见燕将，作了一个长揖，便开口问燕将道：“将军知臣何为而来？”燕将道：“汝系何人？”斯卒道：“臣系赵人。”直认不讳，确是有胆有识。燕将道：“汝既是赵人，无非来做说客，想把赵王迎归。”斯卒道：“将军可知张耳、陈余为何等人？”飏开一笔妙。燕将道：“颇有贤名，今日想亦无策了。”斯卒道：“将军可知两人的志愿否？”燕将道：“也不过欲得赵王。”斯卒哑然失笑，吃吃有声，好做作。燕将怒道：“何事可笑！”斯卒道：“我笑将军未知敌情，我想张耳、陈余，与武臣并辔北行，唾手得赵数十城。他两人岂不想称王？但因初得赵地，未便分争，论起年龄资格，应推武臣为王，所以先立武臣，暂定人心。今赵地已定，两人方想平分赵地，自立为王。可巧赵王武臣，为燕所拘，这正是天假机缘，足偿彼愿。佯为遣使，求归赵王，暗中巴不得燕人下手，立把赵王杀死，他好分赵自立，一面合兵攻燕，借口报仇，人心一奋，何战不克？将军若再不知悟，中他诡计，眼见得燕为赵灭了！”三寸舌贤于十万师。燕将听了，频频点首，待断卒说罢，便道：“据汝说来，还是放还赵王为妙。”正要你说出这句。断卒道：“放与不放，权在燕国，臣何敢多口！又作一飏愈妙。但为燕国计，不如放还赵王，一可打破张、陈诡谋，二可永使赵王感激，就使张、陈逞刁，有赵王从中牵制，还有何暇图燕呢！”明明为自己计，反说为燕国计，真好利口。燕将乃进白韩广，广也信为真情，遂放出赵王武臣，依礼相待，并给车一乘，使断卒御王还赵。张耳、陈余，穷思极索，反不及断卒一张利口，也觉惊叹不置。赵王武臣，乃拔营南归，驰回邯郸。

适赵将李良，自常山还报，谓已略定常山，因来复命。赵王复使良往略太原，进至井陉。井陉为著名关塞，险要得很，秦用重兵扼守，阻住良军。良引兵到了关下，正拟进攻，偏有秦使到来，递入一书，书面并不加封，由良顺手取出一纸，但见上面写着，竟是秦二世的谕旨。略云：

皇帝赐谕赵将李良：良前曾事朕，得膺贵显，应知朕待遇之隆，不应相负。今乃背朕事赵，有乖臣谊，若能幡然知悔，弃赵归秦，朕当赦良罪，并予贵爵，朕不食言！

李良看罢，未免心下加疑。他本做过秦朝的官员，只因位居疏远，乃归附赵国，愿事赵王。此次由二世来书，许赐官爵，究竟是事赵呢？还是事秦呢！哪知这封书信，并不由二世颁给，乃是守关秦将，假托二世谕旨，诱惑李良，且故意把书不封，使他容易漏泄，传入赵王耳中，令彼相疑，这就叫作反间计呢。李良不知是计，想了多时，方得着一条主意。当下遣回秦使，自引兵径回邯郸，且到赵王处申请添兵，再作计较。

一路行来，距邯郸只十余里，遥见有一簇人马，吆喝前来，当中拥着銮舆，前后有羽扇遮蔽，男女仆从，环绕两旁，仿佛似王者气象。暗想这种仪仗，除赵王外还有何人？遂即一跃下马，伏谒道旁，那车马疾驰而至，顷刻间已到李良面前，良不敢抬头，格外俯伏，口称臣李良见驾。道言甫毕，即听车中传呼，令他免礼。良才敢昂起头来，约略一瞧，车中并不是赵王，乃是一个华装炫服的妇人。正要开口启问，那车马已似风驰电掣一般，向前自去。李良勃然起立，顾问从吏道："适才经过的车中，究系何人坐着？"有数人认得是赵王胞姊，便据实相答。良不禁羞惭满面，且愧且忿道："王姊乃敢如此么？"旁有一吏接口道："天下方乱，群雄四起，但教才能迈众，便可称尊。将军威武出赵王右，赵王尚且优待将军，不敢怠慢，今王姊乃一女流，反敢昂然自大，不为将军下车，将军难道屈身妇女，不思雪耻么？”这数语激动李良怒气，越觉愤愤不平，便下令道：“快追上前去，拖落此妇，一泄我恨！”说着，便奋身上马，加鞭疾走。部众陆续继进，赶了数里，竟得追着王姊的车马，就大声呼喝道：“大胆妇人，快下车来！”王姊车前的侍从，本没有什么骁勇，不过摆个场面，表示雌威。既见李良引众赶来，料他不怀好意，统吓得战战兢兢。有几个胆子稍大的，还道李良不识王姊，因此撒野，遂撑着喉咙，朗声答道：“王姊在此，汝是何人，敢来戏侮？”李良叱道：“什么王姊不王姊？就是赵王在此，难道敢轻视大将不成！”一面说，一面拔出佩剑，横掠过去，砍倒了好几人。部众又扬声助威，霎时间把王姊侍从，尽行吓散。王姊素来嗜酒，此次出游郊外，正是为饮酒起见。她已喝得醉意醺醺，所以前遇李良，视作寻常小吏，未尝下车。邯郸城内岂无美酒，且身为王姊，何求不得，必要出城觅饮，真是自来送死！偏偏弄成大错，狭路中碰着冤家，竟至侍从逃散，单剩了孤身只影，危坐车中。正在没法摆布，见李良已跃下了马，伸出蒲扇一般的大手，向她一抓。她便身不由主，被良抓出，摔在地上，跌得一个半死半活。是喝酒的回味。发也散了，身也疼了，泪珠儿也流下来了，索性拼着一死，痛骂李良。良正忿不可耐，怎忍被她辱骂？便举剑把她一挥，断送性命。好去做女酒鬼了。

王姊既死，良已知闯了大祸，还是先发制人，乘着赵王尚未知晓，一口气跑到邯郸。邯郸城内的守兵，见是李良回来，当然放他进城，他竟驰入王宫，去寻赵王武臣。武臣毫不预防，见良引众进来，不知为着何事，正要向良问明，良已把剑砍到，一时不及闪避，立被劈死。宫中卫兵，突然遭变，统皆逃去。良又搜杀宫中，把赵王武臣家眷，一体屠戮，再分兵出宫，往杀诸大臣，左丞相邵骚，也冤冤枉枉的死于非命。不良如此，如何名良！只右丞相张耳，大将军陈余，已得急足驰报，溜出城门，不遭毒手。两人素有闻望，为众所服，所以城中逃出的兵民，陆续趋附。

才过了一二日，已聚了数万人，两人便想编成队伍，再入邯郸，替赵王武臣报仇，适有张耳门客，为耳献谋道："公与陈将军，均系梁人，羁居赵地，赵人未必诚心归附。为两公计，不如访立赵后，由两公左右夹辅，导以仁义，广为号召，方可扫平乱贼，得告成功。"张耳也觉称善，转告陈余，余亦赞成。乃访得故赵后裔，叫作赵歇，立为赵王，暂居信都。那李良已据住邯郸，胁迫居民，奉他为主，遂部署徒众，增募兵勇，约得一二万人，即拟往攻张耳、陈余，会闻张、陈复立赵王歇，传檄赵地，料他必来报复，还是赶早发兵，往攻信都，较占先着。主见已定，当即率兵前往，倍道亟进。

张耳、陈余，正思出击邯郸，巧值李良自来讨战，便由张耳守城，陈余出敌。安排妥当，余即领兵二万，开城前行，约越数里，已与李良相遇。两阵对圆，兵刃相接，彼此才经战斗，李良麾下的人马，已多离叛，四散奔逃。看官听说！师直为壮，曲为老，本是兵法家的恒言。李良已为赵臣，无端生变，入弑赵王，并把赵王家眷，屠戮殆尽，这乃大逆不道的行为。时局虽乱，公论难逃，人人目李良为乱贼，不过邯郸城内的百姓，无力抵御，只好勉强顺从。良尚自鸣得意，引众攻入，怎能不溃？张耳、陈余，本来是有些名声，更且此番出师，纯然为主报仇，光明坦白，又拥立一个赵歇，不没赵后，足慰赵人想望，因此同心同德，一股脑儿杀将上去。李良抵当不住，部众四窜，各自逃生。陈余见良军败退，趁势追击，杀得良军七零八落，人仰马翻。李良也逃命要紧，奔回邯郸。尚恐陈余前来攻城，支持不住，不若依了秦二世的来书，投降秦朝。当下派将守城，自率亲兵数百人，径至秦将章邯营中，屈膝求降去了。小子有诗咏道：

人心叵测最难防，挟刃公然弑赵王。

只是舆情终未服，战场一鼓便逃亡。

欲知章邯驻兵何地，待至下回叙明。

赵王武臣，为燕所拘，张耳、陈余二人，竭毕生之智力，终不能迎还赵王，而大功反出一厮卒，可见皂隶之中，未尝无才，特为君相者不善访求耳。史称厮卒御归赵王，不录姓氏，良由厮卒救王以后，未得封官，仍然湮没不彰，故姓氏无从考据耳。夫有救主之大功，而不知特别超擢，此赵王武臣之所以终亡也。赵王姊出城游宴，得罪李良，既致杀身，并致亡国，古今来之破家复国者，往往由于妇人之不贤，然亦由君主之不知防闲，任彼所为，因至酿成巨衅。故武臣之死，衅由王姊，实即武臣自取之也，于李良乎何诛！

第四回　失兵机陈王毙命　免子祸婴母垂言

却说秦将章邯，自击退周文后，追逐出关。文退至曹阳，又被章邯追到，不得不收众与战。哪知军心已散，连战连败，再奔入渑池县境，手下已将散尽，那章邯还不肯罢休，仍然追杀过来。文势穷力竭，无可奈何，便即拚生自刎，报了张楚王的知遇。士为知己者死，还算不负。

时已为秦二世二年了，章邯遣使奏捷，二世更命长史司马欣、都尉董翳，领兵万人，出助章邯，嘱邯进击群盗，不必还朝。邯乃引兵东行，径向荥阳进发。荥阳为楚假王吴广所围，数月未下。及周文战死，与章邯进兵的消息，陆续传来，吴广尚没有他法，仍然顿屯城下，照旧驻扎。部将田臧、李归等，私下谋议道：“周文军闻已败溃了，秦兵旦暮且至，我军围攻荥阳，至今未克，若再不知变计，恐秦兵一到，内外夹攻，如何支持！现不若少留兵队，牵制荥阳，一面悉锐前驱，往御秦军，与决一战，免致坐困。今假王骄不知兵，难与计议，看来只有除去了他，方好行事。”除去吴广，亦未必遂能成功。于是决计图广，捏造陈王命令，由田臧、李归两人赍入，直至广前。广下座接令，只听得田臧厉声道：“陈王有谕，假王吴广，逗留荥阳，暗蓄异谋，应即处死！”说到死字，不待吴广开口，便拔出佩刀，向广砍去。广只赤手空拳，怎能抵御，况又未曾防着，眼见得身受刀伤，不能动弹。再经李归抢上一步，剁下一刀，自然毙命。随即枭了广首，出示大众，尚说是奉命诛广，与众无干。大众统被瞒过，无复异言。也是广平日不得众心之过。

田臧刁猾得很，即缮就一篇呈文，诬广如何顿兵，如何谋变，说得情形活现，竟派人持广首级，与呈文并达陈王。陈胜与吴广同谋起兵，资格相等，本已暗蓄猜疑，既得田臧禀报，快意的了不得，还要去辨什么真假？当即遣还来使，另派属吏赍着楚令尹印信，往赐田臧，且封臧为上将。臧对使受命，喜气洋洋，一俟使人去讫，便留李归等围住荥阳，自率精兵西行，往敌秦军。到了敖仓，望见秦军漫山遍野，飞奔前来，旗械鲜明，兵马雄壮，毕竟是朝廷将士，比众不同，楚兵都有惧色，就是田臧也有怯容，没奈何排成队伍，准备迎敌。秦将章邯，素有悍名，每经战阵，往往身先士卒，锐厉无前，此次驰击楚军，也是匹马当先，亲自陷阵。秦军踊跃随上，立将楚阵冲破，左右乱搅，好似虎入羊群，所向披靡。田臧见不可敌，正想逃走，恰巧章邯一马突入，正与田臧打个照面，臧措手不及，被章邯手起一刀，劈死马下。好与吴广报仇。楚军失了主帅，纷纷乱窜，晦气的个个送终，侥幸的还算活命。章邯乘胜前进，直抵荥阳城下。李归等闻臧败死，已似摄去魂魄一般，茫无主宰，既与秦军相值，不得不开营一战。那秦军确是厉害，长枪大戟，无人敢当，再加章邯一柄大刀，旋风飞舞，横扫千军。李归不管死活，也想挺枪与战，才经数合，已由章邯大喝一声，把好头颅劈落地上，一道灵魂，驰入鬼门关，好寻着密友田臧，与吴广同对冥簿去了。贪狡何益。余众或死或降，不消细叙。

且说章邯阵斩二将，解荥阳围，复分兵攻郯，逐去守将邓说，自引兵进击许城。许城守将伍徐，亦战败逃还，与邓说同至陈县，进见陈胜。胜查讯两人败状，情迹不同，伍徐寡不敌众，尚可曲原；独邓说不战即逃，有忝职守，因命将他绑出，置诸死刑。遂命上柱国蔡赐，引兵御章邯军，武平君畔，出使监郯下军。时陵县人秦嘉，铚县人董緤，符离县人朱鸡石，取虑县人郑布，徐县人丁疾等，各纠集乡人子弟，攻东海郡，屯兵郯下。武平君畔奉使至郯，欲借楚将名目，招抚各军，秦嘉不肯受命，自立为大司马，且遍告军吏道："武平君尚是少年，晓得什么兵事，我等难道受他节制么？"说着，即率军吏攻畔。畔麾下只数百人，怎能敌得过秦嘉，急切无从逃避，竟被杀死。就是上柱国蔡赐，与章邯军交战一场，也落得大败亏输，为邯所杀。邯长驱至陈，陈境西偏，有楚将张贺驻守，贺闻秦军杀到，飞报陈胜，请速济师。胜至此才觉惊惶，急忙调集将吏，呼令出援。偏是众叛亲离，无人效命，害得陈胜仓皇失措，只好带领亲卒千人，自往援应。

原来胜自田间起兵，所有从前耕佣，多半与胜相识，且因胜有富贵不忘的约言，所以闻胜为王，统想攀鳞附翼，博取荣华。癞虾蟆想吃天鹅肉。当下结伴至陈，叩门求见。门吏见他面目黧黑，衣衫褴褛，已是讨厌得很，便即喝问何事？大众也不晓得什么称呼，但说是要见陈涉。门吏怒叱道："大胆乡愚，敢呼我王小字！"一面说，一面就顾令兵役，拿下众人。还亏众人连忙声辩，说是陈王故交，总算门吏稍留情面，饬令免拿，但将他撵逐出去。大众碰了一鼻子灰，心尚未死，镇日里在王宫附近，伫候陈胜出来，好与他见面扳谈。果然事有凑巧，陈王整驾出门，众人一齐上前，争呼陈胜小字，陈胜听着，低头一瞧，都是贫贱时的好朋友，倒也不好怠慢，便命众人尽载后车，一同入宫。乡曲穷氓，骤充贵客，所见所闻，统是稀罕得很，不由得大呼小叫，满口喧哗。或说殿屋有这么高大，或说帷帐有这般新奇，又大众依着楚声，伙颐伙颐，道个不绝。楚人谓多为伙，颐，语助声，即多咦之意。宫中一班役吏，实在瞧不过去，只因他们是陈王故人，不便发作，但把那好酒好肉，取供大嚼。众人吃得高兴，越加胡言乱道，往往拍案喧呼道："陈涉陈涉，不料汝竟有此日！沉沉王府，由汝居住。"还有几个凑趣的愚夫，随口接着道："我想陈涉佣耕时，衣食不周，吃尽苦楚，为何今日这般显耀，交此大运呢？"随后你一句，我一语，各将陈胜少年的故事，叙述出来，作为笑史。谁知谈笑未终，刀锯已伏，这种鄙俚琐亵的言论，早有人传入陈王耳中，且请陈王诛此愚夫，免得损威。陈胜老羞成怒，依了吏议，竟把几个多说多话的农人，传将进去，一体绑缚，砍下头颅。酒肉太吃得多了，应该把头颅赔偿。大众不防有此奇祸，蓦听得这个消息，顿吓得魂飞天外，情愿回去吃苦，不愿在此杀头，遂陆续告辞，踉跄趋归。胜有妻父妻兄，尚未知胜如此薄情，贸然进见。胜虽留居王宫，惟惩着前辙，当作家奴看待。妻父怒说道："怙势慢长，怎能长久！我不愿居此受累！"即不别而行，妻兄亦去。为此种种情迹，他人都知陈胜刻薄，相率灰心，不肯效力。胜尚不以为意，命私人朱房为中正，胡武为司过主司，专察将吏小疵，滥加逮捕，妄用严刑。甚至将吏无辜，惟与朱、胡有嫌，即被他囚系狱中，任情刑戮。于是将吏等越加离心，到了秦军入境，个个冷眼相看，谁愿为胜致死，拼命杀敌。胜悔恨无及，只因大敌当前，没奈何自去督战。行至汝阴，已有败兵逃回，报称张贺阵亡，全军覆没。贺死用虚写，笔法一变。

陈胜一想，去亦无益，徒自送死，不若逃回城中，再作后图，遂命御人速即回车。御夫叫作庄贾，依言返奔，途中略一迟缓，便被胜厉声呼叱，骂不绝口。庄贾当然衔恨，驱车至下城父，索性停车不进，自与从吏附耳密谈。胜焦急异常，连叫数声，贾竟反唇相讥，恶狠狠地仇视陈胜。结果是掣剑在手，没头没脑，劈将过去，可怜六个月的张楚王，竟被一介车夫，砍成两段！贾不顾胜尸，驰入陈县，草起降书，遣人往投秦营。去使尚未回报，将军吕臣已从新阳杀入，为胜复仇，诛死庄贾。当即收胜尸首，礼葬砀山。后来汉沛公平定海内，追念胜为革命首功，特命地方官修治胜墓，且置守冢三十家，俾得世祀。若大佣夫，得此食报，也算是不虚此一生了。原还值得。

先是陈令宋留，奉胜军令，率兵往略南阳，西指武关，至胜已被杀，秦军复将南阳夺去，截住宋留归路。留进退失据，奔还新蔡，又遭秦军邀击，苦不能支，只好乞降。章邯以宋留本为陈令，不能死难，反为陈胜攻秦，罪无可恕，因将留捆缚起来，囚解进京。二世向来苛酷，命处极刑，车裂以徇。各郡县官吏，得此风声，引为大戒，既已叛秦自主，不得不坚持到底，誓死拒秦。秦嘉等闻陈胜已死，求得楚族景驹，奉为楚王，自引兵略方与城，攻下定陶，且遣公孙庆往齐，欲与齐王田儋，合兵御秦。田儋尚未知陈胜死状，遂向庆诘责道："我闻陈王战败，生死未卜，怎得另立楚王，且何不向我请命，竟敢擅立呢！"庆不肯少屈，也大声对答道："齐未尝向楚请命，自立为王，楚何必向齐请命，方得立王呢！况楚首先起兵，西攻暴秦，诸侯应该服从楚令，奈何反欲楚听齐命呢？"田儋听他言语不逊，勃然怒起，竟命将庆推出斩首，不肯发兵助楚。

那吕臣既据陈县，也假楚字为名，号令人民。秦将章邯，连下各地，军威大震，又收得赵将李良，自往邯郸，徙赵民至河内，毁去城郭，随处部署，无暇亲攻二楚。回应前回李良降秦事。但遣左右校秦官名。引兵击陈。吕臣出战败绩，引兵东走，途次遇见一彪人马，为首一员猛将，面有刺文，生得威风凛凛，相貌堂堂，麾下兵士，统用青布包头，不似秦军模样。料知他是江湖枭桀，乘乱起事，与秦抗衡，当下停住下马，拱手问讯。来将却也知礼，在马上欠身相答，彼此各通姓名，才知来将叫作黥布。如闻其声。吕臣从未闻有黥姓，不禁相讶，及黥布详叙本末，方得真相。当由吕臣邀布为助，反攻秦军。布慨然乐允，因与吕臣一同北行。

看官欲知黥布履历，待小子演述出来。布系六县人氏，本来姓英，少时遇一相士，谛视布面，许为豪雄，且与语道："当先受黥刑，然后得王。"布半疑半信，唯恐他日受黥，特改称黥布，谋为厌解。偏偏厌解无效，过了数载，年已及壮，竟至犯法论罪，被秦吏捉入狱中，谳定黥刑，就布面上刺成数字，且充发骊山作工。布欣然笑道："相士谓我当刑而王，莫非我就要做王了！"旁人听了，都相嘲讽，布毫不动怒，竟启行到了骊山。骊山役徒，不下数十万名，有几个骁悍头目，材技过人，布尽与交好，结为至友。当即密谋逃亡，乘隙偕行，辗转遁入江湖，做了一班亡命奴。及陈胜发难，也想起应，只因朋辈寥寥，不过三五十人，如何举事！闻得番阳番音婆，即今之鄱阳县。令吴芮，性情豪爽，喜交宾客，随即只身往谒，劝他起兵。吴芮见他举止不凡，论断有识，不觉改容相待，留居门下。嗣复面试技艺，又是拳棒精通，弓马纯熟，引得吴芮格外器重，愿招布为快婿，诹吉成礼。一个是壮年俊杰，出色当行，一个是仕女班头，及时许嫁，两人做了并头莲，真个是郎才女貌，无限欢娱。艳语夺目。惟布具有大志，怎肯在温柔乡中，消磨岁月，当下招引旧侣，并集番阳，即向吴芮借兵，出略江北，可巧碰着了楚将吕臣，互谈心曲，布毫不踌躇，愿助吕臣一臂之力，夺还陈县。吕臣喜出望外，便合兵还陈，再与秦军交战，秦军无战不胜，无攻不克，偏遇了这位黥将军，执槊飞舞，无论如何勇力，不敢进前，并且黥布麾下的弁目，亦无一弱手，东冲西突，杀人如麻，吕臣也麾众继进，立将秦阵踹破，扫将过去，赶得一个不留。

秦左右校统已窜去，由吕臣收还陈城，邀入黥布，置酒高会。欢宴了好几天，布不屑安居，便与吕臣作别，率徒众东去。适项梁叔侄，渡江西指，声威传闻远近，布亦乐得相从，遂径诣项氏营中，愿为属将。项梁方招揽英雄，哪有不收纳的道理，惟项氏西向的原因，却也有一人引他出来。

当时有一广平人召平，曾为陈胜属将，往攻广陵，旬月未下。会接陈胜死耗，自知孤军难恃，恐为秦军所乘，乃渡江东下，伪称陈王尚在，矫命拜项梁为上柱国，且传语道："江东已定，请即西向击秦！"梁信为真言，就带了八千子弟，逾江西行。沿途有许多难民，扶老携幼，向前急趋。梁未识何因，遂命左右追捉数人，问明意见。难民答道："现闻东阳县令，为众所戕，另立令史陈婴。陈公素来长厚，体恤民艰，小民等所以前往，求他保护，免得受殃。"梁不禁惊叹道："东阳有这般贤令史么？我当先与通问，邀他同往攻秦，方为正当办法。"说罢，遂将难民纵去，自命属吏缮就一书，招致陈婴，派人持去。

婴平日循谨，为邑人所推重，自经东阳乱起，避居家中，不欲与闻。偏东阳少年，聚积至数千人，杀死县令，公议立婴，统至婴门固请，定要他出来统众。婴固辞不获，只得出诣县署，妥为约束。并将县令遗尸埋葬。远近闻婴贤名，争先趋附，越数日即得二万人。众又欲推婴为王，婴不敢遽允，立白老母，母摇首道："自从我为汝家妇，从不闻汝家先代出一贵人，可见汝家向来寒微，没有闻望。今汝投效县中，又不过一寻常小吏，徒靠着平生忠厚，与人无忤，方得大众信从。但忠厚二字，只能勉强自守，不能突然兴国，若骤得大名，非但不能享受，转恐惹出祸殃，况且天下方乱，未知瞻乌所止，汝断不可行险侥幸，自取后悔！我为汝计，不如择主往事，有所依附，事成可得封赏，事败容易逃亡，省得被人指名，这还是处乱知几的方法呢！”如此审慎，才不愧为母教。婴唯唯而出，决意不受王号，但自称东阳县长。适项梁遣使到来，递入梁书，由婴展阅一周，便召集属吏部兵，开言晓谕道：“今项氏致书相招，欲我与他连和，合兵西向，我想项氏世为楚将，素有威名，项梁叔侄，又是英武绝伦，不愧将种，我等欲举大事，非与他叔侄连合，终恐无成。看来不如依书承认，徒倚名族，然后西向攻秦，不患不能成事了！”众人听得婴言，颇有至理，且闻项氏叔侄，英名盖世，势难与敌，还是先机趋附，保全城池为是。乃齐声称善，各无异言。婴就写好复书，先遣来使返报。旋即持了军籍，赴项梁营，愿率部众相依，悉听指挥。

项梁大喜，受婴军籍，仍令婴自统部众。不过出兵打仗，总要禀承项氏，方好遵行。这乃是主权所关，不足深怪。项梁遂与婴合兵渡淮，并得黥布相从，已约有四五万人。嗣复来了一位蒲将军，也有一二万部众，投附项梁。史记不载蒲将军姓名，故本书亦从阙略。于是项梁属下的兵士，差不多有六七万名，一股脑儿会齐下邳，探听前途消息，再定行止。忽有探卒走报，乃是秦嘉驻兵彭城，不容大军过去。项梁听说，遂召谕将士道：“陈王首先起事，攻秦失利，未即死亡，秦嘉乃遽背陈王，擅立景驹，这便叫作大逆不道，诸君当为我努力，往诛此贼！”道言未绝，各将士已齐声应令，便排好队伍，执定兵械，一声炮响，好似潮水奔赴，争向彭城杀去。小子有诗咏道：

八千子弟渡江来，一鼓便将伪楚摧。
若使到头无误事，声威原足挟风雷。

欲却胜负如何，待至下回详叙。

历朝革命，首事者往往无成，而胜、广之名为益著，即其败亡也亦甚速。广不足道耳。陈胜以陇上耕佣，一呼而起，集众数万，据陈称王，何兴之暴也？厥后各军连败，秦兵相逼，胜不能一战，竟死于御者之手，又何其蠢也！史称其滥杀故人，苛待属吏，遂至众叛亲离，以底于亡，此固不可谓非陈胜之定评，然自来真主出现，必有首事者为之先驱，首事者死，而真主乃得收功，项氏且不能据有海内，遑论一陈胜乎？若陈婴母其知此道矣，诫婴称王，嘱使依人，宁辞大名，免遭大祸。莫谓巾帼中必无智者，婴母固前事之师也。

第五回　从范增访立楚王孙　信赵高冤杀李丞相

却说项梁带领部众，杀奔彭城，仗着一股锐气，冲入秦嘉营垒，杀的杀，砍的砍，厉害得很。嘉自起兵以来，从未经过大敌，骤然遇了项家兵队，勇悍异常，叫他如何抵挡？没奈何弃营逃去。项梁驱兵追赶，直至胡陵，逼得秦嘉无路可奔，只好收集败兵，还身再战。奋斗多时，究竟强弱不敌，终落得兵败身亡。残众进退两难，统皆弃械投降。秦嘉所立的楚王景驹，孤立无依，出奔梁地，后来也一死了事。项梁进据胡陵，复引兵西进，适值秦将章邯，南下至栗，为梁所闻，乃使别将朱鸡石、余樊君等，往击秦军。余樊君战死，朱鸡石逃还。梁愤杀鸡石，驱兵东出，攻入薛城。忽由沛公刘邦，到来乞师，梁与沛公本不相识，两下晤谈，见沛公英姿豪爽，却也格外敬礼，慨然借兵五千人，将吏十人，使随沛公同行。沛公谢过项梁，引兵自去。回应第二回。

惟沛公何故乞师，应该就此补叙。沛公前居母丧，按兵不动，偏秦泗川监官名来攻丰乡，乃调兵与战，得破秦兵。泗川监遁还，沛公命里人雍齿居守，自引兵往攻泗川，泗川监平，及泗川守北，出战败绩，逃往薛地，又被沛公军追击，转走戚县。沛公左司马曹无伤，从后赶去，杀死泗川守，只泗川监落荒窜去，不知下落。沛公既得报怨，乃还军亢父，不意魏相周市，遣人至丰，招诱雍齿，啖以侯封。雍齿素与沛公不协，竟背了沛公，举丰降魏。沛公闻报，急引兵还攻雍齿，偏雍齿筑垒固守，屡攻不下。丰乡为沛公故里，父老子弟，本已相率畏服，不生贰心，乃被雍齿胁迫，反抗沛公，沛公如何不愤！自思顿兵非计，不如另借大兵，再来决斗，乃撤兵北向，拟至秦嘉处乞师。道出下邳，巧与张良相遇。张良伏处有年，闻得四方兵起，也欲乘势出头，特纠集同志百余人，拟往从楚王景驹。会见沛公过境，因乘便求见，沛公与语一切兵机，良应对如流，大得沛公赏识，授为厩将。最奇怪的是张良所言，无人称赏，独沛公一一体会，语语投机。良因叹息道：“沛公智识，定由天授，否则我所进说，统是太公兵法，别人不晓，为何沛公独能神悟呢？”嗣是良遂随着沛公，不复他去。会秦嘉为项梁所杀，景驹走死，沛公乃竟造项梁营门，乞师攻丰。既得项军相助，便亟返丰乡，再攻雍齿。雍齿保守不住，出投魏国去了。

沛公逐去雍齿，驰入丰乡，传集父老子弟，训责一番。大众统皆谢过，乃不复与较，但改丰乡为县邑，筑城设堡，留兵扼守，再向薛城告捷，送还项军。旋接项梁来书，特邀沛公至薛商议另立楚王。沛公方感他厚惠，当然应召，带同张良等趋至薛城。适值项羽战胜班师，因得与羽相见，询明战状，乃是羽拔襄城，尽坑敌兵，方才告归。羽一出师，便尽坑襄城敌兵，其暴可知。惺惺惜惺惺，两人一见如故，联成为萍水交。刘项相交自此始。

过了一宵，项氏属将，一齐趋集。当由项梁升帐议事，顾语大众道：“我闻陈王确已身死，楚国不可无主，究应推立何人？”大众听了，一时也不便发言，只好仍请项梁定夺。有几个乘机献媚的将吏，竟要项梁自为楚王，梁方欲承认下去，忽帐外有人入报，说是居鄛人范增，前来求见。鄛一作巢，即今巢县。梁即传令入帐。少顷见一个老头儿，伛偻进来，趋至座前，对梁行礼。

死多活少，何苦再来干进！梁亦拱手作答，延坐一旁，并温颜与语道：“老先生远来，必有见教，愿乞明示！”范增答道：“增年已老朽，不足谈天下事，但闻将军礼贤下士，舍己从人，所以特来见驾，敬献刍言。”项梁道：“陈王已逝，新王未立，现正筹议此事，尚无定论，老成人想有高见，幸即直谈！”增又道：“仆正为此事前来，试想陈胜本非望族，又乏大才，骤欲据地称王，谈何容易！此次败亡，原不足惜。自从暴秦并吞六国，楚最无罪，怀王入秦不反，楚人哀思至今。仆闻楚隐士南公，深通术数，尝谓楚虽三户，亡秦必楚，照此看来，三户尚足亡秦，今陈胜首先起事，不知求立楚后，妄自称尊，怎得不败！怎得不亡！将军起自江东，渡江前来，故楚豪杰，争相趋附，无非因将军世为楚将，必立楚后，所以竭诚求效，同复楚国。将军诚能俯顺舆情，扶植楚裔，天下都闻风慕义，投集尊前，关中便一举可下了。”增言亦似是而非。

项梁喜道：“我意也是如此，今得老先生高论，更无疑义，便当照行。”增闻言称谢，梁又留与共事，增亦不辞。此时增年已七十，他本家居不仕，好为人设法排难，谋无不中。既居项梁幕下，当然做了一个参谋。梁遂派人四出，访求楚裔，可巧民间有一牧童，替人看羊，查问起来，确是楚怀王孙，单名是个心字，当即报知项梁。梁即派遣大吏数人，奉持舆服，刻日往迎。说也奇怪，那牧童得了奇遇，倒也毫不惊慌，就将破布衣服脱下，另换法服，居然像个华贵少年，辞别主人，出登显舆，一路行抵薛城。项梁已率领大众，在郊迎接，一介牧童，不知从何处学得礼节，居然不亢不卑，与梁相见。梁遂导入城中，拥他高坐，就号为楚怀王，自率僚属谒贺。牧童为王，虽后来不得令终，总有三分奇异。行礼既毕，复与大众会议，指定盱眙为国都，命陈婴为上柱国，奉着怀王，同往盱眙。梁自称武信君，又因黥布转战无前，功居人上，封他为当阳君。

布乃复英原姓，仍称英布。

张良趁此机会，谋复韩国，遂入白项梁道："公已立楚后，足副民望，现在齐赵燕魏，俱已复国，独韩尚无主，将来必有人拥立，公何不求立韩后，使他感德；名虽为韩，实仍属楚，免得被人占了先着，与我为敌呢。"语有分寸。项梁道："韩国尚有嫡派否？"良答道："韩公子成，曾受封横阳君，现尚无恙，且有贤声，可立为韩王，为楚声援，不致他变。"梁依了良议，遂使良往寻韩公子成。良一寻便着，返报项梁。梁因命良为韩司徒，使他往奉韩成，西略韩地。良拜辞项梁，又与沛公作别，径至韩地，立韩成为韩王，自为辅助，有兵千人，取得数城。从此山东六国，并皆规复，暴秦号令，已不能远及了。

独秦将章邯，自恃勇力，转战南北，飘忽无常，竟引兵攻入魏境。魏相周市，急向齐楚求救，齐王田儋，亲自督兵援魏，就是楚将项梁，亦命项它领兵赴援。田儋先至魏国，与周市同出御秦，到了临济，正与秦军相遇，彼此交战一场，杀伤相当，不分胜负。儋与市择地安营，为休息计，总道夜间可以安寝，不致再战。哪知章邯狡黠得很，竟令军士衔枚夜走，潜来劫营。时交三鼓，齐魏各军，都在营中高卧，沉沉睡着，蓦地里一声怪响，方才从梦中惊醒，开眼一瞧，那营内已被秦军捣入。急忙爬起，已是人不及甲，马不及鞍，如何还能对敌？秦军四面围杀，好似砍瓜切菜一般，齐魏兵无路可奔，多被杀死。田儋、周市，也死于乱军中，同至枉死城头，挂号去了。章邯踏平齐魏各营，遂驱兵直压魏城。魏王咎自知不支，因恐人民受屠，特遣使至章邯营，请邯毋戮人民，便即出降。邯允如所请，与定约章，遣使回报。魏王咎看过约文，心事已了，当即纵火自焚，跟着祝融氏祝融，火神名。同去，却是一个贤王，可惜遭此结果。弟魏豹缒城出走，巧遇楚将项它，与述国破君亡等事，项它知不可救，偕豹还报项梁。

梁方出攻亢父，闻得魏都破灭，项它还军，正拟自往敌秦，赌个输赢。适值齐将田荣，差来急足，涕泣求援。经梁问明底细，才知田儋死后，齐人立故齐王建弟田假为王，田角为相，田间为将。独田儋弟荣不服田假，收儋余兵，自守东阿，秦兵乘势攻齐，把东阿城围住。城中危急万分，因特遣使求救，项梁奋然道：“我不救齐，何人救齐！”遂撇了亢父，立偕齐使同赴东阿。

秦将章邯，方督兵攻东阿城，限期攻入，忽闻楚军前来救齐，乃分兵围攻，自率精锐去敌项梁。一经交锋，觉得项梁兵力，与各国大不相同，当下抖擞精神，率兵苦斗，偏项军都不怕死，专从中坚杀来，无人敢当，章邯持刀独出，拦截楚军，兜头碰着一个楚将，横槊相迎，刀槊并交，不到数合，杀得章邯浑身是汗，只好抛刀败退。看官道楚将为谁？就是力能扛鼎的项羽。邯生平未遇敌手，乃与项羽争锋，简直是强弱悬殊，不足一战。自思楚军中有此健将，怎能抵敌？不如赶紧收军，走为上计，于是挥众急走，奔回东阿，索性将攻城人马，一律撤去，向西驰还。田荣引兵出城，会合楚军，追击秦兵至十里外，望见章邯去远，荣托词告归。独项梁尚不肯舍，再追章邯，逐节进兵。

既而田假逃至，报称为荣所逐，乞师讨荣，项梁未许，但促田荣会师攻秦。荣方驱逐田假，及田角田间，另立兄儋子市为齐王，自为齐相，弟横为将，出徇齐地，无暇发兵攻秦。及楚使到来，荣与语道："田假非前王子弟，不应擅立，今闻他逃入楚营，楚应为我讨罪。田角、田间，与假同恶，现皆奔往赵国；若楚杀田假，赵杀田角、田间，我自当引兵来会，烦汝回报便了。"田假系齐王建弟，岂必不可为王？荣为是言，无非强词夺理。楚使还见项梁，具述荣言，项梁道："田假已经称王，今穷来投我，怎忍杀他？田荣不肯来会，由他去罢。"一面说，一面使沛公项羽，往攻城阳。羽亲冒矢石，首先登城，入城以后，又将兵民尽行屠戮。沛公亦无法劝阻，俟羽屠城毕事，同归告捷。

项梁复率众西追章邯，再破秦军，邯败入濮阳，乘城固守。梁攻城不克，移攻定陶。定陶城内亦有重兵守着，兀自支撑得住。梁自驻定陶城下，指挥军事，另命沛公项羽，往西略地。两人行至雍邱，却遇秦三川守李由引兵迎敌，项羽一马当先，突入秦阵，李由不知好歹，仗剑来迎，被项羽手起一槊，挑落马下，眼见是一命告终了。秦兵失了主将，自然大乱，逃去一半，死了一半。惟李由为秦丞相李斯长子，战死沙场，总算是为秦尽忠，哪知秦廷还说他谋反，竟把乃父李斯，拘入狱中！李由死无对证，李斯冤枉坐罪，这真叫作不明不白，生死含冤呢。也是李斯造孽太深，故有此报。说将起来都是赵高一人的狡计。

秦二世宠任赵高，不亲政务，及四方乱起，警报频闻，却不向赵高归罪，但去责成丞相李斯。李斯是个贪恋禄位的佞臣，只恐二世加谴，反要迎合上意，请二世讲求刑名，严行督责，且云督责加严，臣民自然畏惧，不敢生变。这数语正合二世心理，遂大申刑威，不论有罪无罪，孰贵孰贱，每日总要刑戮数人，总算实做那督责的事情。官民栗栗危惧，各有戒心，赵高平日，恃恩专恣，往往报复私仇，擅杀无辜，此次恐李斯等从旁讦发，祸及己身，乃先行设法，入白二世道："陛下贵为天子，亦知天子称贵的原因么？"二世茫然不解，转问赵高，高答说道："天子所以称贵，无非是高拱九重，但令臣下闻声，不令臣下见面。从前先皇帝在位日久，臣下无不敬畏，故得日见臣下，臣下自不敢为非，妄进邪说。今陛下嗣位，才及二年，春秋方富，奈何常与群臣计事？倘或言语有误，处置失宜，反使臣下看轻，互相诽议，这岂不是有玷神圣么？臣闻天子称朕，朕字意义，解作朕兆，朕兆便是有声无形，使人可望不可近，愿陛下从今日始，不必再出视朝，但教深居宫禁，使臣与二三侍中，或及平日学习法令诸吏员，日侍左右，待有奏报，便好从容裁决，不致误事。大臣见陛下处事有方，自不敢妄生议论，来试陛下，陛下才不愧为圣主了。"好似哄骗小儿。

二世闻言甚喜，乐得在宫安逸，恣意淫荒。从前尚有视朝的日子，至此杜门不出，唯与宦官宫妾，一淘儿寻欢取乐，所有诰命出纳，统委赵高办理。赵高便往访李斯，故意谈及关东乱事，李斯皱眉长叹，唏嘘不已。高便进说道："关东群盗如毛，警信日至，主上尚恣为淫乐，征调役夫，修筑阿房宫，采办狗马无用等物，充斥宫廷，不知自省。君侯位居丞相，不比高等服役宫中，人微言轻，奈何坐视不言，忍使国家危乱哩！"哄骗李斯又另用一番口吻。李斯道："非我不愿进谏，实因主上深居宫中，连日不出视朝，叫我如何面奏？"赵高道："这有何难，待我探得主上闲暇，即来报知君侯，君侯便好进谏了。"李斯听着，还道赵高是个忠臣，怀着好意，当即欣然允诺。

过了一二日，果由赵高遣一阉人，通知李斯促令进谏。李斯忙穿了朝服，匆匆至宫门外，求见二世。二世正在宫中宴饮，左抱右拥，快乐无比的时候，忽见内官趋入，报称丞相李斯求见，不由得艴然道："有何要事，败我酒兴？快叫他回去罢！明日也好进来。"内官出去，依言拒斯，斯只好回去。明日再往求见，又被二世传旨叱回，斯乃不敢再往。偏赵高又着人催促，说是主上此刻无事，正好进谏，不得再误。斯尚以为真，急往求见，又受了一碗闭门羹。斯白跑三次，倒也罢了，哪知二世动了懊恼，赵高乘势进谗，说是沙邱矫诏，斯实与谋，他本望裂地封王，久不得志，因与长子由私下谋反。近日屡来求见，定有歹意，不可不防！二世听了，尚在沉吟，赵高又加说道："楚盗陈胜等人，统是丞相旁县子弟，斯为上蔡人，与陈胜阳城相近，故云旁县。为什么得横行三川，未闻李由出击？这就是真凭实据了。请陛下速拘丞相，毋自贻患！"二世仍沉吟多时，究因案情重大，不好草率，特先使人按察三川，是否有通盗实迹，再行问罪。赵高不敢再逼，只好听二世派人出去，暗中贿嘱使臣，叫他诬陷李斯父子。

偏李斯已知中计，且闻有查办李由等情，因上书劾奏赵高，历陈罪恶。二世略阅斯书，便顾语左右道："赵君为人，清廉强干，下知人情，上适朕意，朕不任赵君，将任谁人？丞相自己心虚，还来诬劾赵君，岂不可恨！"李斯越弄越糟。说着，即将原奏掷还。李斯见二世不从，又去邀同右丞相冯去疾、将军冯劫，联名上书，请罢修阿房宫，请减发四方徭役，并有隐斥赵高的语意。惹得二世越加动怒，愤然作色道："朕贵为天子，理应肆意极欲，尚刑明法，使臣下不敢为非，然后可制御海内。试看先帝起自侯王，兼并天下，外攘四夷，所以安边境，内筑宫室，所以尊体统，功业煌煌，何人不服。今朕即位二年，群盗并起，丞相等不能禁遏，反欲举先帝所为，尽行罢去，是上不能报先帝，次又不能为朕尽忠，这等玩法的大臣，还要何用呢？”赵高在旁，连忙凑趣，请即将三人一并罢官，下狱论罪。二世当即允准，遂由赵高派出卫士，拿下李斯冯去疾冯劫，囚系狱中。

去疾与劫，倒还有些志趣，自称身为将相，不应受辱，慨然自杀。独李斯还想求生，不肯遽死，再经赵高奉旨讯鞫，硬责他父子谋反，定要李斯自供。斯怎肯诬服？极口呼冤，被赵高喝令役隶，搒掠李斯，直至一千余下，打得李斯皮开肉烂，实在熬受不住，竟至昏晕过去。若得就此毕命，也免身受五刑。小子有诗叹道：

严刑峻法任君施，祸报临头悔已迟。
家族将夷犹惜死，桁杨况味请先知。

毕竟李斯性命如何，且看下回续叙。

范增之请立楚后，与张耳、陈余之进说陈胜，其说相同。此第为策士之诈谋，无足深取。丈夫子迈迹自身，岂必因人成事？试观郦食其请立六国后，而张良借箸以筹，促销刻印，汉卒成统一之功，是可知范增之谋，不足图功，反足贻祸。项氏之亡，实亡于弑义帝，谓非增贻之祸而谁贻之乎？或谓张良亦尝请立韩公子成，夫良之请立韩后，不过为韩存祀而已，其与范增之借楚为名，亦安可同日语者。苏子瞻资议范增，犹目之为人杰，毋乃尚重视范增欤！彼夫李斯之下狱，原属冤诬，然试思残刻如斯，宁能令终？坑儒生者李斯，杀扶苏蒙恬者亦李斯，请行督责者亦李斯，斯杀人多矣，安保不为人杀乎？故杀斯者为赵高，实不啻斯自杀之耳，冤云乎哉！

第六回　驻定陶项梁败死　屯安阳宋义丧生

却说李斯受了刑讯，搒掠至千余下，竟至昏晕不醒。赵高令左右取过冷水，喷上斯面，斯才苏醒转来。再经高喝令供实，斯恐重遭搒掠，不得已当堂诬服，随即牵还狱中。斯且忍痛作书，自叙前功，尚望二世从轻发落，特浼狱吏呈将进去，偏又为赵高所闻，呼吏入责道："囚犯怎得上书？汝莫非受他贿托么？"说得狱吏魂魄飞扬，慌忙自称不敢，叩谢而出。斯书当然毁去，不得上闻。赵高复使心腹人伪为御史，及侍中谒者等官，私往按验，至再至三，斯一呼冤，便即笞杖交下，不令翻供，嗣经二世派人复审，斯以为徒受笞杖，无从明冤，不如拚了一死，诬供了事。复审员还报二世，二世喜说道："若非赵君，几为李斯所卖！"于是斯遂谳成死罪。及三川查办员还都，先向赵高处陈明，说是李由阵亡，死无对证，正好捏造反词，构成大狱。赵高喜甚，遂令他捏词奏报。二世益怒，竟令斯备受五刑，并诛三族。应有此报。

可怜李斯家内，所有子弟族党，一股脑儿拿到法庭，与李斯一同捆缚，推出市曹。斯顾次子呜咽道："我欲与汝再牵黄犬，出上蔡东门，赶捕狡兔，已不能再得了！"说着，大哭不止，次子亦哭，家属无一不哭。俄而监刑官至，先命将李斯刺字，次割鼻，次截左右趾，又次枭首，又次斩为肉泥。五刑用毕，斯魂早入阿鼻地狱。余外子弟族党等，一并诛死，真落得阴风惨惨，冤魄沉沉。总计李斯一门，除长子由为三川守外，诸男多尚秦公主，诸女多嫁秦公子，显贵无比。李斯也尝叹物极必衰，终因贪恋禄位，倒行逆施，害得这般结果，可见贵富二字，最足误人，愿后世看作榜样，切勿贪心不足呢！暮鼓晨钟，无此异响。

且说赵高既害死李斯，遂得代斯后任，做了一个中丞相，凡军国大事，都归他一人包揽，二世似傀儡一般，毫无主权。高因祸乱日亟，特致书章邯，责成平盗。章邯困守濮阳，也想出奇制胜，建立战功，每日派遣侦骑，探听项梁军情，以便乘隙定计。项梁驻兵定陶城下，适值霪雨兼旬，不便力攻。沛公项羽，自雍邱还攻外黄，亦为雨所阻，但把外黄城围住，为持久计。项梁屡胜而骄，既不将两军召回，又复逐日宽懈，但在营中饮酒消遣，所有军纪军律，几乎搁起一边，不复过问，全营将士，亦乐得逍遥自在，快活几天。这种情形，早被秦探窥知，往报章邯，邯尚恐兵力未足，不敢轻出，但向各处征调兵马。待至各军趋集，方图大举，与项梁决一雌雄。

项梁麾下，有一谋士宋义，察知秦兵日增，引以为忧，遂入帐谏项梁道：“公渡江到此，屡破秦军，威名日盛，可喜无过今日，可惧亦无过今日，大约战胜以后，将易骄，卒易惰，骄惰必败，不如不胜。试看各营将士，已渐骄了，已稍惰了，秦兵虽败，秦将章邯，究竟是经过百战，不可轻视。近闻他屡次添兵，必将与我决一死斗；若我军不先戒备，一旦被他袭击，如何抵敌！所以义日夜担忧，为公增惧呢。”项梁道：“君亦太觉多心。章邯屡次败退，哪里还敢再来！就使他逐日添兵，也不过守着濮阳罢了；况天公连日下雨，路上泥泞得很，怎能攻我，一俟天晴，我即当攻克此城，去杀那章邯，看他逃往何处！”说至此，掀髯大笑。骄态如绘。

宋义尚欲有言，项梁先接入道：“我前拟征集齐师，同去攻秦，偏田荣有怀私怨，忘我大惠，我本想遣使诘责，只因一时无暇，延误多日，今若虑章邯增兵，与我为难，不如再召田荣，率师来会。荣若仍然不至，我却要移兵攻齐了。”宋义见梁语益支离，料难再谏，眉头一皱，计上心来，即向项梁说道：“公如欲使齐，臣愿一往。”梁欣然许诺，义即起身辞行，出营东去。越快越妙。

走至半途，适遇齐使高陵君显，免不得互相接谈。义便问显道：“君将往见武信君么？”显答声称是。义又与说道：“我受武信君差遣，出使贵国，一是为两国修和，二是为一己避祸，愿君亦不可速进，免受灾殃。”显不禁诧异，详问原因，义答道：“武信君屡战屡胜，已致骄盈，士卒亦多懈怠，恐难再战。我闻秦将章邯，连日增兵，志在报复，武信君轻视秦军，拒谏不纳，将来必为所乘，不败何待？君今前去，未免受累，看来还是徐徐就道，方可无虞。我料这旬日内，武信君就要失败了！”显似信非信，乃与义拱手揖别，各走各路。自思义为楚臣，有此关照，不为无因，今何妨迟迟吾行，较为妥当。遂嘱咐舆夫，缓缓前进。

果然高陵君未到楚营，武信君已经败亡。原来项梁遣去宋义，仍然宽弛得很，不但军中未曾戒严，就是斥堠巡卒，也听他散处，不加检查。时当秋季，凄风苦雨，连宵不止，把定陶城下的几座楚营，直压得黑气弥漫，不见天日。便是不祥之兆。楚军也无人占候，但知昼餐夜宿，蹉跎过去。一夕俱安睡营中，忽闻营外喊杀连天，好似千军万马，奔杀进来。楚军方才惊起，但见四面统是火光，照彻内外，一队队的敌军，统向营门中突入，见人便砍，遇马便刺，吓得楚军倒躲不及。勉强持了军械，上前拦阻，哪里是敌军对手，徒断送了许多头颅。最厉害的是后面大将，金盔铁甲，跃马舞刀，锋刃所及，血肉横飞，越使楚人丧胆，只恨自己未生羽翼，不能飞上天空，逃脱性命。还有这位武信君项梁，仓皇出帐，单穿着一身常服，执着一把短剑，要想冲出大营，觅路逃生。冤家碰着狭路，正与敌军中大将相值，被他拦住。两下里争起锋来，一个是长刀乱劈，光焰逼人，一个是短剑难支，心胆已落。才阅片时，即由敌帅一刀剁下，劈作两段。敌帅为谁？就是秦将章邯。邯既招集兵马，夤夜冒着风雨，来劫楚营，项梁毫不预备，自然中了邯计，一死不足，还要害及全军，这便叫作骄兵必败，应了宋义的前言呢。前回述章邯劫营，是顺叙而下，此回却用倒笔，愈见突兀。

楚营中失了主帅，没头乱跑，当被秦兵掩杀一阵，多半毙命。只有几个命不该死的兵士，溜出营外，逃往外黄，报知沛公项羽。项羽不听犹可，听了叔父阵亡，不由得悲从中来，放声大哭。沛公亦为泪下，待羽停住哭声，方与羽商议道："武信君已死，军心不免摇动，此处断难再驻了。我等只好东归，保卫怀王，抵御秦军。"羽也以为然，乃撤外黄围，引兵东还。道出陈县，复邀同吕臣军，共至江左，择地分驻。吕臣军驻彭城东，项羽军驻彭城西，沛公军驻砀郡，彼此列成犄角，约为声援。嗣恐怀王居住盱眙，为秦所攻，因请他移都彭城。怀王依议迁都，至彭城后，命将项羽吕臣两军，并作一处，自为统帅。牧童能作统帅，却是不凡。惟沛公军仍使留砀，授为砀郡长，封武安侯。号项羽为鲁公，封长安侯，进吕臣为司徒，且使吕臣父青为令尹。部署已定，专待章邯到来，与他厮杀。偏章邯不来攻楚，反去攻赵，他道是项梁已死，楚无能为，所以北去。怀王闻秦军北行，料知魏地空虚，即使魏豹往略魏地。魏豹奔楚见前回。给兵千人，即日出发。豹却也顺手，竟得平定二十余城，派人报捷。怀王乃命豹为魏王，使作屏藩，这且慢表。

且说齐使高陵君显，在途中缓行数日，果得项梁死耗，才服宋义先见，幸得避灾。只因使命尚未交卸，不便回齐，且在途中探听楚人消息，再定行止。嗣闻楚怀王迁都彭城，刘项等同心夹辅，兵威复震，乃改道转趋彭城，入见怀王，传达使命。怀王依礼接见，赐座与谈。显问及宋义使齐，有无回来，怀王答称尚未。显又述及途次相遇，幸得宋义指示，不至及祸等情，怀王愕然道："义何以知项君必败？"显答道："据宋使言，武信君志骄气满，已露败象，后来不到数日，竟如所料。试想兵未交战，先见败征，岂不是特别知兵么？"怀王点头称是。

事有凑巧，正值宋义回来，即由怀王立刻召见，问明使齐情形，义据实复陈，无非说是齐愿修和，只因国内未定，所以暂缓出师。怀王复与语项梁败状，义答道："臣早知有此祸变，武信君不肯听臣，因致败亡。"怀王乃更商及拒秦政策，义仍主张西进，谓必须择一良将，剿抚兼施，进止有法，方可成功。怀王大喜，遂留宋义居侍左右，随时与议。一面遣回齐使，令他复命。俟齐使去后，乃遍召诸将，会议攻秦。怀王首先开口道："秦始皇暴虐人民，海内交怨，今二世尤为无道，自速危亡，前武信君西向进攻，所过皆克，不幸中道失计，忽遭败挫，现拟再接再厉，誓灭暴秦，还问何人敢当此任？"说至此，即顾视两旁，见诸将瞠目结舌，无一应命。怀王复朗声道："诸君听着，今日无论何人，但能麾兵西向，首先入关，便当立为秦王。”言未已，即有一人应声道：“末将愿往！”是怀王激励出来。往字方才说毕，又有一人厉声道：“我亦愿往！须当让我先去。”两人口吻，便有区别。怀王瞧着，第一个应声的乃是沛公，第二个厉声的就是项羽，两人统要西行，反弄得怀王左右为难，俯首沉吟。项羽又进说道：“叔父梁战死定陶，仇尚未报，末将谊关子侄，誓不甘休！今愿请兵数千，捣入秦关，复仇雪耻，就使刘季愿往，末将亦决与同行，前驱杀贼。”怀王听着，方徐声道：“两将能同心灭秦，尚有何言？现且部署兵马，择日启行。”

沛公项羽，奉令趋出。尚有老将数人，未曾告退，续向怀王进言道：“项羽为人，慓悍残忍，前次往攻襄城，月余才得破入，他因日久怀恨，纵兵屠戮，直把襄城百姓，杀得一个不留。嗣复转攻城阳，又将全城人民，任情残杀。此外所过地方，无不酷待，如此凶暴，怎好令他统军？况楚兵起义以来，陈王、项梁，统皆无成，这都为了以暴易暴，不足服人，所以终归败死。今既定议攻秦，不应单靠武力，须得一忠厚长者，仗义西行，沿途约束军士，慰谕父老，非至万不得已，不可加诛，彼秦地百姓，苦秦已久，若得义师前去，除暴救民，自然箪食相迎，无思不服。故为大王计，项羽决不可遣，宁可独遣沛公！沛公宽大有名，必不至如项羽的残暴呢。”怀王道：“我知道了！”诸老将方兴辞而出。怀王返入内室，免不得大费踌躇，自思羽若不遣，是自背前言；若遣令同往，必至所过残掠，大拂民意。想了多时，究竟是不遣为佳。

次日升堂议事，沛公、项羽，都来禀请出兵的日期。怀王顾语项羽，叫他暂留彭城，不必与沛公同行。项羽不禁暴躁起来，正要与怀王辩论，可巧外面有人入报，说是赵国使臣，前来求见。怀王正恐项羽多言，乐得打断了他，急命左右召入赵使。赵使踉跄进来，行过了礼，便将国书呈上。怀王虽做过牧童，究竟幼时读书识字，未尝忘却，况且天资聪敏，一习便熟，所以看到来书，就知赵使来楚乞援。原来秦将章邯，移兵攻赵，赵王歇使将军陈余，出兵抵敌，吃了一个大败仗，退至巨鹿。赵相张耳，亟奉赵王歇入巨鹿城，令陈余屯营城北，保护城池。章邯在城南下寨，就棘原筑起甬道，两面迭墙，俾通粮路，自督兵士攻城，昼夜不辍。城中当然危急，不得不遣使四出，分道求援。怀王将来书阅毕，传示诸将，惹得项羽雄心勃勃，又想去攻杀章邯，替叔报仇。当下请命欲行，怀王说道：“此行正要烦君，但须有人同去，方慰我心！”无非防他残虐。遂即命宋义为上将，加号卿子冠军，卿子系时人褒美之辞，即与公子相类。冠读去声，有统军之意。作为统帅，项羽为次将，范增为末将，率兵数万，前往救赵。

赵使先归，宋义等随后出发，行至安阳，顿兵不进。怀王深信宋义，不欲遥制，由他自定行止，惟另遣沛公西行。沛公别过怀王，出都就道，遇着陈胜、项梁散卒，一并收集，约得万人。复至砀郡招领旧部，共同西进，过了成阳、杠里二县，连破秦军二戍，击走秦将王离，因向昌邑进发。时已为秦二世三年了。是年为秦亡之岁，不能从略。

秦将王离，败走河北，投章邯军，邯令他助攻巨鹿，巨鹿守兵，越加恟惧，日望楚军入援。偏宋义逗留安阳，不肯进兵，甚至赵使一再敦促，仍然不行。接连住了四十六日，部将等俱莫名其妙，项羽更忍耐不住，入帐语义道："秦兵围赵甚急，我军既已来援，应该速渡黄河，与秦交战，我为外合，赵为内应，秦兵便可破灭，为什么久驻此间，坐失时机呢？"宋义摇首道："公言错了！古谚有言，当搏牛虻，不当破虮虱，虻大虱小，我等应从大处下手，方得大功。今秦兵攻赵，就使战胜，兵亦必疲，我可乘敝进攻，无虑不破。若秦兵不能胜赵，我便鼓行西进，直入秦关，还要去顾什么章邯？我所以按兵不进，专待秦、赵两军，决一胜负，方定进止，公亦何必性急，且住为佳。总之披坚执锐，我不如公；运筹决策，公尚不如我哩。”言已，鼓掌大笑。义能知梁，不能知羽，想是命已该绝了。

羽忿忿而出。少顷有军令传出道：“猛如虎，狠如羊，贪如狼，强不可使，俱应处斩！”这数语明明是指着项羽，气得项羽三尸暴炸，七窍生烟，恨不得手刃宋义，立即渡河。那宋义全然不睬，且遣子襄往做齐相，亲送至无盐地方，饮酒高会，自鸣得意。会值天气严寒，雨雪纷飞，士卒且冻且饥，不得一餐，独宋义堂皇高坐，与诸将豪饮大嚼，谈笑生风。看官试想！如此行为，能令众人心服么？将卒须共尝甘苦，义号为知兵，奈何不晓。

项羽虽然列席，胸中却说不出的烦躁，但借酒浇愁，喝干了数大觥。待至酒阑席散，宋襄东去，宋义归营，约莫是夜餐时候，士卒都一齐会食，羽独无心下膳，自出巡行，听得士卒且食且谈，互有怨言，不由得激起宿愤，乘机欲发。一俟大众食毕，即趋入宣言道：“我等冒寒前来，实为救赵破秦起见，为何久留此地，不闻进行？方今岁饥民贫，士卒食芋菽，军营无现粮，乃尚饮酒高会，不思引兵渡河，往就赵粟，合攻秦兵，反说要乘他疲敝。试想秦兵强悍，攻一新立的赵国，势如摧枯，赵灭秦且益强，何敝足乘？况我国新遭败衄，主上坐不安席，尽发境内兵士，属诸上将军，国家安危，在此一举，今上将军不恤士卒，但顾私谋，这还好算得社稷臣么？”大众听了，虽未敢高声响应，但已是全体赞成。项羽窥透众意，方才归寝。宋义已经酒醉，回营便睡，一些儿没有知晓。竟变做糊涂虫。

到了翌日早起，羽借进谒为名，大踏步驰入义帐，义方在盥洗，被羽走近身旁，拔剑砍义，砉的一声，已将义首级劈落帐下。小子有诗叹道：

漫言智识果超群，一死何殊武信君！

才识恃才徒速祸，可怜身首已中分。

羽既杀死宋义，复枭了他的首级，提出帐前，举示大众。

欲知大众是否服羽，且看下回便知。

项梁之死，失之于骄，宋义之死，亦未始非骄所致。义知项梁之骄兵必败，而果为其所料，诩诩然自夸先见之明，盖亦骄矣。及怀王召入幕中，宠信日深，更足酿成义之骄态。及擢为上将军，给以美号，畀以重权，而义之骄乃益甚。大救兵如救火然，岂可中道逗留，月余不进乎？况行兵以锐气为主，锐气一衰，何足御敌？义尝以此讥项梁，而不知自蹈此辙，即使项羽无杀义之举，亦安在而不致败也！视人则明，处己则昏，吾于宋义亦云。

第七回　破釜沉舟奋身杀敌　损兵折将畏罪乞降

却说项羽杀死宋义，携首出帐，举示大众，且号令军中道："宋义与齐私通，谋叛楚国，我奉楚王命令，已把他斩首了。"众将士已多怨义，更见羽奋髯如戟，振喉如雷，仿佛与黑煞神相似，顿令人人生畏，莫敢支吾。当有数将士应命道："首立楚国，原出将军家中，今将军诛乱有功，应该代任上将军，统辖全营。"羽接入道："这也须禀明我王，静候旨意。"将士复道："军中不可无主，将军何妨摄行职务，再候王命未迟。”羽便允诺，大众便同声推立，称羽为假上将军。羽想出一条斩草除根的法子，索性派遣心腹将弁，赶上宋襄，一刀杀死，然后使属将桓楚，报命怀王，诡言宋义父子，谋叛不道，已由大众公同议决，诛死了事。怀王亦明知项羽夺权，但又不能制服项羽，只好将错便错，遣使传命，就使项羽为上将军。怀王之不得其死，已在此处伏案。一朝权在手，就把令来行，便遣当阳君英布，及蒲将军等，领兵二万人，渡河前进，自为后应，徐徐进行。

赵将陈余，自为秦军所败，不敢与秦争锋，惟征集常山兵数万人，屯驻巨鹿城北，虚张声势。秦兵得王离为助，饷足兵多，急攻巨鹿。巨鹿城内，日夜不安，守兵逐日伤亡，粮草又逐日减少，急得赵相张耳，焦灼异常，屡使人缒城夜出，往促陈余进战。余只畏战不进，耳越加惶急，又使张黡、陈泽二将，往责陈余，传述己言道：“耳本与君为刎颈交，誓同生死，今王与耳困坐围城，朝不保暮，所望惟君，君乃拥兵数万，不肯相救，岂非有负前盟！如果诚心践约，何不亟赴秦军，拼同一死！死中或可求生，十分危险中，未必无一二分侥幸，请君细思。”陈余喟然道：“我非不欲相救，但兵力未足，冒昧前进，有败无胜，有亡无存，且余所以不敢轻死，实欲为赵王、张君，破秦报怨，今若同去拼死，譬如举肉喂虎，有何益处！”语虽近是，终由怯战。张黡、陈泽道：“事已万急，总须誓死全信，后事也无暇顾虑了。”余又道：“据我意见，同死终归无益，两君必欲尽忠，何勿先去一试？”黡、泽齐声道：“公如拨兵相助，虽死何辞！”原是要你去死。余乃拨兵五千人，使随二人进战。还要断送五千人性命。黡、泽也嫌兵少，因未便申请，就把死生置诸度外，引着五千兵士，径向秦营杀去。秦军开壁与战，拥出千军万马，来斗黡、泽，黡、泽虽拼命力争，怎奈秦兵越来越多，部兵越斗越少，终落得全军覆没，一并归阴。

秦兵益振，巨鹿益危。燕齐、诸国，为了赵使一再乞援，各派兵赴救。张耳子敖，也从代郡招兵万余，入援巨鹿。惟皆惮秦兵威，只远远地驻扎兵马，未敢轻试。陈余也为加忧，因闻楚兵已发，多日不至，乃更使人敦促，直至项羽营中。羽正拟进兵，复得英布、蒲将军兵报，前驱尚称得利，惟请后军接应等语，羽遂与赵使约定军期，先使归报，一面驱动大队，悉数渡河。既至对岸，便下令沉船，破釜甑，烧庐舍，但令军士持三日粮，与秦兵决一死战，不求生还。将士等到了绝地，也晓得有进无退，个个怀着必死的念头，向前驰去。

行了半日有余，即与英布、蒲将军相遇。两人见了项羽，谓已与秦兵交战数次，杀死多人，不过秦兵气势尚盛，粮运不绝，须先断彼粮道，方可制秦云云。项羽点头道："断截粮道，原是要策；但秦将章邯、王离等人，岂有不防？且待我直救巨鹿，杀他一阵，再作计较。"说着，复麾兵急进，趋向巨鹿。途次遇着秦兵拦阻，但教项羽横槊一扫，都已东倒西歪，抱头窜去。及望见巨鹿城，城上虽有守兵列着，已是残缺不全，城下的秦营，好似围棋一般，四面密布，杀气腾腾。羽毫不畏缩，仍然拨马当先，率兵前进。

秦将王离等，听得楚军远来，竟敢进战，也料他有些胆力，不敢轻视，且又接得败兵回报，具述楚将厉害，于是调动兵马，自往接仗，留他将涉闲围城，命裨将苏角守住甬道，放心大胆，去敌楚军。离城仅及里许，已碰着楚军前队，慌忙布阵，哪知前队的统帅，就是项羽，举槊一扬，楚将楚兵，便向秦阵拥入。羽亦跃马入阵，王离麾兵拦截，俱被杀退。再加羽一杆长槊，神出鬼没，不可捉摸，秦阵里面，只见他一道槊影，七上八下，戳倒人马无数。离料不可当，回马便退，羽步步进逼，不肯少缓。惹得王离性起，仗着人多势旺，翻身再战，偏项羽越战越勇，余外将士，亦越斗越奋，直杀到山摇地动，天日无光。离三进三却，只好奔回本营。

章邯见王离战败，亲来援应，再与楚军对垒。这时候的各国援军，统在自己营中，踞壁观战。遥见秦楚两方的将士，渐渐接近，秦兵甲仗整齐，人马雄壮，差不多如泰山一般，聚成一堆。楚军是衣服简陋，步伐粗疏，三三五五，各自成队，也没有什么阵式，但向秦垒中冲来。各国将士，还道楚军没有纪律，一味蛮触，必败无疑，徒观皮相，晓得什么！哪知项羽是杀星下降，但令兵士向前奋斗，不管什么形式。况且楚兵不多，比秦兵要少一半，若要将对将，兵对兵，配搭均匀，方好动手，简直是不够分派，只好罢休。所以羽申令将士，使他各自为战，不必相顾，违令立斩。一班楚军，统是拼着性命，上前争杀，一当十，十当百，呼声动天地，怒气冲斗牛。不但秦兵在场交手，挡不住这种劲敌，吓得胆战心惊，就是壁上旁观的将士，也不禁目瞪口呆，不寒自栗。章邯本已在项羽手中，经过败仗，此次见楚军越加厉害，料难久持，连忙引兵退下，十成中已丧失了三五成。项羽见章邯退去，才令部众下营休息，到了夜间，仍然严装待着。

好容易过了一宵，令军士饱食干粮，再行进攻。羽且下令道："今日若不扫尽秦兵，粮要绝了，彼死我活，就在今日，大众务要努力！"众将士齐称得令，就从营中拥出，直奔秦军。秦将章邯，不得已再来接战，这次交锋，邯亦鼓励将士，誓决雌雄。无如部下已经胆落，任你章邯如何激励，总是不能敌楚。章邯屡令前进，部众进一步，退两步，进两步，退四步，直至五进五退，已是不能成军了。计自项羽至巨鹿城下，与秦兵先后大战，已经九次，秦兵无一不败，章邯逃回城南大营，王离、涉间，勉强守住本寨，不敢出头。项羽乃得使英布、蒲将军，往堵甬道，自攻王离、涉间。捣将进去，营门立破，王离想夺路逃生，兜头碰着项羽，只得持枪抵敌，战不三合，被羽用槊一拨，那王离手中的枪杆，陡向天空中飞了上去，奇语。离只剩一双空手，回头欲跑，楚兵一齐赶上，把离打倒，活擒出寨。涉间见王离被擒，自知死在眼前，索性放起火来，把营盘烧个净尽，连自身也葬入火窟，变做一段黑炭团。造语亦新。

羽见秦营火起，倒也一惊，忙令军士少退。俄而火势渐衰，秦营已成焦土，秦兵非死即降。各国军将，方陆续趋集，求见项羽，愿共击章邯军，羽狞笑道："嘻，此时才来见我么？"得意语，亦奚落语。说罢，复命各国军将，往候自己营前，准备传见。羽整辔回营，升帐上坐，才召见各国军将。各军将正要入营，蓦见有一彪人马，拥着两员大将，踊跃前来。一将手持长枪，枪上挑着一个血淋淋的首级，可惊可怖。既至营前，两将一同下马，命部兵留站营外，且将枪械交付弁目，但携首级进去。须臾即有一人持出首级，悬示营门。各国军将，越觉惊惶，问明楚军，方知进营两将，就是英布、蒲将军，所携首级，乃是秦将苏角，为布所杀，故特来报功。杀苏角用虚写法，比实写尤有神采。各国军将听了，恐慌愈甚，不由得跪倒营门，膝行而入，至项羽座前，俯伏报名，不敢仰视。丑。羽故意迟慢，好一歇才命起身，刁。各军将又叩头称谢，慢慢儿的立起。经羽嘱令旁坐，略问了两三语，但听各人齐声道：“上将神威，古今罕有，末将等愿听指挥！”羽也不多让，即答说道：“既承诸公见推，我有僭了！诸公且回营静守，俟有战事，自当通报。”各军将乃一律告退。

既而赵王歇及赵相张耳，也出城至项羽营，表明谢意，羽始下座相迎，与赵王歇等分坐左右。歇拱手称谢，羽略略谦逊，谈了数语，歇与耳亦起座辞去。耳尚私恨陈余，不及回城，便往陈余营中，责他坐视不救。又问及张黡、陈泽二人，陈余道：“张黡、陈泽劝余拼死，余以为徒死无益，他两人定要出战，余乃拨遣五千人随他同往，果致全军覆没，两人俱死，真正可惜！”张耳变色道：“恐怕不是这般。”陈余道：“余与两人无仇无怨，想不至暗中加害，况两将出兵，万人注目，亦非余一人可以捏造，请公休疑。”两人虽非余所杀，但余也不能无咎。张耳总是不信，还要问他如何战死，如何不去救应，唠唠叨叨，说个不休，余不觉动怒道："公何怨余至此！余情愿缴出将印罢了！"说着，便将印绶解下，交与张耳，耳不意陈余决裂，倒也未敢接受。余将印绶置诸案上，出外如厕，当由张耳随员，私下语耳道："古人有言，天与不取，反受其咎。今陈将军解印与公，公若不受，恐违天不祥，何必多辞！"耳乃取过印绶，佩诸身上。及陈余复入，见张耳居然佩印，越有愠色，不复再言。竟出与亲卒数百人，悻悻自去，散居河上泽中，捕鱼猎兽，自寻生活，待后再表。余若从此不出，却是一个高人。

且说陈余既去，张耳身兼将相，收揽陈余部曲，仍奉赵王歇还居信都，自复引兵随从项羽，一同攻秦。项羽遂进逼章邯，邯在棘原固垒自守，部众尚有二十余万人，羽又欲麾兵猛攻，还是这位老将范增，主张缓战，待他粮尽势蹙，自然溃退，省得多费兵力。羽乃就漳南下寨，与邯相持。邯也不敢出战，惟奏报咸阳，具陈败状，请旨定夺。

赵高独揽大权，竟将邯奏报搁着，概不呈入，二世当然无闻。偏有一班宦官宫妾，交头接耳，互谈章邯败耗，致被二世闻知。二世乃召入赵高，诘问军事，高复奏道："现在朝廷兵马，多归章邯一人调遣，臣忝为内相，不能远察军情，章邯亦没有什么军报，不过近日传来风闻，说他损兵折将，究竟如何情状，尚未详悉。臣正拟奏闻，不意陛下烛照四方，先已周知，臣想关东群盗，多系乌合，为何章邯手拥重兵，不亟荡平，请陛下降诏切责，免致玩延。”二世听着，仍以赵高为忠，嘱使颁诏出去。其实赵高是疑忌章邯，还道他暗通内线，禀闻二世，所以将纵盗玩寇的罪名，一股脑儿推在章邯身上，即令文吏缮就严诏，派人驰递邯营。

邯接读诏书，且愤且惧，又使长史司马欣速诣咸阳，面奏一切。欣不敢怠慢，星夜入都，趋至朝门，急求进谒。哪知二世久不视朝，殿内只有赵高作主，听得章邯差人到来，故意不见，但使他在外伺候。欣只好耐心待着，一住三日，仍不闻有召见消息。不得已贿托门吏，探问底细，凡事非钱不行。门吏才为告知，无非说是丞相赵高，阴忌章邯等语。欣吃了一惊，且恐自己受累，急向朝门逃出，上马离都，从小路奔还棘原。待赵高闻欣出走，遣人追捕，但从官道赶去，杳无影迹，白跑了数十里，只好返报。那司马欣奔回本营，便向章邯报明情迹，且皇然道：“赵高居中用事，不利将军，将军有功亦诛，无功亦诛，请将军自图良策。”章邯听到欣言，自然加忧，一时也想不出方法，但闷坐营中，唏叹不已。忽帐外传入一书，当即取过展阅，但见上面写着：

章大将军麾下：仆闻白起为秦将，南征鄢郢，皆楚地。北坑马服，赵括嗣父官爵，号马服君，为白起所杀。攻城略地，不可胜计，而竟赐死。蒙恬为秦将，北逐戎人，开榆中地数千里，竟斩阳周。何者？功多秦不能尽封，因以法诛之，今将军为秦将三岁矣，所亡失以十万数，而诸侯并起，今且益多，彼赵高但知阿谀，今事急，亦恐二世诛之，故欲以法诛将军以塞责，使人更代将军以脱其祸。夫将军居外日久，必多内隙，无功固诛，有功亦诛。且天之亡秦，无论智愚，并皆知之，今将军内不能直谏，外为亡国将，孤持独立，而欲常存，岂不哀哉！将军何不还兵，与诸侯合纵连盟，约共攻秦，分王其地，南面称孤，岂不愈于身伏釜锧，妻子为戮乎？惟将军图之！故赵将陈余再拜。

章邯阅了又阅，反复数周，颇为感动，乃使候官始成，诣项羽营中请和。羽拍案大怒道：“章邯杀我叔父，仇恨未消，我方欲枭邯首级，祭我叔父，乃还敢来请和么？本该将汝先斩，今暂借汝口还报，叫章邯速来受死，还可赦汝全军！”说罢，喝令左右将始成驱出营门。始成踉跄回报，邯愁上加愁。正在进退两难的时候，突有探骑入禀道：“楚兵已渡三户津，由蒲将军带领过来，想是要来攻营了。”邯忙说道：“休教他进逼我营！”一面说，一面即派令偏师，出去堵截。才越半日，便有败兵跑入道：“楚兵甚锐，我军敌他不过，只好退回，请主帅速即济师。”章邯一想，项羽不来总还可当，不如自去抵敌为是。当下披挂上马，麾兵径行，才至汙水岸旁，便已接着楚军，彼此毫不答话，立即交战，约有一两个时辰，不分胜负。蓦听得楚军后面，喊声震地，鼓角喧天，乃是项羽引着大队人马，亲自杀到。写得有声有色。邯不禁心慌，秦兵越觉胆怯，纷纷倒退。说时迟，那时快，楚军已突过战线，冲破秦兵阵脚，秦兵登时大乱，四散奔逃；章邯亦顾命要紧，回马便走。好容易逃入本营，已亡失了无数士卒，还幸楚军赶了数里，便即停住，尚得徐收溃兵，勉守大寨。

邯至此穷极没法，都尉董翳，又劝邯向楚乞降，邯皱眉道：“项羽记念前仇，不肯收纳，奈何？”董翳道：“可教司马欣前去，便无他虑。”邯乃召入司马欣，叫他赍书降楚，欣竟不推辞，索书即去。未几便得欣复报，说是项羽已肯收容，不念旧怨了。看官，你道司马欣投诣楚营，何故一说便妥？原来欣曾充过栎阳狱掾，救免项梁，与项氏本有交情，小子于二回中，也已叙及。此次往见项羽，便把前情说起，且劝羽舍私图公。羽尚不肯遽允，由范增从旁解劝，并言兵多粮少，未易支持，还是收降章邯，较为得计，羽乃允欣所请，与欣订约，决不害邯。总不免有负叔父。于是邯与司马欣董翳等人，至洹水南岸，候着项羽，解甲乞降。小子有诗咏道：

扫尽雄威作楚奴，男儿志节太卑污。
洹南立约虽逃死，终愧昂藏七尺躯！

欲知羽与邯相见等情，待至下回再表。

项羽之救巨鹿，为秦史上第一大战，秦楚兴亡之关键，实本于此。盖章邯为秦之骁将，邯不败，即秦不亡。且山东各国，无敢敌邯，独羽以破釜沉舟之决心，与拔山扛鼎之大力，一往直前，九战皆胜，虏王离，杀苏角，焚涉间，卒使能征善战之章邯，一蹶不振，何其勇也！然使秦无赵高之奸佞，二世之昏愚，则邯犹不至降楚，或尚能反攻为守，亦未可知。天意已嫉秦久矣，故特使赵高以乱其中，复生项羽以挠其外，章邯一去而秦无人，安得不亡！谁谓冥冥中无主宰乎？

第八回　智郦生献谋取要邑　愚胡亥遇弑毙斋宫

却说章邯等行至洹南，向羽请降，羽引着许多将士，及各国军帅，昂然前来，旌旗严整，甲仗鲜明，威武得了不得，既至洹南，才一簇儿停住。洹南在安阳县北，商朝盘庚迁殷，就是此处，故号为殷墟。章邯等见羽到来，慌忙下马，长跪道旁。羽传令免礼，方起立道："邯为秦臣，本思效忠秦室，无如赵高用事，二世信谗，秦亡只在旦夕，邯不能随他俱亡。今仰将军神威，无战不克，此去除暴安良，入关称王，舍将军外，尚有何人。邯早欲择主而事，不过前时奋不顾私，触犯将军，自知负罪，未敢遽投。现蒙将军宽宥，恩同再造，誓当竭力图效，借报深恩。”说至此，呜咽流涕。想亦怕羞起来。羽乃出言抚慰道：“君也不必多心，既知去逆效顺，我亦不便因私废公；若得乘此灭秦，富贵与共，决不食言。”章邯拜谢，秦将士并皆叩首。俟项羽一一登录，方敢起立，羽即命司马欣为上将军，令他带领秦兵二十余万，充作前驱，立章邯为雍王，留置营中。全是专擅行事，已不知有楚怀王了。自己引着楚军，及各国将士，约得四十万人，按程前进，关中大震。

还有一位赶先走着的沛公，已经向西直入，一路顺风，径指秦关。说将起来，也有一番事迹，自从沛公道出昌邑，守将据城不下，只好督兵进攻。适有昌邑人彭越，领了徒众，来见沛公，沛公甚喜，即令越一同攻城。城上矢石如雨，反伤了几百攻城兵，沛公饬令暂停，且与彭越另商他法。

越小字为仲，向在巨鹿泽中，捕鱼为业，膂力过人，泽中少年，推为渔长。及陈胜发难，项梁继起，海内鼎沸，相率叛秦，越党也欲起事，劝越据地自立。独越未肯遽发，说是两龙方斗，少待为佳。转眼间又过一年，泽中有百余少年，往从彭越，定要举他为长，定期举事。越辞无可辞，乃与诸少年预约，翌晨会议，后期即斩。诸少年应声而去。到了次日，越早起待着，诸少年陆续到来，或先至，或后至，最后的竟迟至日中。越忿然作色道："我原不欲为诸君长，诸君乃按年推立，必欲长我，应该听我指挥。昨与诸君立约，日出会议，今已差不多日中了，违约迟来，共计有十余人，本当一律处斩，但念人数太多，不可尽诛，只有将最后一人，斩首号令。"诸少年不待说完，便都笑说道："何至如此！后当遵约便了。"哪知越已令校长，竟将后至的少年，推出外面，剁成两段。一面设坛祭神，悬首示众。也是一个杀星下凡。诸少年始相惊畏，不敢违越。越遂招集各地散卒，得千余人，一闻沛公过境，遂来助战。

沛公见昌邑难下，意欲改道进兵，与越相商。越谓改从高阳，亦无不可。沛公乃与越作别，但以后会为期，自率部兵径往高阳。叙彭越事，为后文封王张本。

高阳有一老儒，家贫落魄，无以为生，但充当里中监门吏，姓郦名食其。食音异，其音几。项梁等起兵楚中，尝遣将吏过高阳，先后约数十人。郦食其问明姓氏，统以为龌龊小才，不足成事，免不得背地揶揄。旁人笑他满口狂言，因呼为狂生。郦之不得令终，亦由多言取祸。至沛公到了高阳，有一麾下骑士为郦生同里子弟，与郦生素来认识，彼此相见，当然有一番攀谈。郦生语骑士道："我闻沛公性情倨傲，不肯下人，究竟是否属实？"骑士道：“这种传说，不为无因；但却喜求豪俊，所过必问，如果有智士与谈，倒也极表欢迎，未尝轻视。”沛公之所长在此。郦生道：“照汝说来，沛公确有大略，与众不同。我却愿与从游，汝肯为我先容否？”骑士半晌无言，郦生道：“汝疑我老不中用么？汝可去见沛公，但言同里中有个郦生，年六十余，身长八尺，素号大言，里人都目为狂生，他却自谓非狂，读书多智，能助大业呢。”骑士摇首道：“沛公最不喜儒生，遇有儒冠文士，前来求见，沛公便命他免冠，作为溺器，就是平日谈论，亦常谓儒生迂腐，笑骂不休，公奈何欲以儒生名义，往说沛公？”郦生道：“汝试为我进言，我料沛公必不拒我。”

骑士欲试郦生智识，乃径见沛公，如郦生言。沛公也不多说，但令骑士往召。及郦生进谒时，沛公方在驿馆中，踞坐床上，使两女子洗足。郦生瞧着，故意徐进，从容至沛公前，长揖不拜。沛公仍然不动，好似未曾看见一般。郦生朗声道：“足下引兵到此，欲助秦攻各国呢？还是与各国攻秦呢？”沛公见他儒服儒冠，已觉惹厌，并且举动粗疏，语言唐突，不由得动了怒意，开口骂道：“竖儒！尚不知天下苦秦么？诸侯统欲灭秦，难道我独助秦不成！”郦生接口道：“足下果欲伐秦，为何倨见长者！试想行军不可无谋，若慢贤傲士，还有何人再来献计呢！”无非战国时说士口吻。

沛公听了，才命罢洗，整衣而起，延他上坐。两下问答，郦生具述六国成败，口若悬河，滔滔不绝。沛公很是佩服，便与商及伐秦计策。郦生道：“足下兵不满万，乃欲直入强秦，这真是驱羊入虎，但供虎吻罢了。据仆愚见，不如先据陈留，陈留当天下要冲，四通八达，进可战，退可守，且城中积粟甚多，足为军需，仆与该县令相识有年，愿往招安，倘若该令不从，请足下引兵夜攻，仆为内应，城可立下。既得陈留，然后招集人马，进破关中，这乃是今日的上计。”沛公大悦，即请郦生先行，自率精兵继进。

郦生到了陈留，投刺进见，当由该令迎入。叙过几句寒暄套话，郦生便将利害得失的关系，说了一遍，偏该令不为所动，情愿与城俱亡。郦生乃改变论调，佯与县令议守，一直谈到日昃时候，县令甚为合意，设宴相待。郦生本是酒徒，百杯不醉，那县令饮了数大觥，却已烂醉如泥，自去就寝，令郦生留宿署中。郦生待至夜半，竟静悄悄地混出县署，开了城门，放入沛公军，复导至县署左右。一声鼓噪，大众拥入，县署中能有几个卫队，一股脑儿逃之夭夭。县令尚高卧未醒，被军士突至榻前，用刀乱砍，便即身死。当下大开城门，迎入沛公，揭榜安民，秋毫无犯。城中百姓，统皆帖服，毫无异言。沛公检查谷仓，果然贮粟甚多，益信郦生妙算，封号广野君。

郦生有弟名商，颇有智勇，由郦生荐诸沛公，召为裨将，使他招募士卒，得四千人，沛公遂命他统带，随同西进，围攻开封。数日未下，蓦闻秦将杨熊，前来救应，沛公索性麾兵撤围，竟去截击杨熊。行至白马城旁，正值杨熊到来，便即冲杀过去。熊未及防备，慌忙退军，前队兵马，已伤亡多人，及退至曲遇东偏，地势平旷，熊因就地布阵，准备交战。沛公引兵进击，两阵对圆，各不相让。正杀得难解难分，忽有一支生力军赶到，竟向杨熊阵内，横击过去，把熊军冲作两段。熊军前后截断，自然溃乱！再经沛公乘势驱杀，哪里还能支持？杨熊夺路奔走，逃入荥阳，手下各军，伤失殆尽。惟沛公此次交兵，幸亏有人夹攻杨熊，有此大捷。正要派员道谢，来将已到面前，滚鞍下马，向沛公低头便拜。沛公也下马答礼，亲自扶起，当头一瞧，乃是韩司徒张良，突如其来，回应第五回。故人重聚，喜气洋洋，当即择地安营，共叙契阔。良自言拜别以后，与韩王成往略韩地，取得数城。可恨秦兵屡来骚扰，数城乍得乍失，不得已在颍川左右，往来出没，作为游兵。今闻沛公过此，特来相助云云。沛公道："君来助我，我亦当助君且去取了颍川，再攻荥阳。"说罢，便麾动人马，南攻颍川。

颍川守兵，登陴抵御，高声辱骂。沛公大怒，亲自督攻，好几日才得破入，尽将守兵杀死，乃复议进兵荥阳。会有探骑来报，秦将杨熊，已由秦廷遣使加诛了。沛公喜道："杨熊已死，近地可无他患，我等且把韩地夺还，再作计较。"张良亦以为然。

会闻赵将司马印，也欲渡河入关，沛公恐自己落后，乃北攻平阴，急切不能得手，改趋洛阳。洛阳颇多秦戍，攻不胜攻，因移就轘辕进军。轘辕乃是山名，岭路崎岖，共计有十二曲，须要盘旋环行，故名轘辕。秦人以地势迂险，不必扼守，遂使沛公畅行无阻。一过轘辕，势如破竹，连下韩地十余城。适韩王成来见沛公，沛公即令居守阳翟，自与张良等南趋阳城，夺得马千余头，配充马队，令作前驱，直向南阳进发。南阳郡守名齮，史失其姓。出兵至犨县东，拦截沛公，被沛公迎头痛击，齮军大败，走保宛城。沛公追至城下，望见城上已列守卒，不愿围攻，便从城西过兵，迤逦而去。约行数十里，张良叩马进谏道："公不欲攻宛，想是急欲入关，但前途险阻尚多，秦戍必众，若不下宛城，恐滋后患，秦击我前，宛塞我后，进退失据，岂非危迫！不如还攻宛城，掩他不备，幸得攻下，方可后顾无忧了。"沛公依议施行，复由良详为画策，传令各军绕道回宛，偃旗息鼓，夤夜疾行。静悄悄地到了城下，天色尚是未明，便将宛城围住，环绕三匝。布置已定，方放起号炮，响彻城中。

南阳守齮，总道沛公已去，不至再回，乐得放心安胆，鼾睡一宵。及城外炮声大震，方才惊起，登城俯视，见敌军环集如蚁，吓得魂飞天外，踌躇多时，除死外无他法，不由得凄然道："罢！罢！"说到第二个罢字，便拔出佩剑，意欲自刎。忽后面有人急呼道："不必，不必，死时尚早呢！"救星来了。齮闻言回顾，乃是舍人陈恢，便惊问道："君叫我不死，计将安出？"陈恢道："沛公宽厚容人，公不如投顺了他，既可免死，且可保全禄位，安定人民。"齮半晌方答道："君言也是有理，肯为我往说否？"恢一口应承，便缒城下来，当被攻城兵拘住。恢自称愿见沛公，军士便押至沛公座前。

沛公问他来意，恢进说道："仆闻楚王有约，先入关中，便可封王。今足下留攻宛城，宛城连县数十，吏民甚众，自知投降必死，不得不乘城固守，足下虽有精兵猛将，未必一鼓就下，反恐士卒多伤；若舍宛不攻，仍然西进，宛城必发兵追蹑，足下前有秦兵，后有宛卒，方且腹背受敌，胜负难料，如何骤能进关？为足下计，最好是招降郡守，给他封爵，使得仍守宛城，通道输粮，一面带领宛城士卒，一同西行，将见前途各城，闻风景慕，无不开门迎降，足下自可长驱入关，毫无阻碍了。”沛公一再称善，且语陈恢道：“我并非拒绝降人，果使郡守出降，自当给他封爵，烦君还报便了。”恢即驰回城中，报知郡守。

郡守𮪍开城相迎，引导沛公入城。沛公封𮪍为殷侯，恢为千户，官名。仍然留守宛城。随即招集宛城人马，引与俱西，果然沿途城邑，无不迎降。嗣是经丹水，出胡阳，下析郦，严申军禁，毋得掳掠。秦民安堵如常，统皆喜跃，王师原宜如此。沛公遂得直抵武关。关上非无守将，只因沛公兵长驱直进，忽然掩至，急得仓皇无措，不及征兵，但令老弱残卒数千人，开关迎敌，不值沛公一扫，守将抱头窜去，好好把一座关城，让与沛公。沛公安然入关，咸阳一夕数惊，讹言四起，人多逃亡；那阴贼险狠的赵高，至此也惶急起来。恶贯已将满了。

赵高威权日重，已把二世骗入宫中，好似软禁一般，不得过问。还恐朝上大臣，或有反对等情，因特借献马为名，入报二世。二世道：“丞相来献，定是好马，可即着人牵来。”赵高遂令从吏牵入。二世瞧着，并不是马，乃是一鹿。便笑说道：“丞相说错了！如何误鹿为马？”高尚说是马，二世不信，顾问左右，左右面面相觑，未敢发言。再经二世诘问，方有几个大胆的侍臣，直称是鹿。不料赵高竟忿然作色，掉头径去。不到数日，高竟将前时说鹿的侍臣，诱出宫禁，一并拿住，硬派他一个死罪，并皆斩首。二世全然糊涂，竟不问及，一任赵高横行不法。惟宫内的近侍，宫外的大臣，从此越畏惮赵高，没一个稍敢违慢，自丧生命。及刘、项两路兵马，东西并进，赵高还想瞒住二世，不使得闻。到了沛公陷入武关，遣人入白赵高，叫他赶紧投降，高方才着急。一时想不出方法，只好诈称有病，数日不朝。

二世平日，全仗赵高侍侧，判决政务，偏赵高连日不至，如失左右两手，未免惊惶。日间心乱，夜间当然多梦，蒙蒙眬眬，见有一只白虎，奔到驾前，竟将他左骖马嚙死，还要跳跃起来，吓得二世狂叫一声，顿时醒悟，心下尚突突乱跳，才知是一个噩梦。死兆已见。翌日起床，越想越慌，乃召太卜入宫，令占梦兆。太卜说是泾水为祟，须由御驾亲祭水神，方可禳灾。敢问他如何依附上去？二世信为真言，遂至泾水岸旁的望夷宫，斋戒三日，然后亲祭。惟二世既离开赵高，总不免有左右侍臣，报称外间乱事，且云楚军已入武关。二世大惊，忙使人责问赵高，叫他赶紧调兵，除灭盗贼。

高不文不武，徒靠着一种刁计，窃揽大权，此次叫他调兵御乱，简直是无能为力，况且敌军逼近，大势已去，无论如何智勇，也难支持。高欲保全身家，想出一条卖主的法儿，意欲嫁祸二世，杀死了他，方得借口有资，好与楚军讲和。当下召入季弟赵成，及女婿阎乐，秘密定计。赵高阉人，如何有女，想是一个干女婿。成为郎中令，乐为咸阳令，是赵高最亲的心腹。高因与二人密语道："主上平日，不知弭乱，今事机危迫，乃欲加罪我家，我难道束手待毙，坐视灭门么？现在只有先行下手，改立公子婴。婴性仁俭，人民悦服，或能转危为安，也未可知。"毒如蛇蝎，可惜也算错了一着。成与乐唯唯听命。高又道："成为内应，乐为外合，不怕大事不成！"阎乐听了，倒反迟疑道："宫中也有卫卒，如何进去？"高答道："但说宫中有变，引兵捕贼，便好闯进宫门了。"乐与成受计而去。高尚恐阎乐变心，又令家奴至阎乐家，劫得乐母，引置密室，作为抵押。乐乃潜召吏卒千余人，直抵望夷宫。

宫门里面，有卫令仆射守着，蓦见阎乐引兵到来，忙问何事。乐竟麾令左右，先将他两手反绑，然后开口叱责道："宫中有贼，汝等尚佯作不知么？"卫令道："宫外都有卫队驻扎，日夜梭巡，哪里来的剧贼，擅敢入宫！"乐怒道："汝尚敢强辩么？"说着，便顺手一刀，把卫令枭了首级，随即昂然直入，饬令吏卒射箭，且射且进。内有侍卫郎官，及阉人仆役，多半惊窜，剩下几个胆力稍壮的卫士，向前格斗，毕竟寡不敌众，统皆杀死。赵成复自内趋出，招呼阎乐，同入内殿，乐尚放箭示威，贯入二世坐帐。二世惊起，急呼左右护驾，左右反向外逃去，吓得二世莫名其妙，转身跑入卧室。回顾左右，只有太监一人随着，因急问道：“汝何不预先告我，今将奈何！”太监道：“臣不敢言，尚得偷生至今，否则，早已身死了！”

答语未完，阎乐已经追入，厉声语二世道：“足下骄恣不道，滥杀无辜，天下已共叛足下，请足下速自为计！”二世道：“汝由何人差来？”阎乐答出丞相二字。二世又道：“丞相可得一见否？”阎乐连称不可。二世道：“据丞相意见，料必欲我退位，我愿得一郡为王，不敢再称皇帝，可好么？”阎乐不许。二世又道：“既不许我为王，就做一个万户侯罢！”乐又不许。二世呜咽道：“愿丞相放我一条生路，与妻子同为黔首。”乐瞋目道：“臣奉丞相命，为天下诛足下，足下多言无益，臣不敢回报。”说着，麾兵向前，欲弑二世。二世料不可免，便横着心肠，拔剑自刎。总计在位三年，年二十三岁。小子有诗叹道：

虎父由来多犬儿，况兼阉祸早留贻。
望夷求免终难免，为问祖龙知不知。

阎乐既杀死二世，当即返报赵高。欲知赵高后事，且至下回表明。

沛公素不喜儒，乃独能礼遇郦生，虽由郦生之语足动人，而沛公之甘捐己见，易倨为恭，实非常人所可及。厥后从张良之计，用陈恢之言，何一非舍己从人，虚心翕受乎！古来大有为之君，非必真智勇绝伦，但能从善如登，未有不成厥功者，沛公其前师也。彼赵高穷凶极恶，玩二世于股掌之上，至于敌军入境，不惜卖二世以保身家，逆谋弑主，横尸宫中，此为有史以来，宦官逞凶之首例。汉唐不察，复循复辙，何其愚耶！顾不有二世父子，何有赵高。始皇贻之，二世受之，一赵高已足亡秦，刘项其次焉者也。

第九回 诛逆阉难延秦祚 坑降卒直入函关

却说阎乐返报赵高，高闻二世已死，自然大喜，立即趋入宫中，抢得传国玉玺，悬挂身上。本想自己篡位，因恐中外不服，且将公子婴抬举上去，俟与楚军讲定和议，再作后图。主见已定，乃召集一班朝臣，及宗室公子，当众晓示道：“二世不肯从谏，恣行暴虐，天下离畔，人人怨愤，今日已自刎了。公子婴仁厚得众，应该嗣立。惟我秦本一王国，自始皇统驭天下，乃称皇帝，现在六国复兴，海内分裂，秦地比前益小，不应空沿帝号，可仍照前称王为是。”大众闻言，心中统皆反对，因为积威所制，未敢异议，只好勉强作答，听凭裁夺。赵高便令子婴斋戒，择日庙见，行受玺礼。一面收拾二世尸首，视作寻常百姓一般，草草棺殓，藁葬杜南宜春苑中。三年皇帝，求生不得，死且不许服衮冕，也觉可怜！

公子婴虽被推立，自思赵高弑主，大逆不道，倘非设法加诛，将来必致篡位。旁顾大臣公子，无一可与同谋，只有膝下二儿，系是亲生骨肉，不妨密商，乃唤入与语道：“赵高敢弑二世，岂尚畏我！不过布置未妥，暂借我做个傀儡，徐图废立。我不先杀赵高，赵高必且杀我了。”二子听着，不禁泣下。

正密议间，忽有一人踉跄趋入道：“可恨丞相赵高，遣使往楚营求和，将要大杀宗室，自称为王，与楚军平分关中了。”子婴一瞧，乃是心腹太监韩谈，可与密商，因低声嘱咐道：“我原料他不怀好意，今使我斋戒数日，入庙告祖，明明是欲就庙中杀我，我当托病不行，免遭毒手。”韩谈答道：“公子但言有病，尚非善策。”子婴道：“我若不去告庙，高必自行来请，汝可与我二子，先伏两旁，俟他进见，突出刺高，大患便可永除了。”谈欣然领命，与子婴二子预先准备，专等赵高进来，一同下手。

高正遣人诣沛公营，欲分王关中，偏沛公不肯允许，叱还高使。高不得逞计，且恐人心益散，急欲子婴告庙，镇定一时，因此定了日期，派人往报子婴，子婴并不推辞。届期这一日，高先至庙中，待了多时，竟不见子婴到来。一再差人催促，回称公子有疾，不能亲临。高愤然道："今日何日，尚好不至么？我当亲往速驾。"今日是汝死期，汝尚不知么？说毕，即匆匆驰赴斋宫。下马入门，遥见子婴伏案假寐，便大声呼道："公子今已为王，速宜入庙告祖，奈何不行！"道言未绝，两旁趋出三人，持刃至前，喝声弑君乱贼，还敢胡言！赵高不及答话，已被韩谈手起刀落，砍倒地上，再经子婴二子，双刃并举，连下二刀，当即送命。也有此日。子婴见赵高已诛，亟召群臣入宫，指示高尸，历数罪恶。群臣争颂子婴英明，且言高死不足蔽辜，应夷三族。从前何皆无言？子婴点首，便令卫队往捕赵高家属，并及赵成阎乐一并拿到，俱处死刑，于是往告祖庙，嗣登大位，征兵遣将，往守峣关。

探报至沛公营，具述底细，沛公即欲引兵进击，张良进言道："秦兵尚强，未可轻攻。良闻守关秦将，系一屠家子，必然贪利，愿公暂留营中，但使人赍着金宝，往啖秦将，一面就峣关四近，登山张旗，作为疑兵，秦将内贪重赂，外怯强兵，还有什么不降？"沛公依议施行，命郦食其赍宝入关，招诱秦将，且拨部兵数千，悄悄上山，遍列旗帜。秦将登关东望，但见高低上下，统是楚帜竖着，不由得胆裂心寒。可巧郦生叩关入见，送上多珍，引得秦将心花怒开，看一样，爱一样，便问沛公何故厚遗？郦生道："沛公素仰大名，所以备物致意，通告将军，将军试想事至今日，秦朝尚能长存么？将军若孤守关中，愿为秦死，沛公有精兵数十万，当与将军相见。惟闻将军明察事机，熟知利害，所以先礼后攻，敢请将军明示。"秦将不待听毕，便已一口应承，愿与沛公连和，同攻咸阳。所谓利令智昏。

郦生当即告别，还报沛公。沛公甚喜，复欲令郦生入关订约，旁有一人出阻道："不可！不可！"沛公把头回顾，就是前日献计的张良。不觉动了疑心，问为何意？我亦要疑。张良道："这不过秦将一人，贪利轻诺，料他部下未必尽从。我若骤与连和，入关同行，万一彼众生变，潜袭我军，可危孰甚！最好是乘他不备，即日掩击，定获全胜。"是从假途灭虢的遗计变化出来。沛公连声称善，便令部将周勃，引步兵潜逾蒉山，绕出峣关后面，径袭秦营。秦将方以为郦生去后，必来续约，安心待着。猛听得一声喊起，即有许多敌兵，从营后杀来，秦兵茫无头绪，还道是做梦一般，纷纷惊溃，秦将不识何因，亲至营后察看，不防一大将持刀突入，直至面前，刀光闪处，已把秦将劈开头颅，脑浆迸流，死于非命。实是该死！

这大将就是周勃。勃系沛邑贫民，少时学织蚕箔，赚钱糊口，又因他善能吹箫，常往丧家充役，列入乐工。既而渐届壮年，身长力大，学习弓马，无不具精。沛令闻他技勇，引为中涓。官名。及沛公起兵入城，勃即投效麾下，战必先驱，所向有功。沛公为砀郡长，拜勃为虎贲令，及随军西向，尤多战绩。至是复杀死秦将，踏平秦营，关上守卒，亦皆遁去。沛公又引军入关，接应周勃，追杀秦兵。到了蓝田县南境，遇有戍将拦截，便痛击一阵。戍将大败，逃回咸阳。嗣是沿途无阻，直抵灞上。

是年适为夏正十月间，秦王子婴沿秦旧例，方在改元，交相庆贺，是年为汉元年，故特提明。不意败将溃兵，陆续逃回，报称沛公军已逼都下。子婴闻报，惶急失措，忙集大臣计议。好多时来了三五人，统皆束手无策，莫敢发言。子婴越加焦灼，俄有军书递入，取过一阅，乃是沛公招降书。子婴想了一会儿，既不能战，又不能守，只好依书出降。乃驾着素车，乘着白马，用带套颈，捧着传国玉玺，流泪出城，至轵道旁，守候沛公。沛公领着全军，整队驰入，戈铤并耀，徒御无惊。既至子婴面前，子婴不得不屈膝就跪，俯首请降。始皇子孙，出丑至此，当是始皇在日百思不到。沛公接了玉玺，命他起身，偕入咸阳，众将中或请杀子婴，免滋后患，沛公道："怀王遣我入秦，正因我宽容大度，不为已甚，况人已投降，还要杀他，也是不详，君等幸勿多言！"说着，遂召过属吏叫他看管子婴，自率将佐入殿去了。总计子婴为王，只有四十六日，便把秦室江山，双手奉献。这并非子婴误国，实由始皇二世，造孽太深，所以有此惨象呢。评断的确。话休叙烦。

且说沛公既入殿中，与众休息，将士等乘隙取财，各去打开府库，携出金银宝贝，大家分用。独萧何自往丞相府，特觅秦朝图籍一并收藏，好待日后检查，得知海内情形，凡关塞险要，户口多寡等事，都可按图寻索，一目了然。这就是萧何特别精细，与他人不同。不愧为佐汉元勋。沛公也趁着闲暇，入宫探视，但见雕楼画栋，曲榭回廊，一步步的引人入胜，一层层的换样生新，到了内外便殿，端的是规模宏丽，构筑精工，所有花花色色的帷帐，奇奇怪怪的珍玩，罗列四围，目不胜睹。最可怜的是一班美人儿，娇怯怯地前来迎接，有的是蛾眉半蹙，有的是螓领低垂，有的是粉脸生红，有的是云鬟亸翠，有的是带雨海棠，盈盈欲泪，有的是迎风杨柳，袅袅生姿，沛公左顾右盼，不禁惹动那好色心肠，一面传谕免礼，一面步入正寝，将身坐定，好多时不见出来。

突有一将趋入道："沛公欲有天下呢？还是做个

富家翁，便算满志呢？”沛公看是樊哙，默然不答，但呆呆的坐着。痴了。哙又道：“沛公一入秦宫，难道就受迷不成！试看秦宫有此奢丽，所以致亡，沛公何需此物，请速还军灞上，毋留宫中！”沛公仍然不动，徐徐答道：“我自觉困倦，今夕便在此一宿罢！”看中一班美人了。哙不觉动恼，又恐出言唐突，反致触怒，便转身趋出，去寻那智士张良。可巧张良进来，即与语沛公情形，浼他进谏。良点头径入，与沛公说道：“秦为无道，故公得至此，公为天下除残去暴，首宜反秦敝政，力与更新。今始入秦都，便想居此为乐，恐昨日秦亡，明日公亡，何苦为了一时安逸，自败垂成？古人有言：良药苦口利于病，忠言逆耳利于行，愿公听樊哙言，勿自取祸。”

沛公听了良言，倒也幡然自悟，起身趋出，幸有此尔。封府库，闭宫室，竟回灞上。召集父老豪杰，慨然与语道：“父老苦秦苛法，不为不久，诽谤受族诛，偶语便弃市，使诸父老痛苦至今，如何得为民上？今我奉怀王命令，伐暴救民，怀王曾有约语，先入秦关，便可称王，今我已入关中，当为秦王。从此与诸父老等约法三章：杀人处死，伤人及盗抵罪，外如亡秦苛法，一律除去，凡官吏人民，统可安枕，不必惊惶，我所以还军灞上，不过待别军到来，共定约束，余无他意。”父老豪杰，当然心喜，拜谢而去。沛公即传令大小三军，不得骚扰居民，违令立斩。又使人会同秦吏，安抚郡县，秦民欢欣鼓舞，惟恐沛公不为秦王，沛公因在灞上驻扎，听候项羽消息。

项羽自收服章邯，由东入西，行至新安，蓦闻秦兵有谋变消息，又惹动项羽一片杀机。原来秦朝盛时，各处吏卒，征调入都，往往为秦兵所虐待，此次联同项羽，战胜攻取，做了上手，那秦兵反为降虏，自然受着报复，被他凌辱。秦兵遂私相告语道："章将军无端投楚，教我等一同归降，我等被他哄骗，自入罗网，充做各国奴隶。如楚军得乘胜入关，我等尚得一见骨肉，死也甘心；否则，各国吏卒，把我等掳掠东归，秦必杀我父母妻子，奈何奈何！"这种议论，渐渐地传到各国军中，各国军将，便去告知项羽。项羽道："我自有计！"说着，即召英布、蒲将军入帐，与他面语道："秦兵虽然投降，闻他私下谋议，心甚不服，若我军到了秦关，降兵不肯听我号令，猝然生变，作为内应，我军尚能生还么？看来只有先行下手，乘夜围击，把他一并杀死，只留章邯、司马欣、董翳三人，同他入秦，方可无虞。"一语杀死二十万人，羽心何毒！

英布、蒲将军，受了面命，就去预备妥当，待到夜半，趁着月色无光，引兵出营，往袭降兵。降兵在新安城南，靠山立寨，沉沉夜睡。英布指麾部众，把他三面围住，单留后面山路，故意纵他逃走。又分兵与蒲将军，令他上山伏着，待有秦兵入山，便用矢石抛发，不使遗留。蒲将军分头自去，英布与兵士休息片时，大约蒲将军已可上山，乃驱动兵士，破营直入。降兵方才惊起，睡眼模糊，不知外兵从何处杀到，就是司马欣亦未知秘计，慌忙出来，兜头遇着英布，英布道："君为全营统领，奈何营中谋变，尚安然睡着哩！亏得我军已侦破逆谋，前来剿杀，君可速往项上将营，自去声辩，免得连坐呢。"司马欣中了布计，急觅得一马，将身跃上，加鞭径去。英布放出司马欣，便将营门堵住，秦兵逃出一个，杀死一个，逃出两个，杀死一双。可怜秦兵前无去路，只得向后逃生，后面都是山谷，七高八低，就是日间行走，也防失足，况且天色又暗，心内又急，忙不择路，多半堕入谷中。忽见山上火炬齐明，还道是遇着救星，谁知却是催命使，或放箭，或掷石，一班逃兵，不受箭伤，就遭石压。到了鸡声远起，曙色微明，二十万人，已经死完，简直是一个不留了！惨乎不惨！

英布、蒲将军，坑尽降兵，返报项羽。项羽早已接见司马欣，好言慰谕，留置本营，自己坐待消息。及两将复命，才得放心进兵，拔营西指。途中已无秦垒，如入无人之境，一口气跑至函谷关，关门却是紧闭，上面列着守卒，也是楚军，只随风荡漾的旗帜，当中都有“刘”字写着。羽在途中，已微闻沛公入关音信，至此见有“刘”字旗帜，越觉心中着忙，便仰呼守卒道：“汝等替何人守关？”守卒答道：“奉沛公令，在此守着。”羽复道：“沛公已入咸阳否？”守卒又答道：“沛公早破咸阳，现在灞上驻扎。”羽急说道：“我率大军前来，汝等快快开关，使我入见沛公。”守卒道：“沛公有命，无论何军，不准放入！”羽大怒道：“刘季无礼，竟敢拒我么？”便令英布等努力攻关，自在后面监督，退后立斩。英布等挥兵猛攻，沿关驾起云梯，冒险上登。守兵不过数千，顾左失右，顾右失左，如何禁遏得住。不到一日，便被英布等跃登关上，杀散守兵，随即开关迎入项羽，进至戏地。

时已天暮，就在戏地西首，扎下营盘。这地方叫作鸿门，羽在营中设宴，大飨士卒，且与将佐商议，对付沛公。有主张决裂的，有主张从缓的，羽亦不能自决，忽来了一个使人，说是沛公左司马曹无伤，有机密事传报。羽即召他入帐，那人上前跪禀，谓由曹无伤差来。羽问为何事？那人道：“沛公欲王关中，用秦子婴为相，秦宫府中一切珍宝，都想据为己有了。”羽不禁跃起，拍案大骂道：“可恨刘邦，目无他人，我明日定要灭他！”范增在旁进言道：“沛公居山东时，贪财好色，今入秦关，闻他不取财物，不近妇女，先后若出两人，这定是具有大志，不可小觑！且增已令望气人士，遥观彼营，据言营上有龙虎形，迭成五采，就是天子气。若此时不除，还当了得！请将军号令将士，急击勿失！”增既知有天子气，应该舍此就彼，才算智士，奈何尚欲逆天行事呢？羽悍然道：“我破一刘邦，如摧枯朽，有何难处！今日大众饮宴，时又昏夜，且让他活着一宵，明晨进击便了。”说罢，遣回来使，嘱他还报曹无伤，明日进兵，请作内应，来使应声自去。

看官听说！项羽有众四十万，号称百万，气焰无比。沛公只有兵十万人，比那项羽部下，四成中仅得一成。并且鸿门灞上，相距止四十里，又没有什么险阻，羽兵一发即至，如何遮拦？眼见得一强一弱，一众一寡，沛公生死关头，就在旦夕间了。哪知人有千算，天教一算，天意已属沛公，当然有救星出现，化险为夷。小子有诗咏道：

到底天心是好生，云龙独护沛公营。
任他亚父多谋算，怎及苍穹视听明？

欲知何人往救沛公，下文自当说明。

子婴不动声色，能诛赵高，未始非英明主；假使秦尚可为，子婴得在位数年，兴利除害，救衰起弊，则秦亦不至遽亡。然如始皇之暴虐，二世之愚顽，岂尚得传诸久远？子婴不幸，为始皇之孙，贤而失位，且为项羽所杀，祖宗不善，贻祸子孙，报应其果不爽欤！项羽以暴易暴，坑死秦降卒二十万人，无道若此，宁能久存？沛公虽弱，独能除暴救民，约法三章，且财物无所取，妇女无所幸，一变至道，天命攸归，项羽岂能加害乎？范增于项羽之暴，并不进谏，且激项羽之怒，欲害沛公。人谓其智，吾谓其愚，如增者何足道焉！

第十回　宴鸿门张樊保驾　焚秦宫关陕成墟

却说项羽有个叔父，叫作项伯，为楚左尹。他在秦朝时候，因怒杀人，自知不免死罪，逃往下邳，幸亏遇着张良，与他同病相怜，引同居处，方得避祸。嗣是记念旧恩，常欲图报，时正在项羽营中，闻知范增计策，不免为张良担忧。暗思沛公被攻，与我无涉，惟张良跟着沛公，一同受祸，岂不可惜！当下乘夜出营，单骑加鞭，直至沛公营前，求见张良。好在沛公营内，闻得项羽入关，驻扎鸿门，也恐他夜来袭击，所以格外戒严，不敢安睡。张良也凭烛坐着，听说项伯来会，料有密事，急忙出迎。项伯入见张良，即与悄语道："快走快走！明日便要遇祸了！"良惊问原委，由项伯略述军情。良沉吟道："我不能急走！"项伯道："同死何益，不如随我去罢！"良又道："我为韩王送沛公，沛公今有急难，我背地私逃，就是不义。君且少坐，待我报知沛公，再定行止。"说着，抽身便去，项伯禁止不住，又未便擅归，只好候着。

张良匆匆入沛公营，可巧沛公亦尚未寝，即向沛公说道："明日项羽要来攻营了！"沛公愕然道："我与项羽并无仇隙，如何就来攻我？"良答道："何人劝公守函谷关？"沛公道："鲰生前来语我！鲰生即小生，或谓姓鲰。谓当派兵守关，毋纳诸侯，方可据秦称王。我乃依议照行，莫非我误听了么？"自知有误，便是聪明。良便问道："公自料部下士卒，能敌项羽否？"沛公徐说道："只怕未必。"良接口道："我军只十万人，羽军却有四十万，如何敌得！今幸项伯到此，邀良同去，良怎敢负公？不得不报。"沛公顿足道："今且奈何？"良又道："看来只好情恳项伯，叫他转告项羽，只说公未尝相拒，不过守关防盗，请勿误会。项伯乃是羽叔，当可止住羽军。"沛公道："君与项伯何时相识？"良答道："项伯尝杀人坐罪，由良救活，今遇着急难，故来告良。”沛公道：“比君少长如何？”良答言项伯年长。沛公道：“君快与我呼入项伯，我愿以兄礼相事。如能代为转圜，决不负德！”

良乃出招项伯，邀他同见沛公。项伯道：“这却未便。我来报君，乃是私情，怎得径见沛公？”良急说道：“君救沛公，不啻救良，况天下未定，刘、项二家，如何自相残杀？他日两败俱伤，与君亦属不利，故特邀君入商，共议和平。”娓娓动人。项伯尚要推辞，再经良苦劝数语，方偕良入见沛公。沛公整衣出迎，延他上坐，一面令军役摆出酒肴，款待项伯，自与良殷勤把盏，陪坐一旁。酒至数巡，沛公开言道：“我入关后，秋毫不敢私取，封府库，录吏民，专待项将军到来。只因盗贼未靖，擅自出入，所以遣吏守关，不敢少忽，何尝是拒绝将军？愿足下代为传述，但言我日夜望驾，始终怀德，决无二心。”项伯道：“君既见委，如可进言，自当代达。”张良见项伯语尚支吾，又想出一法，问项伯有子几人，有女几人？想入非非。项伯一一具答，良乘间说道：“沛公亦有子女数人，好与伯结为姻好。”沛公毕竟心灵，连忙承认下去。项伯尚是迟疑，托词不敢攀援，良笑说道：“刘、项二家，情同兄弟，前曾约与伐秦，今得入咸阳，大事已定，结为婚姻，正是相当，何必多辞！”好一个撮合山。沛公闻言遽起，奉觞称寿，递与项伯，项伯不好不饮，饮尽一觞，也酌酒相酬。良待沛公饮讫，即从旁笑谈道："杯酒为盟，一言已定，他日二姓谐欢，良亦得叨陪喜席。"项伯沛公，亦皆欢洽异常，彼此又饮了数杯。项伯起身道："夜已深了，应即告辞。"沛公复申说前言，项伯道："我回去即当转告，惟明日早起，公不可不来相见！"沛公许诺，亲送项伯出营。

项伯上马亟驰，返入本营，差不多有三四更天气了。营中多已就寝，及趋入中军，见项羽还是未睡，因即进见。羽问道："叔父何来？"项伯道："我有一故友张良，前曾救我生命，现投刘季麾下，我恐明日往攻，破灭刘季，良亦难保，因此往与一言，邀他来降。"项羽素来性急，即张目问道："张良已来了么？"项伯道："良非不欲来降，只因沛公入关，未尝有负将军，今将军反欲加攻，良谓将军未合情理，所以不敢轻投，窃恐将军此举，未免有失人心了。"羽愤然道："刘季乘关拒我，怎得说是不负？"项伯道："沛公若不先破关中，将军亦未能骤入，今人有大功，反欲加击，岂非不义！况沛公守关，全为防备盗贼起见，他却财物不敢取，妇女不敢幸，府库宫室，一律封锁，专待将军入关，商同处置，就是降王子婴，也未尝擅自发落。如此厚意，还要遭击，岂不令人失望么？"力为沛公解说，全是张良之力。羽迟疑半晌，方答说道："据叔父意见，莫非不击为是？"项伯道："明日沛公当来谢罪，不加好为看待，借结人心。"羽点头称是。项伯方才退出，略睡片刻，便即天晓。

营中将士，都已起来，吃过早餐，专候项羽命令，往击沛公。不料羽令未下，沛公却带了张良、樊哙等人，乘车前来。到了营前，即下车立住，先遣军弁通名求谒。守营兵士，入内通报，项羽即传请相见，沛公等走入营门，见两旁甲士环列，戈戟森严，绕成一团杀气，不由得忐忑不安。独张良神色自若，引着沛公，徐步进去。既至中军营帐，始让沛公前行，留樊哙守候帐外，自随沛公趋入。项羽高坐帐中，左立项伯，右立范增，待沛公已到座前，才把身子微动，总算是迓客的礼仪。沛公身入虎口，不能不格外谦恭，便向羽下拜道："邦未知将军入关，致失迎谒，今特踵门谢罪。"羽冷笑道："沛公亦自知罪么？"沛公道："邦与将军，同约攻秦，将军战河北，邦战河南，虽是两路分兵，邦却遥仗将军虎威，得先入关破秦。为念秦法暴酷，民不聊生，不得不立除苛禁，但与民约法三章，此外毫无更改，静待将军主持，将军不先示邦，说明入关期间，邦如何得知？只好派兵守关，严备盗贼。今日幸见将军，使邦得明心迹，尚复何恨？惟闻有小人进谗，使将军与邦有隙，这真是出人意外，还求将军明察！”这一席话，想是张良教他。

项羽本是个粗豪人物，胸无城府，喜怒靡常，一闻沛公语语有理，与项伯所说略同，反觉自己薄情，错恨沛公。因即起身下座，握沛公手，和颜直告道：“这是沛公左司马曹无伤，使人来说，否则籍何至如此！”沛公复婉言申辩，说得项羽躁释矜平，欢昵如旧，便请沛公坐下客位。张良亦谒过项羽，侍立沛公身旁。羽在主位坐定，命具酒肴相待，才阅片时，已将筵宴陈列，由羽邀沛公入席。沛公北向，羽与项伯东向，范增南向，各就位次坐定，张良西向侍坐，帐外奏起军乐，大吹大打，侑觞劝酒。沛公素来善饮，至此却提心吊胆，不敢多喝。羽却真情相劝，屡与沛公赌酒，你一杯，我一觥，正在高兴得很。偏范增欲害沛公，屡举身上所佩玉玦，目示项羽。一连三次，羽全然不睬，尽管喝酒。增不禁着急，托词趋出，召过项羽从弟项庄，私下与语道：“我主外似刚强，内实柔懦，沛公自来送死，偏不忍杀他，我已三举玉玦，不见我主理会，此机一失，后患无穷。汝可入内敬酒，借着舞剑为名，刺杀沛公，我辈才得安枕了！”何苦逞刁。

项庄听罢，遂撩衣大步，闯至筵前。先与沛公斟酒，然后进说道：“军中乐不足观，庄愿舞剑一回，聊助雅兴。”羽也不加阻，一任项庄自舞。庄执剑在手，运动掌腕，往来盘旋。良见庄所执剑锋，近向沛公，慌忙顾视项伯。项伯已知良意，也起座出席道：“剑须对舞方佳。”说着，即拔剑出鞘，与庄并舞，一个是要害死沛公，一个是要保护沛公，沛公身旁，全仗项伯一人挡住，不使项庄得近，因此沛公不致受伤。但沛公已惊慌得很，面色或红或白，一刻数变。张良瞧着，亦替沛公着急，即托故趋出帐外。见樊哙正在探望，便与语道：“项庄在席间舞剑，看他意思，欲害沛公。”哙跃起道：“依此说来，事已万急了！待我入救罢！”张良点首。哙左手持盾，右手执剑，闯将进去。帐前卫士，看了樊哙形状，还道他要去动武，当然出来拦住。哙本来力大，再加此时拼出性命，不管什么利害，但向前乱撞乱推，格倒卫士数人，得了一条走路，竟至席前，怒发上冲，瞋目欲裂。项庄、项伯，见有壮士突至，都停住了剑，呆呆望着。项羽倒也一惊，便问哙道：“汝是何人？”哙正要答言，张良已抢步趋入，代哙答道：“这是沛公参乘樊哙。”项羽随口赞道：“好一个壮士！可赐他卮酒彘肩。”左右闻命，便取过好酒一斗，生猪蹄一只，递与樊哙。哙横盾接酒，一口喝干，复用刀切肉，随切随食，顷刻亦尽。屠狗英雄，自然能食生肉。乃向羽拱手称谢。项羽复问道：“可能再饮否？”哙朗声答道："臣死且不避，卮酒何足辞！"羽又问道："汝欲为谁致死？"哙正色道："秦为无道，诸侯皆叛，怀王与诸将立约，先入秦关，便可称王。今沛公首入咸阳，未称王号，独在灞上驻扎，风餐露宿，留待将军，将军不察，乃听信小人，欲杀功首，这与暴秦何异？臣窃为将军不取呢！惟臣未奉传宣，遽敢突入，虽为沛公诉枉而来，究竟是冒渎尊严，有干禁令，臣所以谓死且不避，还请将军鉴原！"羽无言可答，只好默然。

张良又目视沛公，沛公徐起，伪说如厕，且叱樊哙出外，不必在此絮聒。哙因即随同出帐。既至帐外，张良也即出来，劝沛公速回灞上，勿再停留。沛公道："我未曾辞别，怎得遽去？"张良道："项羽已有醉意，不及顾虑，公此时不走，尚待何时？良愿代公告辞。惟公随身带有礼物，请取出数件，留作赠品便了。"沛公乃取出白璧一双，玉斗一双，交与张良，自己另乘一马，带了樊哙，及随员三人，改从间道行走，驰回灞上。独张良一人留着，迟迟步入，再见项羽。真好大胆。羽据席坐着，但觉得醉眼蒙眬，似寐非寐，好一歇方才旁顾道："沛公到何处去了？如何许久不回！"他已去远，不劳费心。良故意不答。项羽因使都尉陈平，出寻沛公。既而陈平入报，谓沛公车从尚在，只沛公不见下落。羽乃问张良道："沛公如何他去？"良答道："沛公不胜酒力，未能面辞，谨使良奉上白璧一双，恭献将军，还有玉斗一双，敬献范将军！”说着，即将白璧、玉斗取出，分头献上。项羽瞧着一双白璧，确是光莹夺目，毫无瘢点，不由得心爱起来，便即取置席上，且顾问张良道：“沛公现在何处？”良直说道：“沛公自恐失仪，致被将军督责，现已脱身早去，此时已可还营了。”羽愕问道：“为何不告而去？”良又道：“将军与沛公情同兄弟，谅不致加害沛公；惟将军部下，或与沛公有隙，想将沛公杀害，嫁祸将军。将军今日，初入咸阳，正应推诚待人，下慰物望，为何要疑忌沛公，阴谋设计？沛公若死，天下必讥议将军，将军坐受恶名，诸侯乐得独立。譬如卞庄刺虎，一计两伤，沛公不便明言，只好脱身避祸，静待将军自悟。将军英武天纵，一经返省，自然了解，岂尚至责备沛公么？”好似为项羽画策，妙甚。

项羽躁急多疑，听了张良说话，反致疑及范增，向他注视。增因计不得行，已是说不出的懊恼，再见项羽顾视，料他起了疑心，禁不住怒上加怒，气上加气，当即取过玉斗，掷置地上，拔剑砍破，且目视项庄，恨恨说道：“唉！竖子不足与谋！将来夺项王天下，必是沛公，我等将尽为所虏哩！”项羽见增动怒，不欲与较，起身拂袖，向内竟入。范增等也即趋出，只项伯、张良，相顾微笑，徐徐引退。到了营外，良谢过项伯，召集随从人员，一径回去。是时沛公早回灞上，唤过左司马曹无伤，责他卖主求荣，罪在不赦。无伤不能抵赖，垂首无言，当被沛公喝令推出，枭首正法。待张良等还营报闻，沛公喜惧交并，且再驻扎灞上，徐作计较。

过了数日，项羽自鸿门入咸阳，屠戮居民，杀死秦降王子婴，及秦室宗族，所有秦宫妇女，秦库货币，一股脑儿劫取出来，自己收纳一半，余多分给将士。最可怪的是将咸阳宫室，付诸一炬，无论什么信宫极庙，及三百余里的阿房宫，统共做了一个火堆。今日烧这处，明日烧那处，烟焰蔽天，连宵不绝，一直过了三个月，方才烧完。可怜秦朝数十年的经营，数万人的构造，数万万的费用，都成了眼前泡影，梦里空花！秦固无谓，项羽尤觉无谓。羽又令兵士三十万名，至骊山掘始皇墓，收取圹内货物，输运入都，足足搬了一月。只剩下一堆枯骨，听他抛露，此外搜刮净尽，毫不遗留。厚葬何益。本来咸阳四近，是个富庶地方，迭经秦祖秦宗，创造显庸，备极繁盛。此次来了一个项羽，竟把他全体残破，弄得流离满目，荒秽盈途。羽为了一时意气，任意妄行，及见咸阳已成墟落，也觉没趣，不愿久居，便欲引众东归。适有韩生入见，劝羽留都关中，且向羽说道：“关中阻山带河，四塞险阻，地质肥饶，真是天府雄国，若就此定都，便好造成霸业了。”羽摇首道：“富贵不归故乡，好似衣锦夜行，何人知晓？我已决计东归哩！”韩生趋出，顾语他人道：“我闻里谚有言，楚人沐猴而冠，今日果然相验，才知此言不虚了。”哪知为了这语，竟有人传报项羽，羽即命将韩生拿到，剥去衣服，掷入油锅，用了烹燔的方法，把韩生炙成烧烤。看官试想，惨不惨呢！羽之暴且过亡秦。

羽既烹韩生，便想起程，转思沛公尚在灞上，我若一走，他便名正言顺地做了秦王，如何使得？看来不如报知怀王，请他改过前约，方好将沛公调徙远方，杜绝后患。于是派使东往，嘱他密请怀王，毋如前约。待使人去后，眼巴巴地望着复报，好容易盼到回音，乃是怀王不肯食言，仍将如约二字，作了复书。羽顿时动恼，召集诸将与议道：“天下方乱，四方兵起，我项家世为楚将，所以权立楚后，仗义伐秦。但百战经营，全出我叔侄两人，及将相诸君的劳力。怀王不过一个牧竖，由我叔父拥立，暂畀虚名，毫无功业，怎得自出主见，分封王侯？今我不废怀王，也算是始终尽道，若诸君披坚执锐，劳苦三年，怎得不论功行赏，裂土分封？诸君可与我同意否？”诸将皆畏项羽，且各有王侯希望，当然齐声答应，各无异词。项羽又道：“怀王究系我主子，应该尊他帝号，我等方可为王为侯。”何必尊牧儿为帝，不如废去了他，较为直捷。众又同声称是。羽遂决称怀王为义帝，另将有功将士，按次加封。惟第一个分封出去，已觉有些为难，先不免踌躇起来。正是：

只手难遮天下目，分封要费个中思。

毕竟项羽欲封何人，须待踌躇，小子且暂停一停，俟至下回发表。

沛公身入鸿门，为生平罕有之危机，项羽令焚秦宫，为史册罕有之大火，于此见刘项之成败，即定楚汉之兴亡，鸿门一宴，沛公已在项氏掌握，取而杀之，反手事耳。乃有项伯为之救护，有张良、樊哙为之扶持，卒使项羽不能逞其勇，范增不能施其智，虽曰人事，岂非天命！天不欲死沛公，羽与增安得而杀之？若羽之焚秦宫，愚顽实甚，秦宫之大，千古无两，材料无不值钱，散给民生，正足嘉惠黎庶，焚之果何为者？武王灭纣，不闻举纣宫而尽焚之，越王伐吴，又不闻举吴台而尽焚之，羽果何心，付诸一炬？甚且杀子婴，屠咸阳，掘始皇塚，烹韩生，以若所为，求若所欲，安往而不败亡耶？秦之罪上通于天，羽且过之，故秦尚能传至二世，而羽独及身而亡。

第十一回　烧栈道张良定谋　筑郊坛韩信拜将

却说项羽欲分封诸将，想了多时，自己不能决定，只好仍请范增商议。范增虽为了鸿门一役，有些懊恼，但总不忍遽去，尚为项氏效忠。血气既衰，戒之在得，增何不三复斯言，洁身早去。既闻项羽召请，便即入帐相见。项羽与增密议道："我欲按功加封，别人都不难处置，只有刘季一人，封他何处，请君为我一决。"增答道："将军不杀刘季，实是错着，今日又把他加封，是更留遗患了。"项羽道："他未尝有罪，无故杀他，必致人心不服，且怀王又欲照原约，种种为难，君亦应该谅我。并非我不肯从君！”增又答道：“既经如此，不如封他王蜀，蜀地甚险，易入难出，秦时罪人，往往发遣蜀中，便是此意。且蜀亦关中余地，使为蜀王，也好算是依照旧约了。”项羽点首称善。增又道：“章邯、司马欣、董翳三人，皆秦降将，最好令他分王关中，使他阻住蜀道，他必感恩效力，堵截刘季，就是将军东归，亦可无虞。后来偏不如所料，奈何！羽喜说道：“此计甚妙，应即照行。”说罢，复与增妥议各将封地，及所有名称，一一决定，增始退出。

适由沛公遣人探信，至项伯处详问一切，项伯已闻项羽定议，封沛公为蜀王，乃即告知大略。来人忙去回报沛公，沛公大怒道：“项羽无礼，竟敢背约么？我愿与他决一死战。”樊哙周勃灌婴等，亦皆摩拳擦掌，想去厮杀。独萧何进谏道：“不可，不可！蜀地虽险，总可求生，不至速死。”沛公道：“难道去攻项羽，便至速死么？”萧何道：“彼众我寡，百战百败，怎能不死？汤武尝服事桀纣，无非因时机未至，不得不因屈求伸。今诚能先据蜀地，爱民礼贤，养精蓄锐，然后还定三秦，进图天下，也未为迟哩。”沛公听了，怒气稍平，因转问张良。良亦如萧何言，但请沛公厚赂项伯，使他转达项羽，求汉中地。为暗度陈仓伏案。沛公乃取出金币，派人遣遗项伯，乞将汉中地加封。项伯已阴助沛公，且有金币可取，乐得代为说情。项羽竟依了项伯，把汉中地加给沛公，且改封沛公为汉王。于是颁发分封诸王的命令，列记如下：

沛公为汉王，得巴蜀汉中地，都南郑。秦降将章邯为雍王，得咸阳以西地，都废邱。司马欣为塞王，得咸阳以东地，都栎阳。董翳为翟王，得上郡地，都高奴。魏王豹徙封河东，号西魏王，都平阳。赵王歇徙封代地，仍号赵王，都代郡。赵将张耳为常山王，得赵故地，都襄国。司马卬为殷王，得河内地，都朝歌。申阳张耳嬖臣，先下河南迎楚。为河南王，得河南地，都洛阳。楚将英布为九江王，都六。楚柱国共敖曾击南郡有功。为临江王，都江陵。燕王韩广徙封辽东，改号辽东王，都无终。燕将臧荼从楚救赵，且随项羽入关。为燕王，得燕故地，都蓟。番君吴芮芮为英布妇翁，曾由布招芮，从羽入关。为衡山王，都邾。齐王田市徙封胶东，改号胶东王，都即墨。齐将田都从楚救赵，随羽入关。为齐王，得齐故地，都临淄。田安故齐王建孙，下济北数城，引兵降楚。为济北王，都博阳。韩王成封号如旧，仍都阳翟。

项羽自称西楚霸王，拟还都彭城，据有梁、楚九郡。一面派遣将士，迫义帝迁往长沙，定都郴地。郴音琛。郴地僻近南岭，比不得彭地繁庶。羽欲自去建都，怎肯使义帝久住，所以将他逼徙，好似迁锢一般。另拨部兵三万人，托词护送沛公，即令西往就国。此外各国君臣，皆一律还镇。

沛公既为汉王，此后叙述，应该以汉王相呼。汉王就从灞上起行，因念张良功劳，赐金百镒，珠二斗。良拜受后，却去转赠项伯，并与项伯作别，还送汉王出关。就是各国将士，或慕汉王仁厚，也尽愿跟随西去，差不多有数万人，汉王并不拒绝，一同登程。好容易到了褒中，张良意欲归韩，即向汉王说明，汉王乃遣良东归。两下告别，统是依依不舍。良复请屏左右，献上一条密计，汉王也即依从。良即拜辞而去，汉王仍然西进。不料后队人马，统皆喧嚷起来。当下问为何因？有军吏入报道："后面火起，烈焰冲天，闻说栈道都被烧断了！"汉王绝不回顾，但促部众西行，说是到了南郑，再作后图，部众不敢违慢，只好前进。旋闻栈道为张良所烧，免不得咒骂张良，说他断绝后路，永不使回见父老，真是一条绝计，太觉忍心。哪知张良烧绝栈道，却是寓着妙算，与庸众思想不同。一是计给项羽，示不东归，好教他放心安胆，不作准备；二是计御各国，杜绝出入，好教他知难而退，不敢入犯。当时拜别汉王，与汉王秘密定谋，便是这条计策。良之决送汉王，也是为此。汉王已经接洽，自然不致惊惶，一心一意地驰赴南郑去了，既至南郑，拜萧何为丞相，此外将佐亦皆授职有差，不必细述。

惟张良拜别汉王，转身东行，过一路，烧一路，已将栈道烧尽，方向阳翟进发，等候韩王成归国。原来项羽?关，韩王成未曾相随，嗣经羽进驻鸿门，号令诸王，韩王成方才往见。羽虽嫌他无功，终究是无罪可加，不得不许复旧封。只有一语相嘱，叫他召回张良。及韩王成与良接洽，良亦知项羽加忌，不令事汉，所以有此要约，当时答复韩王，俟送汉王出境，然后还韩。韩王不便相强，因即应诺。偏偏项羽借口有资，责成违命纵良，将他留住，不令归国，但使随军东行。成无拳无勇，怎能拗得过项羽，没奈何跟着羽军，出发秦关。羽把秦宫中所得金银，及子女玉帛等类，一股脑儿载入后车，启程东归，到了彭城，复将韩王成贬爵，易王为侯。过了数月，索性把他杀死了事。还有燕王韩广，不愿迁往辽东，被臧荼引兵逐出，追至无终，一鼓击死。韩广了。乃使人报知项羽，羽不咎臧荼擅杀，反说荼讨广有功，令他兼王辽东。就是齐王田市，本由齐将田荣拥立，田荣前不愿从项氏攻秦，为羽所憎，见第六回。故羽徙封田市，改封田都田安，独将田荣搁起不提。全是私心用事。荣秉性倔强，不服羽命，竟羁留田市，拒绝田都，待田都将到临淄，竟发兵邀击中途，把都杀败，都逃往彭城。田市闻田都败却，恐他向羽求救，复来攻齐，因此潜身脱走，驰诣胶东。偏田荣恨他私逃，自领兵追杀田市，荣亦太觉猖狂。再西向袭击济北，刺死田安，便自称齐王，并有三齐。是时彭越尚在巨野，彭越见前文。有众万人，无所归属，田荣给与将军印绶，使他略夺梁地，越遂为荣效力，攻下数城。赵将陈余，自去职闲游后，羁居南皮，仍然留意外务，常欲出山。陈余事见前文，但余既归隐，何必再寻烦恼。他本与张耳齐名，项羽封耳为常山王，却有人进说项羽，请封陈余。羽因余未尝从军，但封他南皮附近的三县。余怒说道："余与张耳，功业相同，今耳封常山王，余乃只得三县地方，充个邑侯，岂非不公！我要这三县地何用呢？"当下使党徒张同、夏说，往见田荣道："项羽专怀私意，不顾公道，所有部将，尽封善地，独将旧王徙封，使居僻境，如此不公，何人肯服？今大王崛起三齐，首先拒羽，威声远震，东海归心。赵地与齐相近，素为邻国，现赵王被徙至代，也觉不平，臣余本赵旧将，愿大王拨兵相助，往攻常山，若得将常山攻破，仍迎赵王还国，当世为齐藩，永不背德！"田荣听了，立即应允，因派兵往助陈余。陈余尽发三县士卒，会同齐兵，星夜驰击常山。张耳未曾预防，仓促拒敌，竟被杀败，向西遁走。陈余遂迎赵王歇还国，遣还齐兵。赵王号余为成安君，兼封代王。余因赵王初定，不便遽离，仍然留辅赵王，但命夏说为代相，令往守代，事且慢表。

且说汉王刘邦，到了南郑，休兵养士，安息了一两月，独将士皆思东归，不乐西居。汉王部下，有一韩故襄王庶孙，单名为信，此与淮阴侯韩信异人同名。曾从汉王入武关，辗转至南郑，为汉属将。因见人心思归，自己亦生归志，乃入见汉王道：“项王分封诸将，均在近地，独使大王西居南郑，这与迁谪何异？况军吏士卒，皆山东人，日夜望归，大王何不乘锋东向，与争天下？若待海内已定，人心皆宁，恐不可复用，只好老死此地了。”汉王道：“我亦未尝不忆念家乡，但一时不能东还，如何是好！”正议论间，忽有军吏入报，丞相萧何，今日出走，不知去向。汉王大惊道：“我正思与他商议，奈何逃去！莫非另有他事么？”说着，即派人往追萧何。一连二日，未见萧何回来，急得汉王坐立不安，如失左右两手。方拟续派得力兵弁，再去追寻，却有一人踉跄趋入，向王行礼，望将过去，正是两日不见的萧何。却是奇怪。心中又喜又怒，便佯骂道：“汝怎得背我逃走？”何答道：“臣不敢逃，且去追还逃人！”汉王问所追为谁？何又道：“臣去追还都尉韩信！”汉王又骂道："我自关中出发，直至此地，沿途逃亡多人，就是近日又有人逃去，汝并不往追，独去追一韩信，这明明是骗我了。"何说道："前时逃失诸人，无关轻重，去留不妨听便，独韩信乃是国士，当世无双，怎得令他逃去？大王若愿久居汉中，原是无须用信，如必欲争天下，除信以外，无人合用，故臣特亟去追回。"汉王道："我难道不愿东归，乃郁郁久居此地么？"何即接入道："大王果欲东归，宜急用韩信，否则信必他去，不肯久留了。"汉王道："信有这般才干么？君既以为可用，我即用他为将，一试优劣。"何又道："但使为将，尚未足留信。"汉王道："我就用他为大将可好么？"何连说了几个好字。汉王道："君为我召入韩信，我便当命为大将。"何正色道："大王岂可轻召么？本来大王用人，简慢少礼，今欲拜大将，又似传呼小儿，所以韩信不愿久留，乘隙逃去。"汉王道："拜大将当用何礼？"何答道："须先择吉日，预为斋戒，筑坛具礼，敬谨行事，方算是拜将的礼节。"汉王笑道："拜一大将，须要这般郑重么？我就依君一行，君为我按礼举行便了。"看到此种问答，便是兴王大度。何乃退出，便去照办。

究竟韩信，是何等人物？听小子约略叙明。信为三杰中人，自应补叙明白。信本淮阴人氏，少年丧父，家贫失业，不农不商，要想去充小吏，也属无善可推，因此游荡过日，往往就人寄食。家中虽有老母，不获赡养，也累得愁病缠绵，旋即逝世。南昌亭长，颇与信相往来，信常去吃饭，致为亭长妻所嫉。晨炊蓐食，不使信知，待信来时，好多时不见具餐。信知惹人厌恨，乃掉头径去，从此绝迹不至。便是有志。独往淮阴城下，临水钓鱼。有时得鱼几尾，卖钱过活，有时鱼不上钩，莫名一钱，只好挨着饥饿，空腹过去。会有诸老妪濒水漂絮，与韩信时常遇着，大家见他落魄无聊，当然不去闻问。独有一位漂母，另具青眼，居然代为怜惜，每当午餐送至，辄分饭与信。信亦饥不择食，乐得吃了一餐，借充饥腹。哪知漂母慷慨得很，今日饲信，明日又饲信，接连数十日，无不如此。与亭长妻相较，相去何如！信非常感激，便向漂母称谢道："承老母这般厚待，信若有日得志，必报母恩。"道言甫毕，漂母竟含嗔相叱道："大丈夫不能谋生，乃致坐困，我特看汝七尺须眉，好像一个王孙公子，所以不忍汝饥，给汝数餐，何尝望汝报答呢！"妇人中有此识见，好算千古一人。说着，携絮自去。韩信呆望一会儿，很觉奇异，但心中总怀德不忘，待至日后发迹时，总要重重谢她，方足报德。无如福星未临，命途多舛，只好得过且过，将就度日。他虽家无长物，尚有一把随身宝剑，时时挂在腰间，一日无事，踯躅街头，碰着一个屠人子，当面揶揄道："韩信，汝平时出来，专带刀剑，究有何用？我想汝身体长大，胆量如何这般怯弱呢？"信绝口不答，市人却在旁环视。屠人子又对众嘲信道："信能拼死，不妨刺我，否则只好出我胯下！"说着，便撑开两足，立在市中。韩信端详一会儿，就将身子匍匐，向他胯下爬过。能忍人所不能忍，方可有为。市人无不窃笑，信却不以为辱，起身自去。

到了项梁渡淮，为信所闻，便仗剑过从，投入麾下。梁亦不以为奇，但编充行伍，给以薄秩。至项梁败死，又属项羽，羽使为郎中。信屡次献策，偏不见用，于是弃楚归汉，从军至蜀。汉王亦淡漠相遭，惟给他一个寻常官职，叫作连敖。连敖系楚官名，大约与军中司马相类。信仍不得志，未免牢骚，偶与同僚十三人，叙饮谈心，到了酒后忘情，竟发出一种狂言，大有独立自尊的志愿。适被旁人闻知，报告汉王，汉王疑他谋变，即命拿下十三人，并及韩信，立委夏侯婴监斩。婴将众犯驱往法场，陆续枭首，已有十三个头颅，滚落地上。猛听得一人狂呼道："汉王不欲得天下么？奈何杀死壮士！"这是命中注定，应有一番作为，故脱口而出。婴不禁诧异，便命停斩，引那人至面前，见他状貌魁梧，便动了怜才的念头。及验过斩条，乃是韩信，便问他有什么经略？信将腹中所藏的材具，一一吐露出来，大为婴所叹赏。就与语道："十三人皆死，唯汝独存，看汝将来当为王佐，所以漏出刀下，我便替汝解免罢！"说着，遂命将信释缚，自去返报汉王，极称信才，不应处死，且当升官。汉王是个无可无不可的人物，一闻婴言，即宥信死罪，命为治粟都尉。治粟都尉一官，虽比连敖加升一级，但也没甚宠异。独有丞相萧何，留意人才，随时物色。闻得夏侯婴器重韩信，也召与共语，果然经纶满腹，应对如流，才知婴言不谬，即面许他为大将才。信既得何称许，总道是相臣权重，定当保荐上去，不致长屈人下。偏偏待了旬月，毫无影响，自思汉王终不能用，不如见机引去，另寻头路，乃收拾行装，孑身出走，并不向丞相署内报闻。及有人见信自去，告知萧何，何如失至宝，忙拣了一匹快马，耸身跃上，加鞭疾驰，往追韩信。差不多跑了百余里，才得追及，将信挽住。信不愿再回，经何极力敦劝，且言自己尚未保荐，因此稽迟。信见他词意诚恳，方与何仍回原路。既入汉都，由何禀报汉王，与汉王问答多词，决意拜为大将。语见上文。因即命礼官选定吉日，筑坛郊外。

汉王斋戒三日，才届吉期，清晨早起，即由丞相萧何，带领文武百官，齐集王宫，专候汉王出来。汉王也不便迟慢，整肃衣冠，出宫登车。萧何等统皆随行，直抵坛下。当由汉王下车登坛，徐步而上。但见坛前悬着大旗，迎风飘扬，坛下四围，环列戎行，静寂无哗，容止不素，天公都也做美，一轮红日，光照全坛，尤觉得旌旄变色，甲杖生威，顿令汉王心中，倍加欣慰。这是兴汉基础，应该补叙数语。丞相何也即随登，捧上符印斧钺，交与汉王。一班金盔铁甲的将官，都翘首伫望，不知这颗斗大的金印，应该属诸何人？就中如樊哙周勃灌婴诸将，身经百战，积功最多，更眼巴巴地瞧着，想总要轮到己身。忽由丞相何代宣王命，请大将登坛行礼，当有一人应声趋出，从容步上。大众眼光，无不注视，装束却甚端严，面貌似曾相识，仔细看来，乃是治粟都尉韩信，不由得出人意外，全军皆惊！小子有诗咏道：

胯下王孙久见轻，谁知一跃竟成名。
古来将相本无种，庸众何为色不平！

欲知韩信登坛情形，容至下回再表。

本回叙述，可作为三杰合传，张良之烧绝栈道，一奇也，萧何之私追逃人，二奇也，韩信之骤拜大将，三奇也。有此三奇，而汉王能一一从之，尤为奇中之奇。乃知国家不患无智士，但患无明君，汉王虽倨慢少礼，动辄骂人，然如张良之烧栈道而不以为怪，萧何之追逃人而不以为嫌，韩信之拜大将而不以为疑，是实有过人度量，固非齐赵诸王，所得与同日语者。有汉王而后有三杰，此良臣之所以必择主而事也。

第十二回 用秘计暗度陈仓 受密嘱阴弑义帝

却说韩信上登将坛，向北立着，便有乐工奏起军乐，鸣铙击鼓，响遏行云。既而弦管悠扬，变成细曲，当由赞礼官朗声宣仪，第一次授印，第二次授符，第三次授斧钺，俱由汉王亲自交代，韩信一一拜受。汉王复面谕道："阃外军事，均归将军节制，将军当善体我意，与士卒同甘苦，无胥戕，无胥虐，除暴安良，匡扶王业。如有藐视将军，违令不从，尽可军法从事，先斩后闻！"说到末句，喉咙格外提响，故意使大众闻知。大众听了，果皆失色。韩信拜谢道："臣敢不竭尽努力，仰报大王知遇隆恩。"汉王大喜，因命信旁坐，自己亦即坐下，开口问道："丞相屡言将军大材，将军究有何策，指教寡人？"信答道："大王今欲东向争衡，岂非与项王为敌么？"汉王说了一个是字。信又道："大王自料勇悍仁强，能与项王相比否？"汉王沉吟道："寡人恐不如项王。"信应声道："臣亦谓大王不如项王，但臣尝投项王麾下，素知项王行为。项王喑呜叱咤，千人皆惊，独不能任用良将，这乃所谓匹夫之勇，不足与语大谋。有时项王亦颇仁厚，待人敬爱，言语温和，遇人疾病，往往涕泣分食，至见人有功，应该加封，他却把玩封印，未肯遽授，这乃所谓妇人之仁，不足与成大事。此两节，实不如汉王。今日项王虽称霸天下，役使诸侯，乃不都关中，往都彭城，明明是自失地利；况违背义帝原约，任性妄行，甚且放逐义帝，专把私人爱将，分封善地，诸侯亦皆效尤，各将旧王驱逐，据国称雄，试想山东诸国，倏起倏仆，争夺不休，如何致治？且项王称兵以来，所过地方，无不残灭，天下多怨，百姓不亲，不过眼前威势，总要算项王最强，所以被他劫制，不敢俱叛，将来各国势力，逐渐养足，何人肯再服项王？可见项王虽强，容易致弱。今大王诚能遵道而行，与彼相反，专任天下谋臣勇将，何敌不摧？所得天下城邑，悉封功臣，何人不服？率领东归将士，仗义东征，何地不克？

三秦诸王，虽似扼我要塞，犄角设防；但彼皆秦朝旧将，带领秦士卒数年，部下死亡，不可胜计，到了智尽能索，复胁众归降项王，项王又起了杀心，诈坑秦降卒二十余万，只剩章邯司马欣董翳三人，生还秦关。秦父老怨此三人，痛入骨髓，恨不得将三人食肉寝皮，今项王反立此三人为王，秦民当然不服，怎肯诚心归附？惟大王首入武关，秋毫无犯，除秦苛法，与秦民约法三章，秦民无不欲大王王秦，且义帝原约，无人不知，大王被迫西行，不但大王怨恨项王，就是秦民亦无不怀愤！大王若东入三秦，传檄可定，三秦既下，便好进图天下了！”看似平常计议，但已如兵法所云，知己知彼，百战百胜。汉王喜甚，即慰谕道：“寡人悔不早用将军！今得亲承指导，如开茅塞。此后全仗将军调度，指日东征！”信复答道：“将非练不勇，兵非练不精，项王虽有败象，终究是百战经营，未可轻视，现须部署诸将，校阅士卒，约过旬月，方可启行。”汉王称善，乃与信下坛回朝。

越日即由信升帐阅兵，定出军律数条，号令帐外。大小将士，因他兵权在手，只好勉遵约束。信遂亲自督操，口讲指画，如何排列阵势，如何整齐步伐，如何奇正相生，如何首尾相应，如何可合可分，如何可常可变，种种法制，都是樊哙、周勃、灌婴等人，未曾详晓，既得韩信训示，才知信确有抱负，不等寻常，于是相率敬畏，各听信命。操演部曲，甫经数日，已是军容丕振，壁垒一新。乃择定汉王元年八月吉日，出师东征。特标年月，点清眉目。是时栈道已经烧绝，不便行军。汉王却早由张良定计，叫他明修栈道，暗度陈仓。当下召入韩信，问明出路，信所言适与张良相合。汉王鼓掌道："英雄所见，毕竟略同。"遂派了兵士数百人，佯去修筑栈道，自与韩信率领三军，悄悄地出发南郑。但使丞相萧何居守，征税收粮，接济军饷。

时当仲秋，天高气爽，将士等各愿东归，日夜趱程，由故道直达陈仓。雍王章邯，本奉项王密嘱，堵住汉中，作为第一重门户，平时亦派兵巡察，但恐汉王出来。不过他算差一着，总道汉王东出，必须经过栈道，栈道未曾修筑，纵有千家万马，也难通行，所以章邯安心坐待，一些儿不加防备。旋经探卒走报，汉兵已有数百人，修理栈道，章邯微笑道："栈道甚长，烧毁时原是容易，修筑时却是万难，区区数百人，怎能济事？汉王既欲东来，当时何必烧绝栈道，呆笨如此，真正可笑极了！他并不呆，你却呆甚！既而又有人传入邯耳，谓汉已拜韩信为大将。邯尚不知韩信为何人，复派干员探明履历，及返报后，闻说韩信屈身胯下，毫无志节，遂又大笑道："胯下庸夫，也配做大将么？汉王如此糊涂，怪不得他行为乖谬，前烧栈道，已是失策，今修栈道，又只派了数百人，看他至何年何月，方将栈道修竣哩！”邯是愈加轻视，毫不为意。

到了八月中旬，忽有急报传到，乃是汉兵已抵陈仓。章邯尚疑是说谎，顾语左右道：“栈道并未修好，汉兵从何处出来，难道真能插翅高飞么？”话虽如此，但也不得不再派干员，探听明白。未几果有陈仓逃兵，走至废邱，报称汉王亲率大军，据住陈仓，杀死戍将，不日就要进攻了。章邯才觉有些着忙，自思汉兵未经栈道，如何通路，莫非另有小径，可出陈仓！今不如亲领兵队，前往邀击为是。乃引兵数万，径赴陈仓，邀截汉军。一路行去，但见逃兵，不见难民。原来汉兵经过的地方，丝毫不准侵掠，所以民皆安堵，不致流离。章邯将逃兵收集，急急地赶到陈仓，正值汉兵整队东来。两下相遇，便即交战，汉兵是积愤已深，奋身不顾，一经对垒，好似猛虎离山，无论什么刀兵水火，统是不怕，只管向前杀去。章邯部下的兵士，本是怀恨未销，勉强隶属，怎肯为邯拼着死力，自伤生命？所以战不多时，已经四溃。章邯只得回走，奔往好畤，汉兵从后追杀，不肯罢休。

究竟章邯是个惯战人员，也不愿为了一败，甘心歇手。且看部兵丧失一半，还有一半随着，不若回头再战，出敌不意，返戈奋斗，或能转败为胜，亦未可知，因此号令军中，再与汉兵赌个死活。哪知韩信早已防着，嘱令前驱小心追赶，免为所乘，自己居中调度，随时策应，待至章邯还军拼命，汉兵前队，毫不慌乱，仍然照前厮杀，无懈可击，邯见汉兵整肃如故，自知所谋不遂，添了一种懊恼，没奈何支撑一阵，偏汉中军又调出左右两翼，策应前驱，前锋就是樊哙，左翼主将，就是灌婴，右翼主将，就是周勃。这三人系著名大将，夹攻一个章邯，叫邯如何抵敌！徒然断送了许多士卒，去做一班冤死鬼。邯却乘间溜脱，使长子平一说平为邯弟。入守好畤，自引败卒遁还废邱。

汉军两获胜仗，即进攻好畤，章平已知汉兵厉害，怎敢出头？只有召集兵民，乘城拒守。汉将樊哙等率兵围城，竭力攻扑，约阅两日，见城上守兵稍懈，哙即令兵士架起云梯，督令登城。城上尚有矢石，陆续放掷，兵士未敢遽上，恼动樊哙性子，左拥盾，右执刀，首先登梯。此公惯用两般兵器。梯级尚未毕登，那城上已是大哗，乱放硬箭，乱掷巨石，哙竟用盾格开，觑着城上空隙，一跃而上，用刀乱掠，剁落头颅好几个。守兵措手不迭，再经汉兵蜂拥登城，杀散守兵，立即下城开门，放入余军。章平忙从后门逃出，落荒窜去。县令县丞，不及出奔，尽被杀死。城中百姓，无一反抗，情愿降汉。汉兵不杀一民，当即平定。韩信也即入城，叙哙首功，报知汉王。汉王已封哙为临武侯，至此复加授郎中骑将。哙与周勃、灌婴等，分徇下郿槐里柳中诸地，俱皆略定。乘势攻入咸阳，击走守将赵贲。惟废邱为章邯所守，往攻不下。

韩信得报，亲至废邱城外，周览地势，已得破城方法，遂召樊哙等授以密计，嘱他分头往办。章邯因汉兵攻城，日夜防守，很是留意。长子章平，已从好畤逃至废邱，与乃父相助为理，竭力抵御，所以汉兵虽盛，急切未能攻入。一日到了夜间，忽闻城中兵民，大噪起来。章邯父子，慌忙巡视，但见平地上面，水深数尺，却不知从何处涌来。未几水势更涨，仿佛似万马奔腾，不可控遏。转眼间竟涨至丈许，漂没民庐，外面偏喊声大震，骇人听闻。章邯料不能守，急同长子平带领家小，及所有将士，从北门水浅处冲出，奔往桃林。最奇的是章邯一走，城中水势，便即退下。看官道是何因？原来废邱城两面环水，自西北流向东南，韩信令樊哙等，壅住下流，使水不得顺下，水无可归，当然泛滥，涌入城中。况当秋季水涨，奔流湍急，单靠一座城墙，如何阻得住急流。章邯名为大将，徒知浪战，不知预防，正中了韩信的秘计。叙得明白。樊哙等既逐章邯，便将下流宣泄，水自泻去，城中就点滴不留。汉兵陆续入城，安民已毕，复去追击章邯，章邯父子，无路可奔，再战再败，章平被擒，章邯自刎而亡。始终难免一死，不若前时死于漳南，免为贰臣。

雍地尽为汉有，乃移兵转攻翟、塞二王。翟王董翳，塞王司马欣，本来是章邯手下的属将，勇武远不及章邯。邯败走后，曾遣人向二王求救，二王恐汉兵入境，不敢发兵救雍。及闻章邯败死，更吓得胆战心惊。再加民心不服，一闻汉兵杀到，多去降汉。董翳先知不敌，向汉请降，司马欣越加孤立，也只有低首下心，降汉了事。三秦地方，不到一月，都归汉王，项霸王第一着计策，是完全失败了。赵相张耳，西行入关，正值汉兵平定三秦，也即投顺汉王。汉王兵力，因此益强。

项王前闻齐、赵皆叛，已是忿恨，此次又闻关中失去，三秦都为汉属，不由得大肆咆哮，急欲西向击汉。一面令故吴令郑昌为韩王，牵制汉兵，一面使萧公角率兵数千，往攻彭越。萧公当是官号，角为萧公名。越击败萧角，项羽更为动怒，自思彭越小丑，何能为力，无非仗着田荣声势，有此猖狂，欲除彭越，不得不先除田荣。于是既欲攻汉，又欲攻齐。可巧来了一封书函，接过一阅，乃是张良署名。他本深忌张良，偏这番看了良书，竟要依他行事，是又堕入张良计中了。张良书中，略言汉王失职，但得收复三秦，如约即止，不再东进。惟有齐、梁蠢动，连同赵国，要想灭楚等语，这明明是良为汉计，使项王北向击齐，不急攻汉，好教汉王乘隙东来。那项王有勇无谋，竟被张良一激便动，先去攻齐。良复归入汉，为汉王画策东行。

汉王使韩庶子信领兵图韩，许俟韩地平定后，封为韩王，信即受命去讫。张良又欲从信东去，因由汉王挽留，乃居住幕下，受封为成信侯。汉王复遣郦商等往取上郡北地，俱皆得手，再使将军薛欧王吸，引兵前往南阳，会同王陵徒众，东入丰沛，迎取眷属入关。陵亦沛人，素与汉王相识，颇有胆略，汉王因陵年较长，事以兄礼。及起兵西进，路过南阳，适值陵亦集党数千人，在南阳独立一帜，汉王因遣人招陵，陵尚不甘居汉王下，托词不往。至此次薛、王二将，复来邀同王陵，陵闻汉王已得三秦，声威远著，乃决拟归汉。且有老母在沛，正好乘此迎接，脱离危机，于是合兵东行。到了阳夏，却被楚兵拦住，不得前进，只好暂时停驻，派人报告汉王，时已为汉王二年了。汉王得薛王二将报告，本思即日东略，只因项王兵威未挫，正是一个劲敌，不便轻率发兵，所以大加简阅，广为号召，待筹足三五十万兵马，方好启行。

那项王却已亲率大众，向齐进攻，临行时候，征召九江王英布，一同会师。英布独称病不赴，但遣偏将往会。项王也不加诘责，另有一道密嘱，寄与英布，叫他即日照行，不得再违。布接着密令，明知事关重大，易受恶名，惟不好屡次违拗，开罪项王，没奈何叫过心腹，示以项王密书，令他前去照办。心腹将士，奉令承教，便去改扮装束，乘了快船，急向长江上流，星夜驰去。约莫赶了数百里，望见前面有大小船只，鼓棹西行，料知办事目的，已在眼前，当即抢前速驶，追行数里，已得与前船相并，可巧天日已暮，夜色蒙眬，一班改装的九江兵，竟跳上前船仓中，拔出利刃，顺手斜去，前船也有军人，一时不及对敌，只好伸着头颅，由他屠戮。还有一位身穿龙袍的主子，无从奔避，也落得一命呜呼，死得不明不白。究竟此人为谁？就是前号怀王，后号义帝的楚王孙心。画龙点睛。

自从项王回都彭城，迁徙义帝，义帝不能不行。但左右群臣，依恋故乡，未肯速徙，义帝也须整顿行李，慢慢儿地启程。至项王将到彭城，不愿再见义帝，屡使人催促西行。义帝不得已出都就道，所有从吏，陆续逃去，就是舟夫水手，也瞧不起义帝，沿途延挨，今日驶了五十里，明日驶了三十里，因此出都多日，尚不能到郴地，终被九江兵追及，假扮强盗，弑死义帝。舟中人夫，不做刀头面，就做江中鬼。九江兵既经得手，乐得将舟中财物，搬取一空，饱载而回。途次又遇着好几艘来船，彼此问讯，乃是衡山王吴芮、临江王共敖。两处遣派的兵士，也是受了项王密命，来弑义帝，及见九江兵已占先着，不烦再进，遂各分路回去。九江兵还报英布，布自然转达项王。项王方自喜得计，谁知被人做了话柄，反好声罪致讨了！小子有诗叹道：

敢将故主弑江中，如此凶残怎望终？
没道阴谋人未觉，须知翘首有苍穹。

欲知何人声讨项羽，容待下回说明。

不识地理者，不足以为将；章邯为将有年，乃于栈道以外，未知汉中之可出陈仓，是实颟顸糊涂，毫无将略，无惑乎其败死也。汉王还定三秦，为项羽计，正宜大举攻汉，杜其侵轶，乃因张良一书，不攻汉而攻齐，尤为误事。良书所言，不足以欺他人，而项羽乃堕其计中，全是有勇无谋之弊。且敢冒天下之大不韪，弑义帝于江中，夫乱臣贼子，人人得诛，自羽弑义帝，为天下所不容，而汉乃得起而乘之，故羽之失道，莫甚于弑义帝，而羽之失计，亦莫过于弑义帝。

第十三回　下河南陈平走谒　过洛阳董老献谋

却说汉王整缮兵马，志在东略，且闻项羽攻齐，相持未决，正好乘间出师，遂与大将韩信等，出关至陕郡。关外父老，相率欢迎，汉王传令慰抚，众皆喜悦，额手称庆。河南王申阳，望风输款，由汉王复书许降，惟改置河南郡，仍令申阳镇守。会接韩地捷音，乃是韩庶子信击败郑昌，昌穷蹙乞降，韩地大定，汉王乃实授信为韩王。郑昌当然失位，不过做了一个韩王的属员，苟全性命罢了。项羽第二着拒汉计谋，又复失败。

是时已值隆冬，雨雪纷飞，途中多阻。汉尚沿秦正朔，故虽已改年，尚在隆冬。汉王因未便远征，重还关中，暂都栎阳。开放秦时苑囿，令民耕作，改秦社稷为汉社稷，赦罪人，减赋税，凡民年五十以上，具有善行，得选为三老，每乡一人；复就乡三老中，采择一人，令为县三老，辅助县令丞尉，兴教施仁，关中大安。待至春回寒尽，汉王乃复引兵东出，从临晋关渡过黄河，直抵河内。河内为殷王司马卬居守，闻知汉兵入境，不得不发兵迎敌。一场交战，哪里敌得过汉军，徒折伤了好几千人，败回朝歌。汉将樊哙等进逼城下，麾众围攻，司马卬自然督守，不敢少懈。一面遣人驰报项王，乞求援兵。

项王方攻入齐地，所向无敌，进迫城阳，齐王田荣，未娴兵略，徒靠那一股悍气，横行青齐，但欲与项羽赌决雌雄。究竟强弱不同，主客悬绝，所以田荣屡战屡败，连城阳都不能守，只带了残卒数百，走入平原。平原百姓，未尝实受荣惠，荣反叫他输粮纳刍，不准迟延，顿时恼动众意，纠合至万余人，围住田荣，荣手下只敌百残兵，如何抵挡，眼见得众怒难犯，坐被那平原百姓，击毙了事。军阀家其鉴诸。项王乘势直入，纵兵焚杀，毁城郭，坏庐舍，坑死降兵，拘系老弱妇女，一些儿没有仁恩。惟复立田假为齐王，总算不绝齐后。田假为荣所逐，亡入楚军，事见前文。齐人不愿奉假，情愿拥戴田荣弟田横，横得收集余烬，得众数万，逐走田假，再据城阳。假又走入楚营，项王说他庸弱无才，不能自立，索性赏他一刀，结果性命，自领兵猛扑城阳，总道田横新立，容易铲灭，谁知田横却得人心，合力拒守，齐人又皆惮羽凶威，自知难免一死，不如拼出性命，坚持到底，因此楚兵虽盛，终不能攻破城阳，项王又未肯舍去，总想把城阳荡平，方足泄恨。接连数旬，仍然相持不下。及河内求救，不过分拨将士若干名，作为援应，且令使人先归，虚张声势，但言楚军将移动全队，来援朝歌。又是误事。

司马卬得了复音，越觉抖擞精神，乘城拒敌，忽见汉兵逐渐撤围，一日一夜，竟皆撤尽，不留一人。他想汉兵无故退去，定由项王亲自到来所以致此，此时正好追击一阵，干些功劳。遂不待踌躇，立率城中将士，开门追赶。约跑了五六十里，未见动静，天色却已薄暮，四面又尽是山林，司马卬也防有埋伏，吩咐收兵。道言未绝，林中一声炮响，闪出两员汉将，各带精兵，来攻司马卬。司马卬不敢恋战，往后便退，部众慌乱，多半弃甲抛戈，随卬奔回。卬策马先奔，只恐汉兵赶来，恨不得一步入城，好容易到了城下，突遇一猛将据住吊桥，大声喝道："司马卬往哪里走？快快下马受缚，免得一死！"卬魂飞天外，欲想窜避，又虑后面追兵到来，越觉难敌。没奈何硬着头皮，挺枪与战，才经三合，已被猛将用刀格枪，轻舒左臂，把印擒住，及印众奔还，印已早作俘囚。又经猛将厉声呼降，还有何人再敢交锋，落得匍匐桥边，乞降求生。究竟这猛将是谁？就是汉先锋樊哙，还有埋伏林中的两将，就是周勃灌婴，这三将分头伏着，都是韩信所授的密计。他料司马印败还城中，必向项王外求援，倘或援兵骤至，里应外合，反不胜防，因特用了诱敌的方法，佯为撤围，使樊哙退伏城隅，周勃灌婴退伏林间，专诱司马印来追，便好前后截杀，把他擒捉，果然司马印贪功中计，被樊哙活捉到手，献至汉王面前。汉王令即解缚，慰谕数语，印拜伏地上，自称愿降，当由汉王带领将士，偕印入城，城中兵民，见印已归顺汉王，自然全体投诚。

汉兵复出略修武，适有一美貌丈夫，前来投谒，当由军吏问过姓名，便是楚都尉陈平，名见前文。自称阳武县人，与汉王部将魏无知，素来相识。至说明履历，即有人入报魏无知，无知便出营迎入。班荆道故，相得益欢，且为陈平设宴接风，私下问道：“闻足下已事项王，为何今日到此？”陈平道：“险些儿不能见君，还亏平具有小智，方得脱险前来。”无知惊问原因，陈平道：“平自往事项王，受官都尉，虽未得项王宠信，却还不见薄待。前因殷王司马印，谋叛项王，项王遣平往讨，平不欲劳兵，只与殷王说明利害，殷王总算谢罪了事。平还报项王，项王却赐平金二十镒。近日汉王攻殷，由项王拨兵救应，行至中途，闻殷王已经降汉，因即折回。项王见救兵还营，问明情形，登时大怒，便欲将平加罪。平只好封还金印，脱身西走，是以到此。”陈平弃楚投汉，借他口中叙出，且将司马卬前时叛楚，及楚兵救司马卬中道折还等情，一并叙过，省却许多转折。无知道：“汉王豁达大度，知人善任，远近豪杰，相率归心。今足下弃暗投明，无知当即为荐举，俾展大才！”陈平道：“故人高谊，很是可感，但平尚有一种危险的情事，容待说明。平逃出楚营，还幸无人知觉，得离大难。乃到了黄河，雇舟西渡，舟子却有四五人，统是粗蛮大汉，平急不暇择，只好下船坐着，催他速驶。偏舟子一面摇船，一面只管向我注目，还道我怀珍宝，要想谋财害命。我身旁只有一剑，并且不习武事，怎能敌得过数人？君想这般情景，岂不是危险万分么？”无知道：“这却如何脱难？”平笑道：“我想舟子动疑，无非利我财物，我索性脱下衣服，赤着身体，帮他摇船。他看我空无所有，也就罢休，一到对岸，我仍将衣服穿好，付与船钱，跳上河岸，一口气跑到此间，还算是天大的造化哩。”又借平口中自述，以见平之急智。无知道：“如足下的聪明，真是一时无两了。”说着，复与平畅饮多时，待至日暮更深，即留平住宿营中。

翌日早起，无知便往见汉王，面荐陈平。汉王遂召平入见。平从容进谒，行过了礼，未蒙汉王问及，只好站立一旁。时当午餐，汉王即顾令左右，引平至侧厢就食。同席共有七人，俱是因事进见，留赐午膳，及彼此食毕，平又欲入白汉王，使中涓石奋代请，适汉王饮酒微醺，不愿见平，只令他往就馆中。石奋出语陈平，平答道："臣为要事前来，今日便当详告，不能再延。"奋因再报汉王，汉王乃复召入，问有何谋，平进言道："大王诚欲讨楚，何不乘项王伐齐时，迅速东行，捣破巢穴，若得入彭城，截彼归路，那时楚军心乱，容易溃散，项王虽勇，也无能为了。"汉王大喜，复问及进军方略。平具陈路径，了如指掌，说得汉王眉飞色舞，欣慰异常，便问平在楚时，受何官职？平答言曾为都尉。汉王道："我亦任汝为都尉，何如？"平当然拜谢。汉王道："且慢！我还要使汝参乘，兼掌护军。"平亦即受命，再拜而出。

帐下诸将，见陈平骤得贵官，不禁大哗，你一言，我一语，无非说是陈平初至，心迹未明，如何得引为亲近，不辨贤奸！这种私议，传入汉王耳中，汉王不以为意，且待平加厚。这便是汉王过人处。一面整顿兵马，指日东行。平代为部署，急切筹备，限令甚严。众将故意试平，向平

行贿，乞稍展限，平亦未尝峻拒，每得贿金，往往直受不辞。于是众将得隙攻平，并推周勃灌婴出头，进白汉王道："陈平虽美如冠玉，恐徒有外貌，未具真才。臣等闻他家居时，逆伦盗嫂，今掌护军，又多受诸将贿金，如此淫黩，实为不法乱臣，请大王熟察，毋为所惑！"汉王听了此言，也不免疑心起来，遂召入魏无知，当面诘责道："汝荐陈平可用，今闻他盗嫂受金，行止不端，岂不是荐举非人么？"无知道："臣举陈平，但重平才，大王乃责及行谊，实非今日要务，今日楚汉相距，全仗奇谋，不尚细行，就使信若尾生，古信士，与女子期于桥下，女子不来，水至不去，抱桥柱而死，语见《庄子》。贤如孝己，殷高宗子事亲至孝，高宗惑于后妻之言，放之而死。有何效用？大王但当察平计划，曾否可采，不必详究盗嫂受金等事。倘平实无智能，臣甘坐罪！"无知所言，亦未免落偏。汉王听着，尚是半信半疑，待无知退后，又召平入责问。平直答道："臣本为楚吏，项王不能用臣，故弃楚归汉，沿途受尽艰难，只剩得孑然一身，来归大王，若不受金，即无自取资，如何展策！大王今日，如以为臣言可用，不妨听臣行事，否则原金具在，尽当输官，请恩赐骸骨便了！"必受金，方可行事，平之言毋乃太过。汉王乃改容谢平，更加厚赐。嗣且迁任护军中尉，监护诸将，诸将乃不敢复言。

惟受金一事，平既自认不讳，毋庸拟议，独盗嫂事关系暧昧，平不自辩，无知亦未尝代为洗刷，迄今犹传为疑案。其实事属子虚，应该剖白，免致误传。平少丧父母，惟与兄伯同居，兄已娶妻，务农为业，独平喜读书，手不释卷。兄见他诚心好学，遣使从师，情愿独身耕稼，勉力持家，但兄妻是女流见识，很滋不悦。一日陈平在家，有里人看他面色丰腴，便戏语道："君家素来贫乏，君食何物，乃这般丰肥？"平尚未及答，忽伊嫂遽出来对答道："我叔有何美食，无非吃些糠粞罢了，有叔如此，不如无有！"此妇亦与汉王嫂相类，但庸妇局量，往往如此，能有几个漂母慧眼识人？这数语明寓讥嘲，急得陈平面红耳赤，几乎无地自容。可巧乃兄进来，亦有所闻，怒责彼妇，说他离间兄弟，立刻休回母家。平慌忙解劝，乃兄决计不从，竟将彼妇撵逐。好一位贤兄。照此看来，嫂叔绝对不和，何有私通情事？况且陈平后来，又得了一个美妻，乃是同里富翁张负的孙女。平不事生产，年逾弱冠，尚未娶妻，富家不肯与平联姻，贫家亦为平所不愿。适张负孙女，五次许字，五次丧夫，遂致无人过问。独平见张宅多财，张女又貌美如花，暗暗艳羡，只苦无人替他作伐。事有凑巧，里人举办大丧，浼平襄理，平先往后归，格外出力。张负亦在丧家吊唁，见平丰仪出众，办事精勤，不由得大加赏识，记在胸中。嗣复往视平家，虽是陋巷贫居，门外却有贵人车辙，当下趋回家中，召子仲与语道："我欲将孙女嫁与陈平。”仲愕然道：“陈平系一介贫儒，邑人统笑他寒酸，不愿联姻，奈何我家独遣女往嫁呢？”张负拈髯笑道：“世上岂有美秀如陈平，尚至长久贫贱么！”也是别具青眼。仲尚是不欲，入问伊女，伊女却无违言。想是平日亦见过陈平，两心相悦之故。再经张负遣媒定约，上下相迫，任他张仲如何不乐，也只好筹办妆奁，嫁女出门。张负又阴出财帛，给与陈平，使得诹吉成礼。平大喜过望，指日完娶。亲迎这一日，张负且叮嘱孙女，叫她谨守妇道，勿得倚富压贫。孙女唯唯登舆，到了平家，青庐交拜，绿酒谐欢，可意郎君，得了如花美眷，真个是情投意合，我我卿卿，一夜夫妻百夜恩，无论什么外缘，总夺不去两人恩爱，就使乃兄再娶后妻，亦不过乡村俗女，怎及得张女纤秾，是可知盗嫂情事，定属虚诬。自从平娶得张女，用度既充，交游益广，就是里人亦另眼相待。会遇里中社祭，公推平为社宰，分肉甚均，父老交口称赞道：“好一个陈孺子，不愧社宰。”平闻言叹息道：“使我得宰天下，也当如分肉一般，秉公办事呢！志趣不凡，平佐汉王定天下，后为丞相，故补叙独详。既而陈胜起兵，使部将周市徇魏，立魏咎为魏王，见前文。平就近往谒，得为太仆。未几有人构平，平乃走投项羽，从羽入关，受官都尉。至此复西归汉王，言听计从，指挥如意，遂得与汉家三杰，并传不朽了。这且慢表。

且说汉王传集人马，统率东征，渡过平阴津，进抵洛阳。途次遇一龙钟老人，叩谒马前，汉王询明姓氏，乃是新城三老董公，年已八十有二。当即命他起立，问有何言？董公道："臣闻顺德必昌，逆德必亡，师出无名，如何服人？敢问大王出兵，究讨何人？"汉王道："项王不道，所以往讨。"董公又道："古语有言，明其为贼，敌乃可服，项羽原是不仁，但逆天害理，莫如弑主一事。大王前与羽共立义帝，北面臣事，今义帝被弑江中，遗骸委地，虽说江畔居民，捞尸藁葬，终究是阴灵未瞑，逆恶未彰。为后文建立义帝祠冢张本。为大王计，果欲东讨项羽，何不为义帝发丧，全军缟素，传檄诸侯，使人人知义帝凶信，罪由项羽，然后师出有名，天下瞻仰，三王盛举，亦不过如是了。"汉王听说，很觉有理，遂向董公答道："好极！好极！若非先生，寡人几不得闻此正论了。"足愧三杰。当下欲留住董公，使参军政。董公自称老病，不求仕进，告辞而去。汉王乃为义帝举哀，令三军素服三日，分遣使人，赍着檄文，布告各国。文中说是：

天下共立义帝，北面事之，今项羽放杀义帝于江南，大逆无道，寡人亲为发丧，诸侯皆缟素，悉发关内兵，收三河士，南浮江汉以下，愿从诸侯王击楚之杀义帝者！

这檄文传报各国，魏王豹复书请从，汉王当然作答，叫他发兵相助。魏王豹如约而来，惟汉使至赵，赵相陈余，却要汉王杀死张耳，方肯听命。使人返报汉王，汉王不忍杀耳，偏从兵中寻出一人，面貌与耳相类，竟将他割下首级，仍遣原使持示陈余。杀一无辜而得天下，仁者不为，汉王此举，毋乃伤仁！余举首审视，已是血肉模糊，未能细辨，不过大略相似，遽以为真，因也拨兵从汉。汉得塞、翟、韩、魏、殷、赵、河南各路大兵，共计五十六万人，浩浩荡荡，杀奔彭城。又恐项羽乘虚袭秦，特使韩信留驻河南，扼要防守，自引大兵东出。路过外黄，正值彭越进谒，报告杀败楚将，收取魏地十余城。见前回。汉王道："将军既得魏地，应该仍立魏后，魏王豹可以复位，将军即为魏相便了。"越领命自去，汉王径至彭城。

彭城里面，守兵寥寥，所有精兵猛将，都随项王伐齐，单剩老弱数千人，留守城中，如何抵敌数十万大兵，当下闻风遁去，听令汉兵入城。汉兵鱼贯而进，即将彭城占住，汉王揽辔徐入，检查项王宫中，美人具在，珍宝杂陈，不由得故态复萌，就在宫中住下，朝饮醇酒，暮拥娇娃，享受那温柔滋味。就是部下将士，亦皆置酒高会，欢呼畅饮，快活异常。此时张良樊哙想亦从军，奈何不复进谏！小子有诗叹道：

乐极悲生本古箴，如何一得便骄淫！
彭城置酒寻欢夜，锦帐沉沉祸已深。

汉王正在纵乐，不料项王已回马杀来。欲知两军胜负，且待下回叙明。

司马卬之反复无常，宜为项王所痛恨，然不能责及陈平。平之说降司马卬，已为尽职，若卬之战败降汉，平亦安能预料。乃项羽无端迁怒，拟加平以连坐之罚，卒使平畏罪走汉，是何异于为丛驱雀，为渊驱鱼乎？汉得陈平，卒赖其六出奇计，以成王业，故本回特详叙履历，代为表扬。至若盗嫂一事，却一再辨诬，所以维持风化，杜后人之口实，意至深也。然陈平主议东征，而未及缟素发丧之大义，反使新城遗老，叩马进辞，是可知策士遗风，但尚诡谋，不知正道，王迹亡而乱贼兴，纲常或几乎息矣，得董公以规正之，未始非末流之砥柱也。

第十四回　脱楚厄幸遇戚姬　知汉兴拚死陵母

却说彭城溃卒，奔至城阳，往报项羽。羽闻彭城失守，气得暴跳如雷，留下诸将攻齐，自率精骑三万人，倍道回援。由鲁地出胡陵，径抵萧县。萧县东南，有汉兵数营扎住，本由汉王遣使防羽，营中亦不甚戒备。谁知项王夤夜到来，时正黎明，全营将士，方才睡起，竟被项王麾军突入，任意蹂躏。汉兵除被杀外，逃避一空，项王长驱直进，奔向彭城。汉王日耽酒色，宴卧迟起，众将亦连宵醉卧，不知早晚。忽闻楚兵已临城下，统吓得形色仓皇，心神慌乱。当由汉王擦开倦眼，出宫升帐，调齐大队人马，开城迎战。遥见项王跨着乌骓，穿着铁甲，当先开道，挟怒前来。一声大吼，激成异响，已令人胆战心寒，再加楚兵楚将，都是凶悍得很，要来与汉军拼命，夺还家室。这般毒气，不堪逼近，汉将亦晓得厉害，不得已向前争锋。战一合，败一合，战十合，败十合，那项王复亲自动手，执着一竿火尖枪，左右乱搠，无人可当。突然间冲入汉阵，挑落数将，竟向汉王马前，狂杀过来。樊哙等慌忙拦截，统不是项王对手，纷纷倒退。汉王也觉心慌，但恐项王杀到，只好拍马返奔，才走数步，回顾大纛，已被项王枪尖拨倒。大纛为全军耳目，一经倒地，军士自然乱窜，汉王不暇顾及，只好落荒奔去，没命乱跑。众将亦各走各路，无心保护汉王。项王从后追击，杀得昏天黑地，日色无光，汉兵都从谷、泗二水旁，逃将过去，前走的自相践踏，后走的都遭屠戮，惨死至十余万人。还有三四十万人马，南窜入山，又为楚兵所追，杀毙了好几万。余众至灵璧县东，竞渡睢水，水中溺死了许多，岸上挤落了许多，约莫有十多万人，随波漂积，睢水为之不流。前日喝得好酒，今日要他去吸清流了。

汉王逃了一程，竟被楚兵追及，围至三匝。自顾随身士卒，止数百骑，如何冲突得出？不禁仰天长叹道：“我今日死在此地了！”语尚未毕，忽天上狂风大作，飞砂走石，拔木扬尘，自西北吹向东南，遍地昏冥，好似夜间一般。楚兵既站立不住，又咫尺不辨尔我，只得退回。汉王乘间脱围，觅路再走。行了数里，后面又有楚兵追来，回望楚将面目，很是熟识，便高声呼道：“两贤何必相厄？不若放我逃生！”说罢，又掉头急奔，却好后面的楚将，停住不追，竟自回去。这楚将叫作丁公，闻得汉王称为贤人，就乐得卖个人情，收兵还营。谁知后来竟致陨首！因此汉王复得脱走。自思距家不远，不如趁便回家，搬取老父娇妻，免落楚兵毒手，当下驰至丰乡，走近家门，但见双扉紧闭，外加封锁，禁不住吃了一惊，慌忙查问四邻，俱云不知去向。那时孑影徘徊，踌躇了好多时，谅想无从追寻，只好纵辔自去。

行行复行行，倏已走了数十里，日色已经西沉，渐觉得饥寒交迫，疲乏不堪。本拟下马休息，又恐楚兵追来，未便小憩，没奈何垂头丧气，向前再走。又过了好几里，遥闻有犬吠声，料知前面定有村洛，及抬头一望，果见前面有一树林，从林隙处露出灯光，隐隐有村落出现，摹写有致。当即策马前进，想到村中借宿。事有凑巧，适与村内老人相遇，不得不殷勤问讯，求宿一宵。老人见汉王容止，不同凡人，因就引至家中，延令上坐，叩明姓氏，汉王也不讳言，讲明实迹。老人说道：

“老朽不知驾到，有失远迎！今因里中有喜庆事，夜宴归来，得遇大王尊驾，不胜荣幸。”说着，便向汉王下拜。汉王忙即扶起，且转问老人家世，老人道：“老朽姓戚，系定陶县人，前因秦项交兵，避乱至此，当时妻子流离，俱皆丧失，现只小女随着，权借此地寓居，乱世为人，不如太平为犬，说也可怜。”言下甚是惨沮。汉王已饥肠辘辘，急欲求食，向老人说道：“此处有无酒饭可沽？”老人道：“此地乃是僻乡，并无市镇，大王如不嫌简亵，寒家尚有薄酒粗肴，可以上供。”汉王不待说毕，连忙说好。老人即传声入内，叫他女儿整备酒饭。约阅一时，便有一个二九佳人，携着酒食，姗步来前，汉王瞧着，虽是衣衫朴陋，却也体态轻盈，免不得称羡起来。老人命女放下酒肴，便向汉王行礼。汉王起身相答，那戚女盈盈拜毕，转身返入。老人遂与汉王酌饮，汉王连饮数觥，愁肠渐放，娓娓言情，且问戚女曾否字人。老人道：“小女尚未许字。前有相士谈及，谓小女颇有贵相，今日大王到此，莫非前缘注定，应侍大王巾栉，未知大王尊意如何？”汉王道：“寡人逃难到此，得蒙留宿，已感盛情，怎好再屈令媛为姬妾哩？”也要做作。老人道：“只怕小女不配侍奉，大王何必过谦！”汉王乃说道：“既承老丈美意，我即领情便了。”当下解交玉带，作为聘礼。老人复唤女出拜，女腼腆出来，含羞捡衽，受了玉带。并由老人叫她斟酒，捧献汉王，汉王一饮而尽。至戚女斟至第二杯，汉王就命戚女酬饮，戚女也不固辞，慢慢儿的喝干，这便算做合卺酒了。既而戚女复入内取饭，出供汉王，汉王又吃了一饱。夜色已阑，老人却甚知趣，便令该女陪着汉王，入室安寝。汉王趁着酒兴，挽女同宿。戚女年已及笄，已解云情雨意，且终身得侍汉王，可望富贵，不如曲意顺承，由他宽衣解带，拥入衾中。两情缱绻，一索得男，居然是结下珠胎，不虚此乐了。为生子如意张本，戚女想做妃嫔，谁知后来竟为人彘！

诘旦起床，出见戚公，吃过早膳，汉王即欲辞行。戚公父女，苦留汉王再住数日，汉王道："我军败溃，将士等不知所在，我何能在此久留？且容我往收散卒，待有大城可住，当来迎接老丈父女，决不爽约！"戚公乃不好强留，送别汉王，只有戚女格外生感，仅得了一宵恩爱，偏即要两地分离，怎得不蹙损眉尖，依依惜别！汉王到了此时，也未免儿女情长，英雄气短，临歧絮语，握着戚女的柔荑，恋恋不舍。结果是硬着心肠，嘱咐了一声珍重，出门上马，扬鞭径去。

走了多时，忽见尘头起处，约有数百骑驰来，他恐防是楚兵，急忙藏入林中，偷眼窥着。待来骑已近，方认得是自己人马，当先一员将弁，不是别人，就是部将夏侯婴。时婴已受封滕公，兼职太仆，常奉王车。彭城一战，婴亦随着，惟因战败以后，汉王舍车乘马，仓皇走脱，所以与婴相失。婴保着空车，突出楚围，四处找寻汉王，走了一夜有余，方得与汉王相遇。汉王见是夏侯婴，自然放胆出来，婴即下马拜见，具述经过情形，且请汉王换马登车。汉王依了婴言，改坐车上，由婴跨辕随行。沿途见有难民，纷纷奔走，就中有一幼童，一幼女，狼狈同行，屡顾车中，夏侯婴眼光灵警，一经瞧见，似曾相识，便语汉王道："难民中有两个孩儿，好似大王的子女，究竟是与不是，请大王鉴察！"汉王方张目外顾，果然两孩非别，乃是亲生的子女，便命婴叫他过来。婴下车招呼，抱登车上，当由汉王问明情由，两孩谓与祖父母亲等，避难出奔，想来寻访我父，途次被乱兵冲散，遂致分离，今祖父母亲，已不知何处去了。汉王又惊又喜，更问及昨宵情状，两孩答道："儿等已离家两日，夜间统借宿别村。今日出门行路，偏偏撞着乱兵，祖父失散，母亲等又忽然不见，幸亏遇着父亲！"说到亲字，泪下不止。你的父亲，昨夜却快活得很。汉王也为动容。

正叙谈间，夏侯婴忽惊报道："那边有旗帜飘扬，莫非楚兵追来么？"汉王急着道："快走罢！"婴也觉着忙，自至汉王车后，亲为汉王推车，向前飞奔。后面果有楚兵追至，首将叫作季布，前来赶拿汉王。汉王走一程，季布追一程，一走一追，看看将及。汉王恐车重行迟，竟将子女推堕车下。夏侯婴见了，仍然左提右挈，把两孩抱置车中。俄而汉王又将两孩推落，夏侯婴再把两孩扶载，接连有好几次，惹得汉王怒起，顾叱夏侯婴道："我等危急万分，难道还要收管两孩，自丧性命么？"婴抗答道："这是大王亲生骨肉，奈何弃去？"汉王更加懊恼，拔出剑来，欲杀夏侯婴。何以粗暴乃尔！婴闪过一旁，见两孩复被汉王踢下，索性令别将御车疾驰，自己伸展左右两腋，轻轻挟住两孩，一跃上马，随王走免。楚将季布，追赶不及，也只好领兵回去。

汉王见追兵去远，稍稍放心，夏侯婴亦策马驰至，两下会叙，决向下邑投奔。下邑在砀县东，曾由汉王妻兄吕泽，带兵驻扎。汉王与夏侯婴挈了子女，从间道行至下邑，吕泽正派兵探望，见了汉王，当然迎入，汉王方得了一个安身的地方。已而汉将等闻王所在，陆续趋集，势又渐振。惟调查各路诸侯消息，殷王司马卬已经阵亡，塞王司马欣，与翟王董翳，又复降楚。韩、赵、河南各路残兵，亦皆散归。这虽是关系不小，但尚随合随离，不足深恨。最关紧要的，乃是汉王父太公，及妻吕氏等人，好多日不闻音信。仔细探听，已被楚军掳掠去了。原来太公带领家眷，避楚奔难，子妇孙女以外，尚有舍人审食其相从。食其亦读为异基。大家扮做难民，鬼鬼祟祟，从僻路潜行出去，首二日还算平安，昼行夜宿，不过稍受一些辛苦。至第三日早起，又复启行，约越数里，适来了许多楚兵，慌忙避开。偏偏楚兵队里，有几个认识太公，及汉王妻吕氏，竟一哄过来，把他两人拘住。审食其不肯舍去，也为所拘，余皆走散。汉王仅得子女二人，所有兄弟亲族，又俱未见，更闻得老父娇妻，为敌所虏，生死未卜，忍不住号啕起来。旋经诸将解劝，勉强收泪，乃引众转趋砀县，再着侦骑往探，寻问太公吕氏音信。后来接得确音，才知二人在楚军中，尚幸未死，只项羽视为奇货，留作抵押，要想汉王往降。汉王怎肯身入虎口，只得暂从割舍，徐图良策。妻子可以割舍，老父亦可割舍吗？

过了数日，复接王陵哀报，乃是老母被掠，伏剑身亡，现愿奉母遗命，事汉无二，誓报大仇云云。汉王听着，悲喜交并，当下复书劝慰，叫他节哀顺变，协力复仇。一面启节西行，道出梁地，复得楚军进攻消息，且惧且忿，特召集将佐，商议退敌方法。将佐等甫经败衄，未敢主战，彼此相觑，不发一言。汉王勃然道："我情愿弃去关东，分授豪杰，但不知何人肯为效力，破楚立功，得享受此关东土地呢！"道言甫毕，即有一人接口道："九江王英布，与楚有隙，彭越助齐据梁，两人皆有大材，可以招致，使为我用。若大王部下，莫如韩信，大王果将关东土地，分给英布、彭越、韩信三人，彼必感激思奋，愿出死力，项羽虽强，也容易破灭了。”汉王见献计的人，就是张良，便连声称善，并顾问左右道：“何人能为我往说九江王，使他背楚从我？”旁有谒者随何，谒者二字，系秦官名，汉亦仍之。挺身出应，自愿前往。汉王乃派吏二千人，与何偕行，何即领命去讫。汉王复向韩、彭两军，派使求援，自引兵由梁至虞，由虞至荥阳。荥阳为河右要冲，不得不就此扼住，阻楚西进。汉王命部众屯驻城外，自入城中安歇。

才阅一宵，忽来了一员将弁，素衣素服，踉跄趋入，拜倒汉王座前，呜咽不止。汉王急忙审视，见是沛中故友王陵，当即离座扶起，延令旁坐。陵且泣且语道：“臣与逆贼项羽，不知有何宿世冤仇，既逼我母自杀，还要将我母遗骸，付诸鼎烹，臣愤不欲生，愿大王拨助雄师，与臣偕行，若不将贼羽碎尸万段，誓不甘休！”汉王愕然道：“项羽竟这般残忍么？不但君欲报仇，就是我与君多年故交，亦当替君出力。况我的衰父弱妻，亦陷没羽军，存亡难料，怎好不前去救应？只恨我军新败，还须搜乘补阙，募兵添将，方好前去争锋，一鼓破贼。否则彼强我弱，彼众我寡，再若一败，不堪收拾了！”王陵仍然流涕，又由汉王慰谕一番，拟俟韩信等兵马到来，便当出发。陵亦无可奈何，只好含泪拜谢。惟陵母也是个女中豪杰，何故自杀，何故被烹，小子应该补叙大略，表明烈妇情形。补笔断不可少。陵母为羽所虏，羽留置军营，胁她招降王陵，陵母不肯作书，由羽使人驰往阳夏，假传陵母遗命，嘱陵弃汉归楚。陵料有诈谋，且亦不愿降羽，乃遣归楚使，另派心腹往楚省母，探明虚实。陵使到了彭城，无从与陵母相见，不得已进谒项羽，传述陵言，愿见陵母，羽即唤陵母出见，使她东向坐着，面谕陵使，叫陵即日来降，保全母命。陵母对着项羽面前，不便直述己见，只得支吾对付，敷衍数语。及陵使辞归，陵母假送使为名，步出辕门。直至使人将要登车，向母拜别，陵母流泪与语道："烦使人传语陵儿，叫他善事汉王，汉王宽厚得民，将来必有天下，吾儿切勿顾念老妇，怀着二心，言已尽此，老妇当以死相送了。"使人尚不知陵母已具死意，还道是一时愤语，不足介怀，但说了尊体保重四字，匆匆上车。哪知陵母袖中，取出一柄亮晃晃的匕首，向西叫了两声陵儿，便咬着牙关，把匕首向颈上一横，喉管立断，鲜血直喷，好一位志节高超的老母，撞倒车旁，一命归阴去了！比漂母更高一倍。使人不及施救，并恐连害自身，疾驰而去。项羽正差人出视陵母，见了陵母言动等情，也为惊愕。至陵母已死，即刻入报，项羽大怒，喝令左右，舁入陵母尸首，掷置鼎镬，用火一烧，顷刻糜烂，羽才算泄忿。但人已死去，烹亦何益？徒使王陵闻知，越加痛恨，这真叫作冤仇不解，越结越深呢。

汉王专待韩信等来援，韩信果然率兵来会，还有丞相萧何，也遣发关中守卒，无论老弱，悉诣荥阳，人数又至十余万。汉王大喜，遂使韩信统军留着，阻住楚锋，自引子女还栎阳。韩信究竟能军，出与楚兵连战三次，统获胜仗。一次是在荥阳附近，二次是在南京地方，南京系春秋时郑京，与近今之江宁不同。三次是在索城境内，楚兵节节败退，不敢越过荥阳。韩信复令军士沿着河滨，筑起甬道，运取敖仓储粟，接济军粮，渐渐的兵精粮足，屹成重镇。汉王到了栎阳，连得韩信捷报，放心了一大半，遂立子盈为太子，大赦罪犯，命充兵戍。太子盈年只五岁，使丞相萧何为辅，监守关中。且立宗庙，置社稷，一切举措，俱委萧何便宜行事。何慨然受命，愿在关中转漕输粟，担任兵饷，并请汉王仍往荥阳，督兵东讨。汉王依议，乃与萧何嘱别，复东往荥阳去了。小子有诗赞萧丞相道：

从龙带甲入关中，转粟应推第一功。
为语武夫休击柱，发踪指示孰如公？

汉王再到荥阳，究竟如何东讨，且看下回叙明。

汉王既入彭城，应该亟迎老父，乃耽恋美人宝货，置酒高会，匪特不知有亲，并且不知有敌，何其昏迷乃尔！睢水之败，乃其自取，太公、吕后之被掳，亦何莫非汉王致之？况孑身避难，一遇戚女，即兴谐欢，父可忘，妻可弃，兄弟家族可不顾，将帅士卒可不计，而肉欲独不可不偿，汉王亦毋乃不经乎？惟当时项王暴虐，各诸侯亦不足有为，苍苍者天，乃不得不属意汉王，大风之起，已有特征。陵母以一妇人，独能见微知著，拼死嘱儿，是真一女中丈夫，非庸妪所得同日语也。本回叙及戚姬，所以原人彘之祸，不没陵母，所以扬彤帏之光，详正史之所略，而惩劝之意寓于中，是亦一中垒之遗绪云。

第十五回　木罂渡军计擒魏豹　背水列阵诱斩陈余

却说汉王再至荥阳，与韩信会师进讨，诸将皆踊跃从命，期雪前耻。独魏王豹入白汉王，乞假归视母疾。汉王见他始终相从，未尝擅返，总道是存心不贰，可无他患。况且老母有病，理应归省，遂慨然应诺，与约后期。豹订约而去，回到平阳，遽将河口截断，设兵扼守，叛汉联楚。当有人报知汉王，汉王虽然懊恨，但尚以为待豹不薄，或可劝他悔悟，免致动兵。因即召过郦食其，令他往说魏豹，且与语道：“先生善长口才，若能劝豹回心，使我减去一敌，便是大功，我当拨出魏地万户，封赏先生！”郦生欣然领命，星夜驰往平阳，进见魏豹，仗着三寸不烂的舌根，反复陈词，晓谕祸福。偏魏豹毫不动情，淡淡地答说道：“人生世间，好似白驹过隙，若得一日自主，便是一日如愿。况汉王专喜侮人，待遇诸侯群臣，不啻奴仆，今朝骂，明朝又骂，毫无君臣礼节，我不愿与他再见了。”

郦生说他不动，只得归报。汉王大怒，即命韩信为左丞相，率同曹参、灌婴二将，统兵讨魏。待韩信等已经出发，又召问郦生道：“魏豹竟敢叛我，想必有恃无恐，究竟他命何人为大将？”郦生道：“闻他大将叫作柏直。”汉王掀髯笑道：“柏直口尚乳臭，怎能挡我韩信，还有骑将为谁？”郦生又答是冯敬。汉王道：“敬系秦将冯无择子，颇有贤名，惜少战略，也不能挡我灌婴，此外只有步将了。”郦生接入道：“叫作项它。”汉王大喜道：“这也不能挡我曹参，我可无虑了！”料事如见。遂放下愁肠，静待韩信军报。

韩信等到了临晋津，望见对岸统是魏兵，不便径渡，乃择地安营，赶办船只，与魏兵隔河相距，暗中却派遣干员，探察上流形势。未几即得探报，谓对河统有魏兵守着，惟上流的夏阳地方，魏兵甚少，守备空虚。韩信听着，便已想得破敌的计策，先召曹参入帐，嘱令引兵入山，采取木料，不论大小，尽可合用，但教从速为妙，参受令而去。继又召入灌婴，叫他派遣兵士，分往市中，购取瓦罂，每罂须容纳二石，约数千具，即日候用，不得少延。灌婴听了，不禁疑讶起来，便问韩信道："瓦罂有何用处？"韩信道："将军不必急问，但教依令往办，自可建功。"婴尚是莫明其妙，只因军令难违，不得不如言办理。才阅两日，参与婴先后缴令，各将木料瓦罂，一律办齐。信又取出一函，交与两人，命他自去展阅，两人受函出帐，拆视函中，乃是叫他制造木罂。这木罂的造法，系用木夹住罂底，四围缚成方格，把绳绊住，一格一罂，两格两罂，数十格即数十罂，合为一排，数千罂分做数十排。制成以后，再行请令。灌婴道："渡河须用船只，现在船已渐集，何故要造这木罂？真正奇事！"故作疑幻，令人不测。曹参道："想元帅总有妙用，我等且监督工兵，依法制就便了。"于是日夜赶造，不到数日，已将木罂制齐，因即请令定夺。韩信亲自验毕，待至黄昏，留兵数千，使灌婴带着，但准摇旗擂鼓，守住船只，不得擅自渡河，违令斩首。灌婴唯唯受教。这却是个美差。信却与曹参督同大兵，搬运木罂，夤夜行抵夏阳，即将木罂放入河中，每罂内装载兵士两三人，却也四平八稳，不致倾覆。兵士就在罂内，用械划动，自然移去。信与曹参亦下马就罂，一同渡河。好容易到了对岸，并皆跃登陆地，整队前行。那魏将柏直等人，但扼住临晋津，不使汉兵得渡。嗣闻汉兵陈船呐喊，越加小心防守，一步儿不敢他去。就是魏王豹亦注意临晋，不及夏阳。因为夏阳平日，向无船只，势难徒涉，所以置诸度外，绝不过问。谁知韩信竟用木罂渡军，无阻无碍，直至东张，才见有魏兵营盘，挡住大道。曹参拍马舞刀，竟向魏营杀入，汉兵当然随上。魏将孙遬，仓促抵敌，终落得大败亏输，向北窜去。曹参乘胜直入，进薄安邑，守将王襄，出城迎战，甫经数合，即被曹参卖个破绽，让他劈来，轻身一闪，彼落空，此得势，顺手牵住丝绦，活擒下马，掷付部军。魏兵见主将被擒，何人再敢抵敌？或逃或降，安邑城空若无人，遂由曹参引兵占住。韩信也即进城，犒赏将士，再拟入攻魏都。

魏都就是平阳，魏王豹居住都中，连接东张安邑败耗，惊慌的了不得，遂差人追回柏直等军，自率亲兵出都，堵截汉军。到了曲阳，刚遇汉军杀来，当即摆开兵马，与他交战。汉军已经深入，自知有进无退，奋不顾身，俗语说得好，一夫拼命，万夫莫当，况大众不下数万，又有韩信、曹参两将帅，前后指麾，凭他如何劲敌，也是不能支持。魏王豹既无韬略，又乏精锐，眼见得有败无胜，向北乱逃。汉兵用力追赶，驰抵东垣，复将魏豹围住。豹冒死冲突，总不得出，韩信知豹穷蹙，传语魏兵，叫他早降免死。魏兵弃甲投戈，都称愿降。魏豹穷极无奈，也顾不得面子，只好下马伏地，束手受擒。却不怕汉王辱骂么？

韩信把豹囚入槛车，直抵平阳城下，便令曹参押豹出示，晓谕守兵，叫他出降。守兵瞠目伸舌，无心抵御，乐得举城奉献，保全性命。韩信、曹参依次入城，下令兵民，一体赦宥，惟将魏豹家眷，尽行拿下，与豹一同系着。会值魏将柏直等引兵回援，途次闻得汉军袭入，连破城邑，并魏王亦被擒去，统吓得不知所为。可巧韩信着人招降，指示一条生路，大众无法可施，没奈何走到平阳，跪降了事。魏将全然无用，果如汉王所料。韩信召到灌婴，令与曹参分徇魏地，各处城邑，无不归附，魏地大定。信欲乘便击赵，留兵不返，但将魏豹全家，悉数解往荥阳，听候汉王发落。自请添兵三万人，往平赵国，且言从赵入燕，从燕入齐，东北既平，方好专力击楚，南下会师。却是绝大计划。汉王允如所请，立拨部兵三万，使张耳带去，会同韩信等击赵。一面提入魏豹，拍案大骂，意欲将豹枭首，慌得豹匍匐座前，头如捣蒜，乞贷死罪。亏他一张老脸皮。汉王转怒为笑道："量汝这等鼠子，有何能力！我今日不妨饶汝，权给汝首，汝若再有异心，族诛未迟。"豹又叩了几个响头，方才退出。

汉王又命将魏豹家眷，除老母年迈不能充役外，余皆没入为奴。豹妾薄姬，姿容最美，发往织室作工。后来被汉王瞧见，颇觉中意，又把她送入后宫。说将起来，这个薄姬却与汉魏大有关系。姬母薄氏，本为魏国宗女，魏为秦灭，流落他乡，与吴人薄姓私通，俨成夫妇，生下一女，出落得袅袅婷婷，齐齐整整。魏豹得立为王，薄女已经及笄，夤缘入宫，得为豹妾。时有河内老妪许氏，具相人术，言无不中，世人称为许负。负与妇通，注见前文。豹闻许负善相，特召她进来，遍相家属。许负看到薄女，不胜惊愕道："将来必生龙种，当为天子。"豹亦惊喜道："可真么？试看我面，应该如何结果。"许负笑说道："大王原是贵相，今已为王，尚好说是未贵么？"句中有眼。豹听到此语，料知自己不过为王，惟得子为帝，胜如自为，倒也欢喜得很。当下厚赠许负，送她归家，且格外宠爱薄女，几与正室无二。就是兴兵背汉，也为了许负一言，激成变志。他想有子为帝，必须由自身先立基业，方可造成帝系。若尽管臣事汉王，如何独立，如何贻谋，所以决意叛汉，负嵎自雄。子尚未生，便作痴想，安得不败，安得不亡。偏偏痴愿难偿，反致国亡家破，那相亲相爱的薄家女，竟被汉王攫去，罚作宫妃。薄女也自伤薄命，身为罪人，充当贱役，始居织室，继入汉宫，终不见有意外幸事，只得死心塌地，做个白头宫人，便算了却一生。哪知过了年余，竟得了一个梦兆，乃是苍龙据腹，大惊而寤。默思此梦主何吉凶，一时也无从详起。越宿起床，并无征验，迟至夜间，忽接内使宣召，叫她入侍，不得不略略整妆，前去应命。及见过汉王，在旁侍立，汉王方在酣饮，一双醉眼，注视了好几回，等到酒后撤肴，竟将她扯入内寝，要演那高唐故事，此时身不由主，任所欲为，到了交欢的时候，薄女始将昨宵梦兆，告知汉王。汉王道："这是贵征，我今夕就与汝玉成了。"说也奇怪，薄女经过一番雨露，便得怀胎，十月满足，果生一男，取名为恒，便是将来的汉文帝，只晦气了一个魏王豹，求福得祸，一败涂地。可见人生遇合，都有命数，切勿可过信术士，痴心妄想呢！唤醒世梦。闲话休表。

且说韩信寓居平阳，筹备伐赵，可巧张耳带兵到来，与信会师，信遂合兵东行，进攻代郡。这伐赵的原因，系由赵相陈余，本已出兵从汉，自汉王为楚所败，赵兵散归，报称张耳尚存，顿时恼动陈余，复与汉绝和。张耳诈死见十三回。韩信援为话柄，责赵背汉，因此长驱攻代，直抵阏与。代为陈余受封地，余留辅赵王，用夏说为代相，使他居守。见十一回。说闻汉兵已至阏与，距代城不过数十里，当即引兵出敌，与汉兵前队相遇。汉先锋将乃是曹参，跃马持刀，直指夏说，说亦持刀相迎。战了一二十合，参虚晃一刀，拍马就走，汉兵亦返身同奔。明明是诈。说麾兵大进，迤逦追赶，约行了二十多里，忽两面喊声大起，左有灌婴，右有张耳，两路兵杀出，冲断代兵，再经曹参引兵杀回，三面夹攻，代兵大败，说慌忙遁还。偏汉兵不肯罢手，从后急追，走至邬东，已被曹参追及，刀伤说马后股，马负痛倒地，把说掀翻，便为汉兵所擒。参劝说投降，说反骂汉欺人无信，激动参怒，手起刀落，把说劈下头颅，因即攻入代城。

安民已毕，就去迎接韩信。信立即至代，再拟移兵入赵。适有汉王使命到来，调回将士，助守敖仓，信乃使曹参南还。参道出邬城，为赵将戚将军所阻，一场恶斗，力把戚将军劈死，方得打通路径，还诣敖仓去了。惟韩信麾下，要算参最为智勇，所领部曲，亦皆善战。参既南下，部众当然随去，信不得不募兵补阙，好容易招添万人，驱往击赵。沿途探听赵兵消息，先后接得探报，各称赵兵据井陉口，差不多有二十万人。信素知井陉口的险要，未便轻进，约距井陉口三十里外，停兵下寨，再遣细作往觇虚实，然后进兵。

是时赵已知代地失守，格外严防，所以扼险固守，阻住汉军。有谋士广武军李左车，进说陈余道："韩信、张耳，乘胜远斗，锋不可当。但臣闻千里馈粮，士有饥色，樵苏后爨，师不宿饱，他敢远道至此，必利在速战。好在我国门户，有井陉口为阻，车不得方轨，骑不得成列，彼若从此处进兵，势难兼运粮草，所有辎重，定在后面。愿假臣三万人，由间道潜出，截取彼粮，足下但深沟高垒，勿与交锋，彼前不得战，后不得还，野无所掠，何从得食，不出十日，两将首级，可致麾下！否则，虽有险阻，不足深恃，恐反为二子所擒了！”左车之计，足以守赵，若必谓足擒信耳，亦觉过夸。陈余本是书生出身，见识迂拘，尝自称为义兵，不尚诈谋，因辞退李左车，屏绝勿用。

事为韩信所闻，暗暗心喜，遂传入骑都尉靳歙，嘱他如此如此。待靳歙去后，又召左骑将傅宽，及常山太守张苍，亦授以密计，令他分头去讫。自己待至夜半，拔寨起行，及抵井陉口，天色微明，只令裨将分给干粮，叫全军暂时果腹，且传谕大众道：“今日便好破赵，待成功后，会食未迟。”将士等统皆疑讶，但亦不敢细问，只好齐声应令。却是奇怪。信又挑选精兵万人，叫他渡过泜水，背着河岸，列阵待着。赵军望见背水阵，不禁窃笑，就是汉将等亦皆惊疑。只韩信平日兵谋，往往令人不测，所以依令照行，未敢有违。信复笑语张耳道：“赵兵据险立营，未见我大将旗鼓，故坚持不动。我当与君同往，亲去督攻，使彼夺气，彼自然退去了。”耳亦未以为然，勉从信言，相偕渡河。信即命军士扬旗示众，伐鼓助威，大模大样的闯入井陉口。

早有赵卒报达陈余，余大开营门，麾兵出战。两下交绥，赵兵仗着势众，一拥上前，来围韩信、张耳。信呼耳急走，且令军士抛去帅旗，掷去战鼓，一齐返奔，驰还泜河。显是诡谋。陈余部众得胜，自然并力追击，还有居守营内的赵兵，也想乘势邀功，竟把赵王歇都拥了出来，掠取汉军旗鼓，扬扬得意，哗声如雷。那时韩信等已退到泜河，陈余等亦皆追至，泜河上面，本有汉军列着，纳入韩信、张耳，出拒陈余。韩信下令军中，决一死战，退后立斩。汉兵本无退路，就使没有号令，也只可拼死求生。当下奋力拒战，争先杀敌，自辰牌斗至午牌，不分胜负，陈余恐部众腹饥，不能再战，乃收军回去。不料到了半途，遥见营中旗帜，都已变色，一张张的随风飘动，好似红霞散彩，灿烂异常。及仔细辨认，分明是汉军赤帜，不由得魂驰魄丧，色沮心惊。正在慌张的时候，刺斜里突出一军，乃是汉左骑将傅宽，引兵杀来。余急忙对敌，且战且走，忽又有一路人马，兜头拦住，为首统将，系汉常山太守张苍，吓得余不知所措，反从后面倒退。张苍、傅宽，合兵赶杀，却故意不去夹击，惟把余逼回泜水，余军不顾前后，但教有路可逃，走了再说。余明知泜水旁边，驻有汉军，此去乃是一条绝路，自往寻死，为此喝止部众，饬令死战，偏部众已无斗志，不肯听令，只管狂奔。余不觉怒起，命部将连杀数人，越杀越逃，越逃越乱，连余亦只好跟着，不能独返。看看泜水将近，心下愈急，忽来了一个冤家，驱兵乱斫，先将余纛砍翻，继即将余围住。余没甚武力，怎能自脱，即被来兵杀死，这来兵中的主将，究是何人？看官听着，就是前时刎颈交张耳！杀人不杀己，想也好算是刎颈交。

余既被杀，赵兵除逃去外，悉数降汉。张耳还报韩信，且请往拿赵王歇，信微笑道："公得斩陈余，大功已立，那擒拿赵王歇的功劳，就让与别人罢了。"言未毕，已由靳歙部下，押到一个俘虏，张耳瞧着，俘虏非他，正是赵王歇，又喜又惊。韩信令推歇至前，问了数语，歇默然不答，由信喝令斩讫。当有将士奉令，牵歇出外，枭首复命。赵君臣统皆授首，赵地自平。

惟诸将虽得大捷，却看了韩信用兵，好似神出鬼没，无从捉摸，各欲向信问明。好在功成以后，应该入贺，就趁那贺捷的机会，请教玄机。正是：

欲知妙计平强敌，要待明言示暗机。

究竟韩信如何答说，且至下回再详。

本回叙述韩信兵谋，说得迷离惝恍，不可究诘。迨一经揭出，始知韩信用兵，确有神出鬼没之妙。谋固奇而笔亦奇，以视正史中之直言纪载，趣味何如！夫正史尚直笔，小说尚曲笔，体裁原是不同，而世人之厌阅正史，乐观小说，亦即于此处分之。然或向壁虚造，与正史毫不相符，则又为荒诞无稽，何关学术。试看本回之演述木罂渡军，背水列阵，于史事有否不同？不过化正为奇，较足夺目，能令阅者兴味不穷，是即历史小说之特长也。中插薄姬一段，更于阵云战雨之中，辟出风流佳话，尤足生色。且事关汉、魏兴亡，不可不叙，文以载事，即以道情，吾于是书亦云。

第十六回　随何传命招英布　张良借箸驳郦生

却说韩信灭赵，诸将入贺，乘便问及计谋。经韩信从头叙明，才知前时所遣的三路人马，都寓玄机。靳歙一路，是叫他夤夜出发，绕到赵营后面，暗暗伏着，等到赵兵空壁出战，便乘虚劫营，拔去赵帜，改竖汉帜。傅宽、张苍两路，是叫他向晨出发，埋伏赵营附近，等到陈余回军，分头截杀，仍使陈余退还泜上，好教张耳守候，把他送终。陈余果然中计，徒落得身首两分。就是赵王歇被众拥出，一闻营塞失陷，当即回马，巧值靳歙杀出，击走赵兵，赵王歇走得少慢，且被勒歙赶着，活捉了来，也致毕命。这都是韩信预先布置，好似设着天罗地网，把赵君臣二十万人，一股脑儿罩住，无从摆脱，待至功成事就，由韩信表白出来，众将方如梦初醒，无不佩服。说破疑团，使人醒目。惟背水列阵，乃是兵法所忌，韩信违法行兵，反得大捷，尚令诸将生疑。要想问个明白，当下齐声问信道："兵法有言：'右背山林，前左山泽。'今将军背水为阵，竟得胜赵，究是何因？"信答说道："这也何尝不是兵法？诸君虽阅兵书，未得奥旨，所以生疑。兵法中曾有二语云：'陷之死地而后生，置之亡地而后存'，便是此意。试想我军新旧夹杂，良窳难分，信又非善能拊循，徒叫他奋身杀敌，怎望有成？惟置诸死地，使他人自为战，然后勇气百倍，无人可当，这又如兵法所言，'驱市人为战'，不能不用此术哩。"诸将听了，皆下拜道："将军妙算，非他人可及，末将等谨受教了。"信又说道："赵歇、陈余，虽皆擒斩，但尚有一谋士李左车，不知去向，此人不除，尚为后患，诸君能为我活擒到来，当有重赏。"诸将受命而出，四处寻捉李左车，竟无音响。信又明悬赏格，谓能生擒李左车，立赏千金。

过了数日，果然有人捉住左车，解到辕门，信验明属实，即出千金为赏，一面召入李左车。诸将在侧，总道是将他立斩，谁知左车进来，信忽下座相迎，亲为解缚，延令东向坐着，自己西向陪坐，仿佛弟子见师，格外敬礼。且柔声婉问道："仆欲北向攻燕，东向伐齐，如何可收全功？"左车皱眉道："亡国大夫，不足图存，请将军另择高明！左车何敢参议？"信又道："仆闻百里奚居虞，无救虞亡，及到了秦国，佐成霸业，这并非为虞计拙，为秦计巧，乃是用与不用，听与不听，因致先后不同。若使成安君陈余号成安君，见十一回。听用君计，恐仆亦束手成擒了。今仆虚心求教，幸勿推辞。"左车方才说道："将军涉西河，虏魏王，擒夏说，东下井陉，仅阅半日，得破赵兵二十万众，诛成安君，兼毙赵王，名闻海内，威震天下，农夫莫不辍耕释耒，争望将军颜色，这是将军的长处，一时无两了。但迭经战阵，师劳卒疲，不堪再用，今将军若引往攻燕，燕人凭城固守，将军欲战不得，欲攻不克，情急势拙，日久粮尽，燕既不服，齐又称强，二国相持，刘、项胜负，终难决定，这反变做将军的短处，岂不可惜！古来良将用兵，须要用长击短，切不可用短击长。"信听言至此，忍耐不住，连忙接问道："君言甚是，今日究用何策？"左车道："为将军计，莫若安兵息甲，镇抚赵民，百里以内，如有牛酒来献，尽可宰飨将士，鼓励军心。暗中先遣一辩士，赍着尺书，晓示燕王，详陈利害，燕惧将军声威，不敢不从。待燕已听命，便好东向击齐！齐成孤立，不亡何待！虽有智士，也无能为谋了。这就是先声后实的兵法，请将军采择。”信鼓掌称善，当即厚待左车，留居幕中。特派一个说客，持书赴燕。燕王臧荼，当然畏威乞降，复书报信。信得燕王降书，更遣人报知汉王，且请加封张耳，使他王赵。汉王闻燕赵皆平，当然心喜，因即依了信议，封张耳为赵王，另命信引兵击齐。复使已发，复接得随何书报，已将九江王英布说妥，指日来降。这真是喜气重重，无求不遂了。随何出使九江，见十四回。

先是随何到了九江，九江王英布，但使太宰招待，留居客馆。一连三日，未许进见，何因语太宰道：“仆奉汉王使命，来谒大王，大王托故不见，迄今已阅三日。仆料大王意思，无非楚强汉弱，尚待踌躇，但亦何妨与仆相见，仆所言如果合意，大王便可听从，倘若不合，就可将仆等二十人，枭首市曹，转献楚王，岂不较快！愿足下转达鄙忱。”太宰乃入白英布，布始召何入见，命坐左侧。何便开口道：“汉王使何到此，敬问大王起居，且嘱何转请大王，为什么与楚独亲？”英布道：“寡人尝为楚属，北向臣事，自不得不相亲了。”何又道：“大王与楚王，俱列为诸侯，今乃北向事楚，想是视楚为强，可以托国；但楚尝伐齐，项王身先士卒亲负版筑，大王理应亲率部众，为楚先驱，奈何只拨四千人，往会楚军，难道北面称臣，好这般敷衍塞责吗？且汉王入彭城时，项王尚在齐地，一时不及赴援，大王距居较近，应早统兵出救，渡淮力争，乃不闻一卒踰淮，坐视成败，难道托身他人，好这般袖手旁观吗？大王名为事楚，并无实际，将来项王动怒，定要归罪大王，前来声讨，不知大王将如何对待呢？”英布听了，沉吟不答，何复申说道：“大王视楚为强，必且视汉为弱，其实楚兵虽强，天下已皆嫉视，不愿臣服。试想项王背盟约，弑义帝，何等不道！今汉王仗义讨逆，招集诸侯，固守成皋、荥阳，转运蜀粟，深沟高垒，与楚相持，楚兵千里深入，进退两难，势且坐困，强必转弱，何一可恃？就使楚得胜汉，诸侯必将团结一气，并力御楚，众怒难犯，怎得不败？照此看来，楚实远不及汉哩。今大王不肯联汉，反向外强中干，危亡在迩的楚国，称臣托庇，岂非自误！目前九江军马，虽未必果能灭楚，但使大王背楚与汉，项王必前来攻击，大王能将项王绊住数月，汉王便可稳取天下，那时何与大王，提剑归汉，汉王自然裂土分封，仍将九江归诸大王，大王方得高枕无忧，否则大王与受恶名，必遭众矢，恐楚尚未亡，九江先已摇动，不但项王记念前嫌，要来与大王寻衅呢！”一层逼进一层。英布被他说动，不由得起身离座，与何附耳道：“寡人当遵从来命，惟近日且勿声张，少待数日，然后宣示便了。”何乃辞归客馆。

守候了好几天，仍无动静，探问馆员，才知楚使到来，促布发兵攻汉，布尚未决议，因此迟延。他就想出一法，专伺楚使行止。一日楚使入见，坐催布下动员令，何亦昂然趋入，走至楚使上首，坐定与语道：“九江王已经归汉，汝系楚使，怎得来此征兵？”英布还想瞒住，一经随何道破，当然失色。楚使见有变故，也即惊起，向外走出。随何急语英布道：“事机已露，休使楚使逃归，不如杀死了他，速即助汉攻楚，免得再误！”英布一想，好似箭在弦上，不得不发，索性依了随何，立命左右追拘楚使，一刀两段。于是宣告大众，自即日起，与楚脱离关系，联络汉王，兴师伐楚。

这消息传到彭城，气得项王双目圆睁，无名火高起三丈，立饬亲将项声，与悍将龙且，领着精兵，驰攻九江。英布出兵对敌，连战数次，却也杀个平手，没甚胜败，相持了一月有余，楚兵逐渐加增，九江兵逐渐丧失，害得布支持不住，吃了一回大败仗，只好弃去九江，与随何偕赴荥阳，投顺汉王。

汉王传请相见，即由随何导布进去。到了大厅，尚不见汉王形影，再曲曲折折地行入内室，始见汉王踞坐榻上，令人洗足。恐汉王有洗足癖，故屡次如此。但前见郦生本是无心，此次见布，却是有意，阅者休被瞒过。布不禁懊怅，但事已到此，只得向前通名，屈身行礼。汉王略略欠身，便算是待客的礼节，余不过慰问数语，也没有多少厚情，布因即辞出，很是愧悔。凑巧随何也即出来，便怅然与语道："不该听汝诳言，骤到此地！现在懊悔已迟，不如就此自杀罢！"说至此，拔剑出鞘，即欲自刎。随何连忙止住，惊问何因？布复说道："我也是一国主子，南面称王，今来与汉王相见，待我不啻奴仆，我尚有何颜为人，不如速死了事。"看到英布后来结局，原是速死为宜。随何又急劝道："汉王宿酒未醒，所以简慢，少顷自有殊礼相待，幸勿性急。"

正对答间，里面已派出典客人员，请布往寓馆舍，貌极殷勤，布乃藏剑入鞘，随同就馆。但见馆中陈设华丽，服御辉煌，所有卫士从吏，统皆站立两旁，非常恭敬，俨然如谒见主子一般，既而张良、陈平等人，亦俱到来，延布上坐，摆酒接风。席间肴馔精美，器皿整洁，已觉得礼隆物备，具惬心怀。到了酒过数巡，更来了一班女乐，曼声度曲，低唱侑觞，引得布耳鼓悠扬，眼花缭乱，快活得了不得，把那前半日寻死的心肠，早已销融净尽，不留遗迹了。及酒阑席散，夜静更深，尚有歌女侍着，未敢擅去。布乐得受用，左拥右抱，其乐陶陶，一夜风光，不胜殚述。差不多似迷人馆。翌日，乃入谢汉王，汉王却竭诚相待，礼意兼优，比那昨日情形不相同。操纵庸夫，便是此术。布越觉惬意，当面宣誓，愿为汉王效死。汉王乃令布出收散卒，并力拒楚。

布受命退出，即差人潜往九江，招徕旧部，并乘便搬取家眷。好多日方得回音，旧部却有数千人同来，独不见妻妾子女。问明底细，才知楚将项伯，已入九江，把他全家诛戮了。布大为悲忿，立刻进见汉王，说明惨状，原教你全家诛戮，好令死心归汉。且欲自带部卒，赴楚报仇。汉王道："项羽尚强，不宜轻往，况闻将军部曲，不过数千，怎能敷用？我当助兵万人，劳将军往扼成皋，一俟有机可乘，便好进兵雪恨了。"布闻言称谢，出具行装，即日就道。汉王亦知他情急，便派兵万名，随他同往，布即辞行而去。

汉王既遣出英布，拟向关中催趱军粮，与楚兵决一大战。可巧丞相萧何，差了许多兄弟子侄，押着粮车，运到荥阳，汉王一一传见，且问及丞相安否？大众齐声道："丞相托大王福庇，安好如常，惟念大王栉风沐雨，亲历戎行，恨不得櫜鞬相随，分任劳苦。今特遣臣等前来服役，愿乞大王赐录，忝籍从军！"汉王大喜道："丞相为国忘家，为公忘私，正是忠诚无两了。"当下召入军官，叫他将萧氏兄弟子侄，量能录用，不得有违。军官应命，引着大众，自去支配，无庸细说。惟丞相萧何，派遣兄弟子侄，投效军前，却有一种原因。自从汉王出次荥阳，时常遣使入关，慰问萧何，萧何也不以为意。偏有门客鲍生，冷眼窥破，独向萧何进言，说是汉王在军，亲尝艰苦，及时来慰问丞相，定怀别意。最好由丞相挑选亲族，视有丁壮可用，遣使从军，方足固宠释疑等语。萧何依计而行，果得汉王心喜，不复猜嫌，君臣相安，自然和洽，还有什么异言？

惟关中转饷艰难，不能随时接济，全靠那敖仓积粟，取资军食。敖仓在荥阳西北，因在敖山上面，筑城储粮，所以叫作敖仓，这是秦时留存的遗制。前由韩信遣将占据，旁筑甬道，由山达河，接济荥阳屯兵，原是保卫荥阳的要策。回应十四回，且足补前次所未详。至韩信北征，敖仓委大将周勃驻守，更拨曹参为助，非常注重。项羽屡欲进攻荥阳，发兵数次，不能得手，旋闻汉王招降英布，失去一个帮手，更不禁怒发冲冠，亟拟督军亲出，踏破荥阳。旁有范增献议道："汉王固守荥阳，无非靠着敖仓粮运，今欲往攻荥阳，必须先截敖仓，敖仓路断，荥阳乏食，自然一战可下了。"项王听着，立遣部将钟离昧，率兵万人，往截敖仓粮道，连番冲突，攻破甬道好几处，把汉兵输运军粮，抢去甚多。周勃虽闻信赶救，已是不及，且被钟离昧邀击一阵，反致败回。钟离昧飞书告捷，竟促项王进攻荥阳，项王遂大举西行，直向荥阳进发。

荥阳城内，已忧乏食，刚要派兵救应敖仓，夹攻钟离昧，不防项王统率大军，亲来夺取荥阳。这事非同小可，累得汉王寝馈难安，因召入郦食其，向他问计。郦生答道："项羽倾国前来，锐气正盛，未可与敌。为大王计，惟有分封诸侯，牵制楚军，方可纾患。从前商汤放桀，仍封夏后，周武灭纣，亦封殷后，至暴秦并吞六国，不使存祀，所以速亡。今大王若分封六国后嗣，六国君民，必皆感恩慕义，愿为臣妾，合力拥戴大王。大王得道多助，自可南乡称霸，楚成孤立，必然失势，亦当裣衽来朝，不敢与大王抗衡了。"汉王道："此计甚善，可即命有司刻印，赍封六国，各处都烦先生一行，为我传命。"郦生趋出，当然代戒有司，速铸六国王印，印尚未成，郦生已整装待发。

适值张良入谒，见汉王方在午膳，趑趄不前。汉王已经瞧着，向良招呼道："子房来得正好，可为我商决一事。"良乃趋近座前，汉王又与语道："近日有人献策，请封六国后人，牵制楚军，究竟可否照行？"张良忙答道："何人为大王出此下计？此计若行，大事去了！"汉王不觉一惊，把箸放下，就将郦生所言，转告张良。良随手取箸，指陈利弊道："臣请为大王借箸代筹，说明害处。从前汤武放伐桀纣，仍封后嗣，乃是能制彼死命，不妨示恩。今日大王自问，能制项羽的死命否？这就是一不可行。武王入殷，表商容闾，释箕子囚，封比干墓，今日大王能否为此？这就是二不可行。武王发钜桥粟，散鹿台财，专济贫穷，今日大王能否为此？这就是三不可行。武王胜殷回国，偃革为轩，倒载干戈，示不复用，今日大王能否为此？这就是四不可行。休马华山，不复再乘，大王能做得到否？这就是五不可行。放牛桃林，不复再运，大王能做得到否？这就是六不可行。况且天下豪杰，抛亲戚，弃坟墓，去故旧，来从大王，无非为日后成功，冀得尺寸封土，今复立六国后，尚有何地可封诸臣，豪杰统皆失望，不如归事故主，大王得靠着何人，共取天下？这就是七不可行。楚若不强，倒也罢了，倘强盛如故，六国新王，必折服楚国，大王怎得强令称臣？这就是八不可行。有此八害，岂不是大事尽去么？”汉王口中含饭，仔细听说，及张良说罢，竟将口中饭吐出，大骂郦生道：“竖儒无知，几误乃公大事！幸亏子房为我指明，免得错行。”说至此，急命左右传语有司，促令销印，郦生一场高兴，化作冰销。但细思良言，确是有理，也觉得自己错想，不敢渎陈了。老头儿太多言。

过了数日，楚兵前锋，竟逼至荥阳城下，城外戍兵，陆续避入城中，汉王急命大小诸将，闭城固守，自在厅室中坐着，默筹方法。适值陈平来报军情，汉王即令他旁坐，商议破敌事宜。这一番有分教：

六出奇谋缘此始，七旬亚父命该终。

欲知陈平如何献谋，且至下回再表。

英布实一鄙夫耳！患得患失之见，横亘胸中，故随何怵以祸福，即为所动，背楚归汉。及入见汉王，偶遭慢侮，便欲自刎，何其轻躁乃尔！就馆以后，服御满前，美人侍侧，采色悦目，肥甘适口，转不禁大喜欲狂，又何其志趣之卑陋也！唐李文饶以汉王见布，深得驾驭英雄之术，吾谓此足以驭鄙夫，断不足以驭英雄。伊尹必三聘而始至，吕尚必师事而后来，倘如汉王之踞床洗足，已早望望然去之矣，宁如英布之易受牢笼乎？郦生之初见汉王，亦遭踞床洗足之侮，而不复他适，其志识亦不过尔尔。请封六国，所见何左，一经张子房之驳斥，而其计谋之绌，已可概见。英布固鄙夫也，不得为英雄，郦生亦庸流耳，宁真得为智士！

第十七回　纵反间范增致毙　甘替死纪信被焚

却说陈平入见汉王，汉王正忧心时局，亟顾语陈平道：“天下纷纷，究竟何时得了？”平答说道：“大王所虑，无非是为着项王，臣料项王麾下，不过范亚父，项羽尊范增为亚父。钟离昧等数人，算做项氏忠臣，替他出力。大王若肯捐弃巨金，贿通楚人，流言反间，使他自相猜疑，然后乘隙进攻，破楚自容易了。”汉王道：“金银何足顾惜？但教折除敌焰，便足安心。”说着，即命左右取出黄金四万斤，交与陈平，任令行事。平受金退出，提出数成，交与心腹小校，使他扮做楚兵模样，怀金出城，混入楚营，贿嘱项王左右，偏布谣言。俗语说是钱能通神，有了黄金，没一事不能照办，大约过了两三日，楚军中便纷纷传说，无非是嫁诬钟离昧等，说他功多赏少，不得分封，将要联汉灭楚等语。项王素来好猜，一闻讹传，就不禁动了疑心，竟把钟离昧等视做贰臣，不肯信任。惟待遇范增，尚然如故。范增且请速攻荥阳，休使汉王逃走，项王遂亲督将士，把荥阳城团团围住，四面猛扑，一些儿不肯放松。

汉王恐不能守，姑遣人与楚讲和，愿画荥阳为界，将荥阳东面属楚，西面属汉。项王未肯遽允，不过因汉使前来，就也遣使入城，递一个回话手本，且借此探察城中虚实。这也由项王中气渐枵，故愿遣使入城，否则已将汉使杀毙，何用回报！哪知被陈平凑着机会，摆就了现成圈套，好教楚使着迷，堕入计中。楚使未曾预防，贸然径入，先向汉王报命。汉王已由陈平指导，佯作酒醉，模模糊糊地对付数语。楚使不便多言，即由陈平等导入客馆，留他午宴。陈平等走了出去，楚使静坐片刻，便有一班仆役，抬进牛羊鸡豚，及美酒佳肴，向厨房中趋入。楚使心中暗想，莫非汉王格外优待，须要飨我太牢盛馔，所以有许多物品，扛抬进来。已而又由陈平趋进，问及范亚父起居，并询亚父有无手书？楚使道：“我奉项王使命，为了和议而来，并非由亚父所遣。”陈平听了，故意失色道：“原来是项王使人。”说着又去。未几即有吏人跑入厨房，指令仆役，尽将牲饩酒肴等抬出，且听他厨下私语道：“他不是由亚父差来，怎得配飨太牢呢？”楚使不禁惊愕，俟各物抬去后，竟好一歇不见动静。到了日影西斜，饥肠乱鸣，才见有一两人搬入酒饭，放在案上，来请用膳。楚使大略一瞧，无非是蔬食菜羹等类，连鱼肉都不见面，不由得怒气上冲。本想拒绝不吃，只因肚饥难熬，胡乱地吃了少许。不料菜蔬中带着臭味，未能下咽，而且酒也是酸的，饭也是烂的，叫他如何适口？越看越恼，当时放下杯箸，大踏步走出客馆，但与门吏说了一声辞别，匆匆出城去了。分明是个饭桶。

城中守吏，并不阻挡，由他自去。他竟一口气跑回军营，入见项王。便一五一十地报告明白，且言亚父私通汉王，应该防着。项王怒道：“我前日早有传闻，还道他是老成可靠，不便遽信人言，哪知他果有通敌情事！这个老匹夫，想是活得不耐烦了！”说着，便欲召入范增，当面诘责。还是左右替增排解，请项王勿可过急，待有真凭实据，方可加罪，否则恐防敌人诡谋，不宜遽信云云。如陈平的反间计，尚易窥破，只因项羽躁急，乃入彀中。项王乃暂从含忍，不遽发作。

独范增尚未得知，一心思想，要为项王设法灭汉。他见项王为了和议，又复把攻城事情，宽懈下去，免不得暗暗着急，因此再入见项王，仍请督励将士，速下荥阳。项王已心疑范增，默默无言。范增急说道："古人有言：当断不断，反受其乱。从前鸿门会宴时，臣曾劝大王速杀刘季，大王不从臣言，因致养痈贻患，挨到今日，复得了天赐机会，把他困住荥阳，若再被逃脱，纵虎离山，一旦卷土重来，必不可敌，臣恐我不逼人，人且逼我，后悔还来得及么！"项王被他一诘，忍不住一种闷气，便勃然道："汝叫我速攻荥阳，我非不欲从汝，但恐荥阳未必攻下，我的性命，要被汝送脱了！"

范增摸不着头脑，只对着项王双目睃着。忽然想到项王平日，从没有这等话说，今定是听人谗间，故有是语。因也忍耐不下，便向项王朗声道："天下事已经大定，愿大王好好自为，勿堕敌人狡计，臣年已衰老，原宜引退，乞赐臣骸骨，归葬乡里便了。"说毕，掉头径出。项王也不挽留，一任增回入本营。增至此已知绝望，遂将项王所封历阳侯印绶，遣人送还项王，自己草草整装，即日东归。一路走，一路想，回溯近几年来，为了项王夺取天下，费尽了无数心机，满望削平刘汉，好教项王混一宇内，自己亦得安享荣华，聊娱暮景。偏偏项王信谗加忌，弄得功败垂成，此后楚国江山，看来总要被刘氏夺去，一腔热血，付诸流水，岂不可叹！于是自嗟自怨，满腹牢骚，日间踯躅途中，连茶饭都无心吃下，夜间投宿逆旅，也是睡不得安，翻来复去，好几夜不能合眼。从来愁最伤人，忧易致疾，况范增已年逾七十，怎经得起日夕烦闷，郁极无聊！因此迫成疾病，渐渐的寒热侵身，起初还是勉强支持，力疾就道，忽然背上奇痛得很，才阅一宵，便突起一个恶疮。途次既无良医，增亦不愿求生，但思回见家人，与他永诀。所以卧在车中，催趱速行。将到彭城，背疽越痛越大，不堪收拾，增亦昏迷不醒。尚有几个从人，见他死在目前，不得不暂停旅舍。过了两日，增大叫一声，背疽暴裂，流血不止，竟尔身亡，寿终七十一岁。时已为汉王三年四月中了。急点年月。

从吏见范增已死，买棺敛尸，运回居鄛，埋葬郭东。后人因他忠事项王，被敌构陷，死得可怜，乃为他立祠致祭，流传不绝。并称县廷中井为亚父井，留作纪念。九原有知，也好从此告慰了。还算是身后幸事。

且说项王闻范增道死，反觉伤感，又未免起了悔心。自思范增事我数年，当无歹意，安知非汉王设计，害我股肱，今与刘季誓不两立，定当踏平此城，方足泄恨。晓得迟了。乃又召入钟离昧等，好言抚慰，且嘱他用力攻城，立功候赏等语。钟离昧等倒也感奋，拼死进攻，四面围扑，晨夕不休。

荥阳城内的将士，连日抵御，害得筋疲力尽，困惫得很，再加粮道断绝，贮食将罄，眼见得危急万分，朝不保暮。汉王亦焦灼异常，陈平、张良，虽然智术过人，到此亦没有良法，只好向众将面前，用了各种激励的话头，鼓动众志。果然有一位替死将军，慷慨过人，情愿粉骨碎身，仰报知遇。这人为谁？乃是汉将纪信。当下入见汉王，请屏左右，悄悄相告道："大王困守孤城，已有数月，现在敌势甚盛，城内兵少粮空，定难久守，为大王计，不如脱围他去，方得自全。但敌军四面围着，毫无隙路，须要设法诳敌，把臣躯代作大王，只说是出城投降，好教敌军无备，然后大王可以乘间出围，不致危险了。"汉王道："如将军言，我虽得出重围，将军岂不冒险吗？"纪信又道："大王若不用臣言，城破以后，玉石俱焚，臣虽死亦有何益。今只死了一臣，不但大王脱祸，就是许多将士，亦得全生，是一臣可抵千万人性命，也算是值得了！"汉王尚迟疑未决，恐也是做作出来。纪信奋然道："大王不忍臣死，臣终不能独生，不如就此先死罢。"说着意拔剑在手，遽欲自刎。慌得汉王连忙下座，把他阻住，且向他垂涕道："将军忠诚贯日，古今无二，但愿天心默佑，共得保全，更为万幸。”纪信乃收剑答说道：“臣死也得所了。”汉王更召入陈平，与语纪信替死等情。陈平道：“纪将军果肯替死，尚有何说！但也须添设一计，方保无虞。”汉王问有何策？平与汉王附耳数语，汉王自然称妙。便由陈平写了降书，嘱使干吏出城，赍书往谒项王。

项王展书阅毕，便问汉使道：“汝主何时出降？”汉使道：“今夜便当出降了。”项王大喜，发放汉使，叫他复告汉王，不得误约。否则明日屠城，汉使唯唯而去。项王便令钟离昧等，领兵伺候，一俟汉王出来，就好将他拿下祭刀，钟离昧等振起精神，眼巴巴地待着。

时至黄昏，尚未见城中动静，转眼间已是夜半，方见东门大启，放出多人，前后并无火炬，望将过去，好似穿着军装，满身甲胄。大众恐他诈降，忙将兵器高举，向前拦阻。但听得娇声高叫道：“我等妇女，无食无衣，只好趁着开门时候，出外求生，还望将军们放开走路，赏我一线生机，将来当福寿双全，公侯万代！”想都是陈平教他。楚兵仔细一瞧，果然是妇人女子，老少不同，有的是鸡皮白发，有的是蝉鬓朱颜，只身上都披着敝甲，扭扭捏捏，好看得很，禁不住惊异起来。又问她出城逃生，如何有这种异装？妇女统答说道：“我等没有衣穿，不得已将守兵弃甲，取来御寒，幸请勿怪！”楚兵听说，虽然释去疑团，总不免少见多怪，暗暗称奇。大众分立两旁，让开走路，看他过去，且个个睁着馋眼，见有姿色的娇娃，恨不将她搂抱过来，图些快乐。更奇怪的是这种妇女，陆续不绝，过了一班，又是一班，连连络络，鱼贯而出，一时传为奇观。却是楚军的眼福。甚至西南北三方的楚兵，亦都趋至东门，来看热闹。楚将也道是东门大启，汉王总要出降，不必顾着营寨，但教趋候东门左右，不使汉王走脱，就好算得尽职，所以兵士到来，将吏等亦皆踵至。那汉王就潜开西门，带着陈平、张良，及夏侯婴、樊哙等，溜了出去，但留御史大夫周苛，裨将枞公，与前魏王豹同守荥阳，保住城池。

楚兵毫无所闻，专在东门丛集，尚见纷纷妇女出来，好多时才得走完，约莫有二三千人。天色已将黎明了，城中始有兵队继出，还执着旌旗羽葆，徐徐行动。又走了好一歇，无非推延时刻，好使汉王远飏。方来了一乘龙车，当中端坐一位王者，黄屋左纛，前遮后拥，面目模糊难辨。楚将楚兵，总道是汉王来降，都替项王喜欢，高呼万岁，喧声如雷。待至龙车推近楚营，并不见汉王下车，大众不免惊疑，入报项王。项王亲自出营，张开那重瞳炬目，审视车中，那车内仍无动静，不由得大怒道：“刘邦莫非醉死，见我亲出，尚端坐如木偶么？”

说着，便喝令左右，用着火炬，环照车中。但见坐着这位人物，衣服虽似汉王模样，面貌却与汉王不同，因厉声叱问道："汝是何人，敢来冒充汉王？"车中人才应声出答道："我乃大汉将军纪信。"说了一语，又复停住。一语已足千秋。项王越觉咆哮，大骂不止。纪信反呵呵笑说道："项羽匹夫，仔细听着！我王岂肯降汝？今已早出荥阳，往招各路兵马，来与汝决一雌雄，料汝总要失败，必为我王所擒，汝若知己，不若赶紧退去，尚得免死。"项王气极，麾令军士齐集火炬，烧毁来车。军士应命，环车纵火，烈焰飞腾，车中麾盖，统皆燃着。纪信在车中大呼道："逆贼项羽，敢弑义帝，复要焚杀忠臣，我死且留名，看汝死后何如？"说至此，身上已经被火，仍然忍痛端坐，任他延烧，霎时间皮焦骨烂，全车成灰，一道忠魂，已往九霄云外去了。

项王急欲入城，不料城门已闭，城上又满列守卒，整备矢石，抵御楚军。项王督兵再攻，城中兵粮虽少，却靠着周苛、枞公两人，誓死固守，振作士气，连番放箭掷石，不使楚军近城。楚军攻扑数次，终被击退。周苛更与枞公商议道："我等奉了王命，留守此城。城存与存，城亡与亡，仓中尚有积粟数十石，总有旬日可以支持，但恐魏豹居心反复，或被楚兵勾通，作了内应，那时防不胜防，难免失手，不如把他杀死，除绝内患。

就使我王将来，责我擅杀，我等也好据实答复，万一我王不肯赦宥，我也宁可完城坐罪，比那亡城死敌，好得多了！”枞公也是一个忠臣，当即赞成，惟说是欲诛魏豹，须要乘他不备，从速下手。周苛遂想出一法，托言会议军情，召豹入商。豹未曾预料，坦然趋至，周苛、枞公，迎他入座。才说数语，就被周苛拔出佩剑，砍将过去。豹不及闪避，立致受伤，还想负痛逃走，又由枞公取剑一挥，劈倒地上，了结性命。该死久矣。豹母已死，豹妾薄氏，又由汉王带去，无人出来领尸。周苛索性陈尸军中，声言豹有异心，因此加诛，如有怯战通敌等情，当与豹一同科罪。军吏等统皆咋舌，不敢少懈。嗣是拼死拒敌，戮力同心，竟得将一座危城，兀自守住。周苛见众心已固，方将豹尸收殓埋葬，自与枞公分陴固守。

项王怎肯舍去？还想并力破城。会有侦骑走报，汉王向关中征兵，驰出武关，竟向宛、洛进发。说得项王惊愕失常，奋袂起座道：“刘邦诡计甚多，我中他诈降计，被他走脱，今复移兵南下，莫非又去攻我彭城？我应急往拦截为是。”随即传令将士，撤围南行。

究竟汉王何故转出武关，说来也有原因。汉王用陈平密计，东放妇女出城，误人耳目，西向成皋驰去，不见楚兵追击，幸得安抵成皋。旋闻纪信被焚，且悲且恨，遂向关中招集兵马，再拟出救荥阳，替信报仇。可巧有一辕生，入白汉王道："大王不必再往荥阳，但教出兵武关，南向宛、洛，项王必虑大王复袭彭城，移兵拦阻，荥阳自可解围，成皋亦不致吃紧。大王遇着楚兵，更当坚壁勿战，与他相持数月，一可使荥阳成皋，暂时休息，二可待韩信、张耳，平定东北，前来会师，然后大王再还荥阳，合军与战，我逸彼劳，我盈彼竭，还怕不能破楚吗！"汉王道："汝言颇有至理，我当依议便了。"于是出师武关。到了宛城，果闻项王引兵前来，连忙命军士竖栅掘濠，立定营垒，待至楚军逼近，已经预备妥当，好同他坚持过去。小子有诗咏道：

到底行军在运筹，尚谋尚力总难侔。
深沟高垒坚持日，不怕雄兵不逗留？

欲知项王曾否进攻，容待下回分解。

陈平致死范增，称为六出奇计之二，请捐金以间项王，一也，进草具以待楚使，二也。吾谓此计亦属平常，项王虽愚，度亦不至遽为所欺，或者范增应该毕命，遂致项王动疑，迫令道死耳。夫范增事项数年，于项王之残暴不仁，未闻谏止，而且老犹恋栈，可去不去，安知非天之假手陈平，使之用谋毙增乎？鄛人之立祠致祭，实为无名，死而有知，恐亦愧享庙食矣！彼纪信之甘代汉王，舍身赴难，脱汉王于围城之中，而自致焚死，此为汉室之第一忠臣。及汉已定国，功臣多半封侯，而独不闻有追恤纪信之典，汉王其真寡恩哉！范增有祠，而纪信无祠，此古今仁人智士，所以有不平之叹也。

第十八回　入内帐潜夺将军印　救全城幸得舍人儿

却说项王移兵至宛，见汉兵固垒守着，好几次前往挑战，并不见汉兵迎敌。要想攻打进去，又为壕栅所阻，不能冲入。项王正暴躁得很，忽接得探马急报，乃是魏相国彭越，渡过睢水，大破下邳驻扎的楚军，杀死楚将薛公，气势甚盛。项王大愤道："可恨彭越，这般撒野，我且去击毙了他，再来擒捉刘邦。"说着，又拔营东去，往击彭越。越自受汉王命，为魏相国，见十二回。略定梁地十余城。至汉王败走睢水，楚兵漫山遍野，争逐汉军，越亦保守不住，北走河上。项王进攻荥阳，又由越往来游弋，截楚粮道，那时项王已恨越不置，此次越又阵斩楚将，叫项羽如何不愤？倍道东行，一遇越兵，便与豺虎相似，兜头乱噬。越抵敌不住，又只得退渡睢水，仍然向北奔去。项王追赶不及，复拟往攻汉王，因即探听汉王行踪。时汉王已由宛城转入成皋，与英布合兵驻守。英布往扼成皋，见十六回中。项王接到确音，便引兵西进，顺道先攻荥阳。

荥阳城内，仍由周苛、枞公住着，两人原赤胆忠心，为汉守土，但总道项王已去，一时不致骤来，所以防备少疏，与民休息。哪知楚兵大至，乘锐攻打，比前次还要凶狠。周苛、枞公，连忙登城拒敌，已是不及。楚兵四面齐上，竟将荥阳城攻破，并把周苛、枞公，一并擒住。项王也即入城，先召周苛至前，温颜与语道："汝能坚守孤城，至今才破，不可谓非将材，可惜汝误投汉王，终为我军所擒，若肯向我降顺，我当授汝上将，封邑三万户，汝可愿否？"周苛睁目怒叱道："汝不去降汉，反要劝我降汝，真是怪极！汝岂是汉王敌手么？"项王怒起，厉声大骂道："不中抬举的东西！我若将汝一刀两段，还太便宜，左右快与我取过鼎镬来！"左右闻命，即将鼎镬取入，由项王命烹周苛。苛毫无惧色，任他褫剥衣服，掷入鼎镬，眼见是水火既济，熔成一锅人肉羹了。造语新颖。苛既烹死，枞公也被推入。项王令他顾视鼎镬，枞公道：“我与周苛同守荥阳，苛遭烹死，我亦何忍独生！情愿受死，听凭大王处置便了！”项王听他说得有理，总算不使就烹，但令推出斩首，刀光一闪，魂离躯壳，随那汉御史大夫周苛，同返太虚，这也不消细说。已极褒扬。

项王遂进逼成皋，警信传入成皋城内，汉王不免惊心。暗思荥阳已失，成皋恐亦难守，哪里还有第二个纪信，再来替死？因此带同夏侯婴，潜开北门，预先出走。及至诸将得知，汉王已经去远，彼此不愿再留，遂陆续出城追去。英布独力难支，索性也弃城北走，成皋遂被项王夺去。项王闻汉王早出，料知不及追赶，就在成皋驻下，休养兵锋，徐图进取。独汉王驰出成皋，北向修武，拟往依韩信、张耳等军。原来韩信本想伐齐，只因赵地未平，乃与张耳四处剿抚，驻扎修武县中。汉王已曾闻报，所以星夜趱程，渡河至小修武，宿了一宵，到了翌晨，清早即起，与夏侯婴出了驿舍，径入韩信、张耳营中。

营兵方起，出视汉王，尚是睡眼蒙眬，且见汉王未着王服，不知他从何处差来，当下略回来历，不遽放入。汉王诈称汉使，奉命来此，有急事要报元帅。营兵闻有王命，当然不便再阻，但言元帅尚未起来，请入营待报。汉王也不与多说，抢步趋入内帐，当有中军护卫，认识汉王，慌忙向前行礼。汉王向他摆手，不令声张，惟使引往韩信卧室。信还在梦中，一些儿没有知晓。汉王却静悄悄地走至榻旁，见案上摆着将印兵符，当即取在手中，出升外帐，命军吏传召诸将。诸将尚疑是韩信点兵，统来参谒，及走近案前，举头仰望，并不是韩元帅，却是一位汉大王，大家统皆惊愕。但也不便细问，只好依礼下拜。汉王待他拜罢，径自发令，把诸将改换职守，一一遣出。

韩信、张耳，至此方得人唤醒，整衣进见，伏地请罪道："臣等不知大王驾到，有失远迎，罪该万死！"韩信号为国士，何竟有此失着。汉王微笑道："这也没有什么死罪，不过军营里应该如何严备，方免不测，况天已大明，亦须早起，奈何高卧未醒，连将印兵符等要件，俱未顾着！倘若敌人猝至，如何抵御，或有刺客诈称汉使，混入营中，恐将军首级，亦难自保，这岂不是危险万分么？"韩、张二人听着，禁不住满面羞惭，无词可对。汉王又问韩信道："我本烦将军攻齐，一得齐地，即来会师攻楚。今将军留此不往，意欲何为？"韩信乃答说道："赵地尚未平定，若即移兵东向，保不住赵人蠢动，复为我患。就使有张耳驻守，恐兵分力薄，未足支持，况臣率士卒数万，转战赵魏，势已过劳，骤然东出，齐阻我前，赵扼我后，腹背受敌，兵不堪战，岂非危道！故臣拟略定赵地，宽假时日，既可少纾兵力，复可免蹈危机，近正部署粗定，意欲伐齐，适值大王驾到，得以面陈。大王且屯兵此地，伺便攻复成皋，臣即当引兵东去，得仗大王威力，一鼓平齐，便好乘胜西向，与大王会师击楚了。”汉王方和颜道：“此计甚善。将军等可起来听令。”两人拜谢而起。汉王命张耳带着本部，速回赵都镇守，使韩信募集赵地丁壮，东往攻齐。所有修武驻扎的营兵，尽行截留，归汉王自己统带，再出击楚。韩、张两人，不敢有违，只好就此辞行，分头办事去了。

韩、张既去，汉王坐拥修武大营，得了许多人马，复见成皋诸将，陆续奔集，声势复振。因拟再出击楚，忽从外面递入军书，报称项王从成皋发兵，向西进行。汉王忙遣得力将士，前往巩县，堵住楚兵西进，一面与众商议道：“项王今欲西往，无非是窥我关中。关中乃我根本重地，万不可失，我意愿将成皋东境，一律弃去，索性还保巩洛，严拒楚军，免得关中摇动，诸君以为何如？”郦食其急忙应声道：“臣意以为不可！臣闻君以民为本，民以食为天，敖仓储粟甚多，素称足食，今楚兵既拔荥阳，不知进据敖仓，这正是天意助汉，不欲绝我民命呢。愿大王速即进兵，收复荥阳，据敖仓粟，塞成皋险，控太行山，距蜚狐口，守白马津，因势利便，阻遏敌人，敌恐后路中断，必不敢轻向关中，关中自可无虞，何必往守巩洛呢？”汉王乃决计复出敖仓，路经小修武，誓众进战。

郎中郑忠，却献了一条绝粮的计策，谓不如断楚粮饷，使他乏食自乱，然后进击未迟。汉王乃令部将卢绾、刘贾，率领步卒二万，骑士数百，渡过白马津，潜入楚地，会同彭越，截楚粮草。越知楚兵辎重，屯积燕西，遂与卢、刘二将，议定计策，夤夜往劫。楚兵未曾防备，被彭越等暗暗过去，放起一把火来，烧得满地皆红，一片哔哔剥剥的声音，惊起楚兵睡梦，慌忙起身出望，已是烟焰逼人。再加彭越、卢绾、刘贾三将，三面杀入，闹得一塌糊涂，楚兵除被杀外，四散窜去，霎时间逃得精光。所有辎重粮草，尽行弃下，一半被焚，一半搬散。彭越更乘势夺还梁地，共取睢阳、外黄等十七城。得失原是无常。

项王尚在成皋，未得西军捷报，正在愁烦，不防燕西粮饷，又被彭越等焚掠一空，恼得项王火星透顶，复要亲击彭越。因召大司马曹咎进嘱道：“彭越又劫我军粮，可恨已极！且闻他大扰梁地，猖獗异常，看来非我亲自往征，不能扫平此贼！今留将军等守住成皋，切勿出战，但当阻住汉王，使他不得东来，便是有功。我料此番击越，大约十五日内，就可平定梁地，再来与将军相会。将军须要谨记我言，毋违毋误！”项王此言，却也精细，可惜任用非人。曹咎唯唯听命，项王尚恐曹咎误事，复留司马欣助守，然后引兵自去。

彭越不怕别人，但怕项王自至，怎奈冤家碰着对头，偏又闻得项王亲来，越只好入外黄城，督兵拒守。外黄在梁地西偏，项王从成皋过来，第一重便是外黄城。他已怒气勃勃，目无全敌，一见外黄城关得甚紧，上面有守兵等列着，越觉忍无可忍，立率将士攻城。写出项王暴躁，反衬舍人小儿。接连攻了数日，城中很是危急，彭越自知难守，等到夜静更深的时候，开了北门，引兵冲出，得了一条走路，飞马驰去。楚兵不及追赶，仍然留住城下。城内已无主帅，如何保守！因即开门投降。

项王挥动三军，鱼贯入城，既至署中，当即查点百姓，凡年在十五以上，悉令前往城东，听候号令。看官道是何故？他因百姓投顺彭越，帮他守城，好几日才得攻下，情迹可恨，意欲将十五岁以上的男子，一体坑死，方足泄愤。这号令传示民间，人人晓得项王残暴，定是前去送死，你也慌，我也怕，激成一片悲号声，震响全城。就中有一个髫龄童子，发仅及肩，独能顾全万家，挺身出来，竟往楚军中求见项王。楚兵瞧着，怪他年幼，不免问及履历，小儿说道：“我父曾为县令舍人，我年一十三岁，今有要事，前来禀报大王，敢烦从速通报。”楚兵见他口齿伶俐，愈觉称奇，遂替他入报项王。项王闻有小儿求见，倒也诧异，便令兵士引入。小儿从容入内，见了项王，行过了拜跪礼，起立一旁。项王见他面白唇红，眉清目秀，已带着三分怜爱，便柔声问道：“看汝小小年纪，也敢来见我么？”小儿道：“大王为民父母，小臣就是大王的赤子，赤子爱慕父母，常思瞻依膝下，难道父母不许谒见么？”开口便能动人。项王本来喜谀，更兼小儿所言，入情入理，便欣然问道：“汝既来此，定有意见，可即说明。”小儿道：“外黄百姓，久仰大王威德，只因彭越逞强，骤来攻城，城中无兵无饷，只有一班穷苦百姓，不能抵敌，没奈何向他暂降。百姓本意，仍日望大兵来援，脱离苦厄，今幸大王驾临，逐去彭越，使百姓重见天日，感戴何如？乃大王军中，忽有一种讹传，想把十五岁以上的丁口，统皆坑死，小臣以为大王德同尧舜，威过汤武，断不忍将一班赤子，屠戮净尽。况屠戮以后，与大王不但无益，反且有损。所以小臣斗胆进来，请大王颁下明令，慰谕大众，免得人人危疑。”好一番说辞，恐郦生等尚恐勿如。项王道：“汝说彭越劫制人民，也还有理，但我已引兵到此，为何尚助越拒我？我所以情不甘休。且我要坑死人民，就使无益，何致有损！汝能说出理由，我便下令安民；否则连汝都要坑死了！”小儿并不慌忙，反正容答说道："彭越入据城中，部兵甚多，闻得大王亲征，但恐百姓作为内应，就将四面城门，各派亲兵把守，百姓手无寸铁，无从斩关出迎，只好由他守着，惟心中总想设法驱越，所有越令，均不承认，越见人心未附，所以夤夜北遁。若百姓甘心助逆，还要拼死坚守，等到全城死亡，方得由大王入城，最速亦须经过五日十日，今彭越一去，立即开城迎驾，可见百姓并不助越，实是效顺大王。大王不察民情，反欲坑死壮丁，大众原是没法违抗，不得不俯首就死，但外黄以东，尚有十数城，听说大王坑死百姓，何人再敢效顺？降亦死，不降亦死，何如始终抗命，尚有一线希望。试想彭越从汉，必且向汉乞师，来敌大王，大王处处受敌，纵使处处得胜，也要费尽心力，照此看来，便是无益有损了。"说得明明白白，不怕项王不依。项王一想，这个小儿，却是语语不错，况与曹咎期约半月，便回成皋，今已过了数日，倘或前途十余城，果如小儿所言，统皆固守，多费心力，倒也罢了；倘或误过时日，成皋被汉兵夺去，关系甚大，如何使得？因面嘱小儿道："我就依汝，赦免全城百姓罢。"小儿正要拜辞，项王又令左右取过白银数两，赏赐小儿，小儿领谢而出。

项王即传出军令，收回前命，所有全城百姓，一体免罪，部兵不准侵扰。这令一下，百姓变哭为笑，易忧为喜。起初还道由项王大发慈悲，相率称颂，后来知是舍人儿为民请命，才得幸免，于是感念项王的情意，统移到舍人儿身上。一介黄童，竟得保全千万苍生，真是从古以来，得未曾有了。可惜史家不留姓名。项王复引兵出外黄城，向东进发，沿途所过郡县，统畏楚军声威，不敢与抗。且闻外黄人民，毫不遭害，乐得望风投诚。彭越已向谷城奔去，把前时略定十七城的功劳，化为乌有。项王得唾手取来，行至睢阳，差不多要半个月了。

时已秋尽冬来，照着秦时旧制，又要过年。项王就在睢阳暂住，待将佐庆贺元旦，方才启行。转眼间已是元旦，即汉王四年。项王就在行辕中，升帐受贺。将佐等统肃队趋入，行过了礼，即由项王赐宴，内外列座，开怀畅饮，兴会淋漓。忽有急足从成皋驰来，报称城已失守，大司马曹咎阵亡。项王大惊道："我叫曹咎谨守成皋，奈何被汉兵夺去？"报子说道："曹咎违命出战，被汉兵截住汜水，不能退回，因致自尽。"项王又顿足道："司马欣呢？"报子又说道："司马欣也殉难了。"项王忙即起座，命左右撤去酒肴，立刻传集三军，西赴成皋，小子有诗叹道：

圣王耀德不劳兵，得国何从仗力征，
试问乌骓奔命后，到头曾否告成功！

究竟成皋如何归汉，下回再当叙明。

自汉王起兵以来，所有军谋，似皆出诸他人之口，几若汉王无所用心，不过好受人言，虚怀若谷而已。然观他驰入赵营，潜夺兵符，并不由旁人之授计，乃知汉王未尝无谋，且谋出韩信诸人之上，此张子房之所以称为天授也。但韩信号为名将，而防禁乃疏阔若此，岂古所谓节制之兵者？张耳更无论已。彼十三岁之外黄儿，竟能说动暴主，救出万人生命，智不可及，仁亦有余。昔项王坑秦降卒二十万人，未有能进阻之者，使当时有如外黄儿之善谏，宁有不足动项王之心乎？故项王若能得人，非不足与为善，惜乎其部下将佐，均不逮一黄口小儿，范增以人杰称，对外黄儿且有愧色，遑问其他！无惑乎项王之终亡也。

第十九回 贪功得祸郦生就烹 数罪陈言汉王中箭

却说楚大司马曹咎，与塞王司马欣，统是项王故人，始终倚任。咎与欣尝有德项梁，事见第二回。项王且封咎为海春侯，叫他坚守成皋，原是特别重委，再派司马欣为助，总道是万稳万当，可无他虞。曹咎也依命守着，不欲轻动。偏汉兵屡来挑战，一连数日，未见曹咎出兵，倒也索然无味，还报汉王，汉王与张良陈平等人，商就一计，用了激怒的方法，使兵士往诱曹咎。一面派遣各将，埋伏汜水左右，专等曹咎出击，好教他入网受擒。布置已定，遂由兵士再逼城下，百般辱骂，语语不堪入耳。城中守兵，都听得懊恼异常，争向曹咎请战。曹咎素性刚暴，也欲开城厮杀，独司马欣谏阻道："项王临行，曾有要言嘱托足下，但守毋战，今汉兵前来挑动，明明是一条诱敌计，请足下万勿气忿，静候项王到来，与他会战，不怕不胜。"曹咎听了，只得勉强忍耐，饬令兵士静守，不准出战。汉兵骂了一日，不见城中动静，方才退出。越日天晓，又到城下喊闹，人数越多，骂声越高，甚至四面八方，环集痛詈。到了日已亭午，未免疲倦，就解衣坐着，取出怀中干粮，饱食一顿，又复精神勃发，仍然叫骂不绝。直到暮色凄凉，乃复收队回营。至第三四日间，汉兵且各持白布幡，写着曹咎姓名，下绘猪狗畜生等类，描摹丑态，众口中仍然一派讥嘲。曹咎登城俯望，不由得怒气填胸，且见汉兵或立或坐，或卧或舞，手中用着兵械，乱戳土石，齐声喧呼，当作剁解曹咎一般。若非诱敌，宁作此态。咎实不能再耐，便一声号令，召集兵马，杀出城来。红曲鳝上钩了。司马欣不及拦阻，也只好跟了曹咎，一同出城。

汉兵不及整甲，连衣盔旗帜等类，一齐抛弃，都纷纷向北逃走。咎与欣从后追赶，但见汉兵到了汜水，陆续跃下，凫水遁去。咎愤愤道："我军也能凫水，难道怕汝贼军不成！"遂催动人马，趋至水滨，不管前后左右，有无埋伏，就督兵渡将过去。才渡一半，便有两岸汉兵，摇旗呐喊，踊跃前来。左岸统将为樊哙，右岸统将为靳歙，各持长枪大戟，来杀楚兵。楚兵行伍已乱，不能抵敌，咎在水中，欣尚在岸上，两人又无从相顾，慌张得了不得。欣心中埋怨曹咎，想收集岸上人马，自返成皋，偏汉兵已经杀到，无从脱身，只好拚命敌住。那曹咎进退两难，还想渡到对岸，冒死一战，谁知对岸又来了许多兵马，隐隐拥着麾盖，竟是汉王带领众将，亲来接应。咎料难再渡，不得已招兵渡回，忽听得鼓声一响，箭似飞蝗般射来。楚兵泅在水中，不能昂头，多半淹毙。咎亦身中数箭，受伤甚重，慌忙登岸，又被汉兵截住，没奈何拔出佩刀，自刎而亡。司马欣左冲右突，好多时不能脱身，手下残兵，只有数十骑随着，眼见得死在目前，不如自尽，索性也举枪自刺，断喉毕命。

汉王见前军大胜，便令停止放箭，安渡汜水，会同樊哙、靳歙两军，直入成皋。成皋已无守将，百姓都开城迎接，由汉王慰谕一番，尽命安居复业，百姓大悦。还有项王遗下的金银财宝，一股脑儿归入汉王。汉王取出数成，分赏将士，将士亦喜出望外，欢跃异常。休息三日，汉王命向敖仓运粟，接济军粮。待粮已运至，复引兵出屯广武，据险设营，阻住项王回军，一面探听齐地，专望齐地得平，便可调回韩信，共同御楚。

小子叙到此处，更要补叙数语，方能前后贯通。原来韩信奉汉王命，往招赵地兵丁，东出击齐，免不得费时需日。汉王部下的郦食其，志在邀功，独请命汉王，自愿招降齐王，省得劳兵。汉王乃遣令赴齐。是时齐王为谁？就是田横兄子田广，即田荣子。由田横拥立起来，横为齐相，佐广守齐。齐经过城阳一役，严兵设戍，力拒楚兵。城阳事见十三回。项王为了彭城失守，南归败汉，嗣后专与汉王战争，无暇顾齐。就是留攻城阳的楚将，也因齐地难下，次第调归，所以齐地已有年余，不遭兵革。回顾前文，笔不渗漏。至韩信募兵击齐，颇有风声传入齐都。齐都便是临淄城，齐王广与齐相横，由城阳还都故土，一闻韩信将要来攻，亟遣族人田解，与部将华无伤等，带同重兵，出戍历下。可巧郦食其驰至，求见齐王，齐王广便即召入，两下相见，郦生就进说道："方今楚汉相争，连年未解，大王可料得将来结果，究应归属何人？"齐王道："这事怎能预料？"郦生道："将来定当归汉。"齐王道："先生从何处看来？"郦生道："汉楚二王，同受义帝差遣，分道攻秦。当时楚强汉弱，何人不知，乃汉王得先入咸阳，是明明为天意所归，不假兵力。偏项王违天负约，徒靠着一时强暴，迫令汉王移入汉中，又将义帝迁弑郴地，海内人心，无不痛恨。自从汉王仗义兴师，出定三秦，即为义帝缟素发丧，传檄讨贼，名正言顺，天下向风。所过城邑，但教降顺，悉仍旧封，所得财货，不愿私取，尽给士卒，与天下共享乐利，所以豪杰贤才，俱愿为用。项王背约不信，弑主不忠，勒惜爵赏，专用私亲，人民背畔，贤才交怨，怎能不败！怎能不亡！照此看来，便可见天下归汉，无庸疑议了。况且汉王起兵蜀汉，所向皆克，三秦既定，复涉西河，破北魏，出井陉，诛成安君，势如破竹，若单靠人力，kvf 有这般神速！今又据敖仓，塞成皋，守白马津，杜太行坂，距蜚狐口，地利人和，无往不胜，楚兵不久必破。各地诸侯王，已皆服汉，惟齐国尚未归附，大王诚知几助顺，向汉输款，齐国尚可保全，否则大兵将至，危亡就在眼前了！”齐王广乃答说道：“寡人依言归汉，汉兵便可不来么？”郦生道：“仆此来并非私行，乃由汉王顾惜齐民，不忍涂炭，特遣仆先来探问。如果大王诚心归汉，免动兵戈，汉王自然心喜，便当止住韩信，不复进兵。尽请大王放心！”郦生此时可谓踌躇满志，哪知后来偏不如此。

田横在旁接入道：“这也须由先生修书，先与韩信接洽，方免他虑。”郦生毫不推辞，就索了书笺，写明情迹，请韩信不必进兵，即差从人赍书，偕同齐使，往报韩信。信正招足赵兵，东至平原，接着郦生书信，展阅一周，即对着来使道："郦大夫既说下齐国，还有何求？我当旋师南下便了。"随即写了复书，交付来使，遣还齐国。郦生接到复函，立白齐国君相，齐王广与齐相横，互阅来书，当然勿疑，且有齐使作证，更加相信。遂传令历下各军，一律解严，并款留郦生数日，昼夜纵饮，不问外情。郦生本高阳酒徒，见了这杯中物，也是恋恋不舍，今日不行，明日复不行，一连数日，仍然不行，遂致一条老性命，要从此送脱了。酒能误人，一至于此。

自韩信发回齐使，便拟移军南下，与汉王会同击楚，忽有一人出阻道："不可！不可！"韩信瞧着，乃是谋士蒯彻，彻系燕人，已见前文。就启问道："齐已降顺，我自应改道南行，有什么不可呢？"蒯彻道："将军奉命击齐，费了若干心机，才得东指。今汉王独使郦生先往，说下齐国，究竟可恃与否，尚难料定。况汉王并未颁下明令，止住将军，将军岂可徒凭郦生一书，仓促旋师呢？还有一说，郦生是个儒生，凭三寸舌，立下齐国七十余城，将军带甲数万，转战年余，才得平赵国五十余城，试想为将数年，反不敌一竖儒的功劳，岂不是可愧可恨么？为将军计，不如乘齐无备，长驱直入，扫平齐境，方得将所有功绩，归属将军了。"韩信闻言，意亦少动，沉吟了好一歇，才向蒯彻道："郦生尚在齐国，我若乘虚袭齐，齐必将郦生杀毙，是我反害死郦生，这事恐难使得！”韩信尚有良心。蒯彻微笑道：“将军不负郦生，郦生已早负将军了。若使非郦生想夺功劳，摇惑汉王，汉王原遣将军攻齐，为什么又遣郦生呢？”辩士之口，诚属可畏。韩信勃然起座，即刻点齐人马，渡过平原，突向历下杀入。齐将田解、华无伤，已接齐王解严的命令，毫不戒备，骤然遇着汉兵，吓得莫名其妙，纷纷四溃。韩信麾兵追击，斩田解，擒华无伤，一路顺风，竟至临淄城下。

齐王广闻报大惊，急召郦生诘责道：“我误信汝言，撤除边防，总道韩信不再进攻，谁知汝怀着鬼胎，佯劝我归汉撤兵，暗中却使韩信前来，乘我不备，覆我邦家，汝真行得好计，看汝今日尚有何说？”郦生也觉着忙，便答语道：“韩信不道，背约进攻，非但卖友，实是欺君！愿大王遣一使臣，同仆出责韩信，信必无言可答，不得不引兵退去了。”齐王尚未及答，齐相田横冷笑道：“先生想借此脱罪么？我前日已经受欺，今可不必哄我了。”郦生道：“足下既疑仆至此，仆就死在此地，不复出城。但也须修书往诘，看韩信如何答复，就死未迟！”广与横齐声道：“韩信如果退兵，不必说了，否则请就试鼎镬，莫怪我君臣无情！”郦生应着，匆匆写好书信，派人出城，递与韩信。信拆书一阅，着墨无多，备极凄恻，也不禁激动天良，半晌答不出话来。偏蒯彻又来进言道：“将军屡临大敌，不动声色，如何为一郦生，反沾沾似儿女子态，不能遽决？一人性命，顾他什么？毕世大功，岂可轻弃？请将军勿再迟疑。”想是前生积有冤孽，故必欲害死郦生。韩信道：“逼死郦生，还是小事，抗违王命，岂非大罪！”蒯彻道：“将军原奉命伐齐，得平齐地，正是为王尽力，有功无罪。若使今日退兵，使郦生得归报汉王，从中谗间，恐真要构成大罪了！”韩信本来贪功，又恐得罪，遂听了蒯彻言语，拒回来使，且与语道：“我是奉命伐齐，未闻谕止，就使齐君臣果然许降，安知非一条缓兵计策，今日降汉，不久复叛？我既引兵到此，志在一劳永逸，烦为我转告郦大夫，彼此为国效死，不能多事瞻顾了。”

来使只好返报。齐王闻着，便令左右取过油鼎，要烹郦生。郦生道：“我为韩信所卖，自愿就烹，但大王国家，亦必就灭，韩信将来，也难免诛夷，果报不爽，恨我不得亲见哩！”为下文韩信夷族张本。说罢，就用衣裹首，投入油鼎，须臾毕命。也是贪功所致。齐君臣登城拒守，不到数日，竟被韩信攻破。齐王广开了东门，当先出走，留住田横断后。田横带领齐兵，再与汉军奋斗数合，终致败却，落荒遁去。君臣先后离散，广奔高密，横走博阳，韩信驰入齐都，安民已毕，复拟引兵东出，追击齐王。齐王广得知风声，很是惶急，不得已派使西出，奉表项王，向他求救。

项王自梁地还兵，使钟离昧为先锋，驰回荥阳。汉王闻楚军到来，急命诸将出阻，诸将跃马驰去，随兵约有好几万名。行至荥阳城东，已与钟离昧相遇，彼此无暇问答，就一齐围裹拢来，把钟离昧困在垓心。钟离昧兵少难支，惶急得很，可巧项王从后驱至，一声呐喊，杀入围中。汉兵慌忙退回，已丧亡了数百人，项王救出钟离昧，进逼广武，与汉王夹涧屯军。广武本是山名，东连荥泽，西接汜水，形势险阻，山中有一断涧划开，分峙两峰，汉王就西边筑垒，依涧自固。项王即就东边筑垒，与汉相拒。彼此不便进攻，各自驻守。惟汉由敖仓运粟，源源接济，连日不绝，楚兵却没有这般谷仓，渐渐的粮食减少，不便久持。项王已是加忧，再经齐使驰至军前，乞发救兵，更令项王心下踌躇。想了多时，还是发兵相救，尚好牵制韩信，免得他来会汉王。乃使大将龙且，副将周兰，领兵二十万东往援齐。一面向汉王索战，汉王只是不出。

项王想出一法，命将汉王父太公，置诸俎上，推至涧旁，自在后面押住，厉声大呼道："刘邦听着！汝若不肯出降，我便烹食汝父！"这数语响震山谷，汉兵无不闻知，即向汉王通报。汉王大惊道："这……这却如何是好！”张良在旁进说道：“大王不必着急！项王因我军不出，特设此计，来诱大王。请大王复词决绝，免堕诡谋！”汉王道：“倘使我父果然被烹，我将如何为子？如何为人？”张良道：“现在楚军里面，除项王外，要算项伯最有权力。项伯与大王已结姻亲，定当谏阻，不致他虞。”汉王乃使人传语道：“我与项羽同事义帝，约为兄弟，我翁就是汝翁，必欲烹汝翁，请分我一杯羹！”项王听到此语，怒不可遏，就顾令左右，将太公移置俎下，付诸鼎烹。险哉太公。旁边闪出一人道：“天下事尚未可知，还望勿为已甚，况欲争天下，往往不顾家族，今杀一人父，有何益处？多惹他人仇恨罢了。”项王乃命将太公牵回，照前软禁。这救护太公的楚人，就是项伯，果如张良所料。

项王又遣吏致语道：“天下汹汹，连岁不宁，无非为了我辈两人，相持不下。今愿与汉王亲战数合，一决雌雄，我若不胜，卷甲即退，何苦长此战争，劳疲兵民呢！”汉王笑谢来使道：“我愿斗智，不愿斗力。”楚使回报项王，项王一跃上马，跑出营门，挑选壮士数十骑，令作先驱，驰向涧旁挑战。汉营中有一弁目楼烦，素善骑射，由汉王派他出垒，夹涧放箭。嗖嗖的响了数声，射倒了好几个壮士。蓦见涧东来了一匹乌骓马，乘着一位披甲持戟的大王，眼似铜铃，须似铁帚，一种凶悍情状，令人生怖，再加一声叱咤，震响山谷，好似天空中霹雳一般，吓得楼烦双手俱颤，不能再射，还有两脚亦站立不住，倒退数步，索性回头就跑，走入营中。见了汉王，心中尚是乱跳，口齿几说不清楚。汉王着人探视敌踪，乃是项王尚在涧旁，专呼汉王答话。

汉王闻报，虽然有些惊心，但又不便始终示弱，因也整队趋出，与项王夹涧对谈。项王又叱语道：“刘邦，汝敢与我亲斗三合否？”专恃蛮力，实属无谓。汉王道：“项羽休得逞强，汝身负十大罪，尚敢向我饶舌么？汝背义帝旧约，王我蜀汉，罪一；擅杀卿子冠军，目无主上，罪二；奉命救赵，不闻还报，强迫诸侯入关，罪三；烧秦宫室，发掘始皇坟墓，劫取财宝，罪四；子婴已降，汝尚把他杀死，罪五；诈坑秦降卒二十万人，累尸新安，罪六；部下爱将，分封善地，却将各国故主，或徙或逐，罪七；出逐义帝，自都彭城，又把韩梁故地，多半占据，罪八；义帝尝为汝主，竟使人扮作强盗，行弑江南，罪九；为政不平，主约不信，神人共愤，天地不容，罪十。我为天下起义，连合诸侯，共诛残贼，当使刑余罪人击汝，难道我配与汝打仗么？”泗上亭长，居然自高位置了。

项王气极，并不答言，但用戟向后一挥，便有无数弓弩手，赶将上来。一阵乱射，放出许多箭镞，跃过断涧，防不胜防。汉王正想回马，那胸中已中了一箭，疼痛的了不得，险些儿堕落马下。幸亏旁列将士，上前救护，把马牵转，驰入营门。汉王痛不可忍，屈身伏鞍，暗暗叫苦。将佐等统皆问安，汉王佯用手扪足道："贼……贼箭中我足趾了！"左右忙扶汉王下马，拥至榻前安卧。当即传召医官，取出箭镞，敷了疮药。还幸疮痕未深，不致伤命。小子有诗咏道：

一矢相遗已及胸，托词中趾示从容。

聪明毕竟由天授，通变才能却敌锋。

汉王中箭回营，项王始转怒为喜，只因绝涧难越，不便进攻，也即收兵退归。欲知后事，且看下回自知。

郦生之被烹，韩信实使之，而韩信将来之受诛，亦即由郦生之烹死，暗伏祸根。郦生之说齐，固奉汉王之命而往，既得招降齐国，不辱使命，乃偏为韩信所卖，卒致焚身，汉王闻之，宁有不隐恨韩信？不过楚尚未平，恃信为辅，因含忍而未发耳。况汉王之生平，本能忍人所不能忍，乃父已置诸敌俎，犹有分我杯羹之言，对父且如此，况他人乎！至若项王索战，夹涧与语，历数项王十罪，虽事有可征，并无虚构，然项王罪恶之大，莫过于弑义帝，汉王置此罪于八九之间，独以背约为罪首，重私轻公，易先为后，其心已可概见矣。彼智如韩信，独不能察汉王之隐，犹沾沾于平齐之功绩，听蒯彻而害郦生，此所以终遭诛戮也。

第二十回　斩龙且出奇制胜　划鸿沟接眷修和

却说项王归营以后，专探听汉营动静，拟俟汉王身死，乘隙进攻。汉营里面的张良，早已料着，即入内帐看视汉王。汉王箭创未愈，还可勉强支持，良因劝汉王力疾起床，巡行军中，借镇人心。汉王乃挣扎起来，裹好胸前，由左右扶他上车，向各垒巡视一周。将士等正在疑虑，忽见汉王乘车巡查，形容如故，方皆放下愁怀，安心守着。汉王巡行既遍，自觉余痛难禁，索性吩咐左右，不回原帐，竟驰返成皋，权时养病去了。这也是汉王急智。项王得着探报，据称汉王未死，仍在军中巡行，又不禁暗暗叹惜，大费踌躇。自思进不得进，退不得退，长此屯留过去，恐粮尽兵疲，后难为继。正在委决不下，蓦地里传到警耗，乃是大将龙且，战败身亡。项王大惊失色道："韩信有这般厉害么？他伤我大将龙且，必要乘胜前来，与刘邦合兵攻我，韩信韩信，奈何奈何！"句法似通非通，益觉形容得妙。说罢，复着人探明虚实，再作计较。究竟韩信如何得胜？龙且如何被杀？待小子演述出来。

龙且领着大兵，倍道东进，行入齐地，即遣急足驰报齐王，叫他前来会师。齐王广闻楚军大至，当然心喜，急忙收集散兵，出高密城，往迎楚军。两下至潍水东岸，凑巧相遇，彼此晤谈以后，一同就地安营。韩信正要向高密进兵，闻得龙且兵到，也知他是个劲敌，因复遣人报知汉王，调集曹参、灌婴两军，方才出发，到了潍水西岸，遥见对河遍扎军营，气势甚盛，乃召语曹、灌两将道："龙且系有名悍将，只可智取，不可力敌，我当用计擒他便了。"曹、灌两将，自然同声应令。韩信命退军三里，择险立寨，按兵不出。楚将龙且，还疑是韩信怯战，便欲渡河进击。旁有属吏献议道："韩信引兵远来，定必向我奋斗，骤与接仗，恐不可当，齐兵已经败衄，万难再恃，且兵皆土著，顾念室家，容易逃散，我军虽与异趋，免不得被他牵动，他若四溃，我亦难支。最好是坚壁自守，勿与交锋，一面使齐王派遣使臣，招辑亡城。各城守吏，闻知齐王无恙，楚兵又大举来援，定然还向齐王，不肯从汉。汉兵去国二千里，客居齐地，无城可因，无粮可食，怎能长久相持？旬月以后，就可不战自破了。”龙且摇首道：“韩信鄙夫，有何能力？我曾闻他少年贫贱，衣食不周，甚至寄食漂母，受辱胯下。这般无用的人物，怕他什么！况我奉项王命，前来救齐，若不与韩信接仗，就使他粮尽乞降，也没有什么战功，今诚一战得胜，威震齐国，齐王必委国听从，平分土地，一半给我，岂不是名成利就么？”全是妄想。副将周兰，也恐龙且轻战有失，上前进谏道：“将军不可轻视韩信。信助汉王定三秦，灭赵降燕，今复破齐，闻他足智多谋，机谋莫测，还望将军三思后行。”龙且笑说道：“韩信所遇，统是庸将，故得侥幸成功，若与我相敌，管教他首级不保了。”慢说慢说，且管着自己头颅。当下差一弁目，渡过潍水，投递战书。韩信即就原书后面，批了来日决战四字，当即遣回。

楚使既去，信命军士赶办布囊万余，当夜候用，不得有违。又要作怪。原来营中随带布囊，本来不少，多半是盛贮干粮，此次军士得了将令，但将干粮取出，便可移用，因此不到半日，已经办齐。延至黄昏，由信召入部将傅宽，授与密计道：“汝可领着部曲，各带布囊，潜往潍水上流，就在水边取了泥沙，贮入囊中，择视河面浅狭的地方，把囊沉积，阻住流水。待至明日交战时，楚军渡河，我军传发号炮，竖起红旗，可速命兵士捞起沙囊，仍使流水放下，至要至嘱！”傅宽遵令，率兵自去。此处授计用明写法，但非看到后文，尚未知此计之妙。信又召集众将道：“汝等明日交战，须看红旗为号，红旗竖起，急宜并力击敌，擒斩龙且、周兰，便在此举，今可静养一宵，明日当立大功了。”众将闻言，俱各归帐安息。信但令巡兵守夜，自己亦即就寝，诘旦起来，命大众饱餐一顿，传令出营。信自往挑战，带同裨将数名，径渡潍水，所有曹参灌婴等军，统叫他留住西岸，分站两旁。潍水本来深广，不能徒涉，此时由傅宽壅住上流，水势陡浅，但教褰衣过去，便可渡登对岸。韩信到了岸东，摆成阵势，正值龙且驱众过来，信便出阵大呼道：“龙且快来受死！”龙且听了，跃马出营，大声叱道：“韩信，汝原是楚臣，为何叛楚降汉？今日天兵到此，还不下马受缚，更待何时？”信笑答道：“项羽背约弑主，大逆不道，汝乃甘心从逆，自取灭亡，今日便是汝的死期了。”龙且大怒，举刀直取韩信，信退入阵中，当有众将杀出，敌住龙且。龙且抖擞精神，与众力战，约有一二十合，未分胜负，副将周兰，也来助阵，汉将等渐渐退却。韩信拍马就走，仍向潍水奔回。众将见信驰还，也即退下，随信同奔。龙且大笑道："我原说韩信无能，不堪一战呢。"说着，遂当先力赶，周兰等从后追上，行近潍水，那汉兵却渡过河西去了。龙且赶得起劲，还管什么水势深浅，也即跃马西渡。惟周兰瞧着水涸，不免动疑，见龙且已经渡河，急欲向前谏阻，因此紧紧随着，也望河西过去。无如龙且跑得甚快，转眼间已达彼岸，周兰不便折回，只好纵马过河，部众统皆落后，跟着龙且、周兰，不过二三千骑，余兵或渡至中流，或尚在东岸。猛听得一声炮响，震动波流，水势忽然增涨，高了好几尺，既而澎湃汹涌，好似曲江中的大潮，突如其来，不可推测，河中楚兵，无从立足，多被漂去。只东岸未渡的人马，尚在观望，未曾遇险。还有龙且、周兰，及骑兵二三千名，已登西岸，一时免做溺死鬼。还是溺死，省得饮刀。那时汉兵中已竖起红旗，曹参灌婴，两旁杀来，韩信亦领诸将杀回。三路人马，夹击龙且、周兰，任你龙且如何骁勇，周兰如何精细，至此俱陷入罗网，摆脱不出。并且寡不敌众，单靠着二三千名骑兵，济得什么战事？结果是龙且褫斩，周兰受擒，二三千骑楚兵，扫得干干净净，不留一人。东岸的楚兵，遥见龙且等统已战殁，不寒自栗，立即骇散。齐王广似惊弓鸟，漏网鱼，哪里还堪再吓，便即弃寨逃回。行至高密，因见后面尘头大起，料有汉兵赶来，且随身兵士，多已逃散，自知高密难守，不如走往城阳，于是飞马再奔。将到城阳相近，汉兵已经赶到，七手八脚，把他拖落马下，捆绑了去，解至韩信军前。韩信责他擅烹郦生，太觉残忍，便令推出斩首。总算为郦生抵命。

复使灌婴往攻博阳，曹参进略胶东，博阳为田横所守，闻得田广已死，自为齐王，出驻嬴下，截住灌婴。婴麾兵奋击，杀得田横势穷力竭，止带了数十骑，遁往梁地，投依彭越去了。尚有横族田吸，与横分路逃生，奔至千乘，被灌婴一马追及，戮死了事。此外已无齐兵，遂枭了首级，还营报功。适值曹参也持了一个首级，奏凯归来，问明底细，乃是胶东守将田既，为参所杀，荡平胶东，回来缴令。两将并入大营，报明韩信，信登簿录功，并将齐地所得财帛，分赏将士，不必细述。

惟韩信既平齐地，便想做个齐王，遂缮了一封文书，使人至汉王前告捷，且要求齐王封印。汉王在成皋养病，已经告痊，复至栎阳察视城守，勾留四日，仍驰抵广武军前。可巧韩信差来的军弁，也到广武，遂将书信呈上。汉王展阅未终，不禁大怒道："我困守此地，日夜望他来助，他不来助我，还要想做齐王么？"张良、陈平在侧，慌忙走近汉王，轻蹑足趾。汉王究竟心灵，停住骂声，即将原书持示两人。书中大意，说是齐人多伪，反复无常，且南境近楚，难免复叛，请暂许臣为假王，方期镇定等语。两人看罢，附耳语汉王道："汉方不利，怎能禁止韩信为王？今不若使他王齐，为我守着，可作声援。否则恐变生不测了。"幸有此说。汉王因复佯叱道："大丈夫得平定诸侯，不妨就做真王，为何还要称假呢！"转风得快。随即遣回来使，叫韩信守候册封，来使自去。汉王便遣张良赍印赴齐，立韩信为齐王，信得印甚喜，厚待张良。良又述汉王意见，劝信发兵攻楚，信亦满口应承。良叨了一席盛宴，饮罢即归。

信择吉称王，大阅兵马，准备击楚，忽有楚使武涉，前来求见。韩信暗想，我与楚为仇敌，为何遣使到此？想必来做说客，我自有主意，何妨相见。因即顾令左右，引入武涉。武涉系盱眙人，饶有口才，素居项王幕下。项王探得齐地确信，果被韩信破灭，当然惊心，所以派遣武涉，往说韩信，为离间计。涉一见信面，便下拜称贺，信起座答礼，且微笑道："君来贺我做甚！无非为了项王，来作说客，尽请道来！"涉乃申说道："天下苦秦已久，故楚汉戮力击秦，今秦已早亡，分土割地，各自为王，正应休息士卒，与民更始，乃汉王复兴兵东来，侵人地，夺人土，胁制诸侯，与楚相争，可见他贪得无厌，志在并吞。足下明智过人，难道尚未能预察么？且汉王前日，尝入项王掌握中，项王不忍加诛，使王蜀汉，也算是情义两尽。偏汉王不念旧谊，复击项王，机诈如此，尚好亲信么？足下自以为得亲汉王，替他尽力，涉恐足下他日，亦必遭反噬，为彼所擒了！试想足下得有今日，实由项王尚存，汉王不能不笼络足下。足下眼前处境，还是进退裕如的时候，左投汉王，汉胜，右投项王，楚胜，汉胜必危及足下，楚胜当不致自危。项王与足下本有故交，时常系念，必不相负！若足下尚不肯深信，最好是与楚连和，三分天下，鼎足称王，楚汉两国，都不敢与足下为难，这乃是万全良策了。”为韩信计，却是此策最善。韩信笑答道：“我前事项王，官不过郎中，位不过执戟，言不听，计不用，所以背楚归汉。汉王授我上将军印，付我数万兵士，解衣衣我，推食食我，我若负德，必至不祥。我已誓死从汉了！幸为我复谢项王。”武涉见他志决，只好辞归。

信送出武涉，有一人随他进去，由信回头一顾，乃是蒯彻，因即邀令入座。彻开口道：“仆近已学习相术了，相君面不过封侯，相君背乃贵不胜言。”信听得甚奇，料他必有微意，复引彻至密室，屏人与谈。彻又说道：“秦亡以后，楚汉分争，不顾人民，专务角逐。项王起兵彭城，转战逐北，直下荥阳，威震远近，今乃久困京索，连年不得再进。汉王率数十万众，据有巩洛，凭借山河，一日数战，无尺寸功，反致屡败，这乃所谓智勇俱困呢。仆料现今大势，非有贤圣，莫能息争。足下乘时崛起，介居楚汉，为汉即汉胜，为楚即楚胜，楚汉两主的性命，悬在足下手中，诚能听仆鄙计，莫若两不相助，三分鼎峙，静待时机。其实如足下大才，据强齐，并燕赵，得时西向，为民请命，何人不服？何国不从？将来宰割天下，分封诸侯，诸侯俱怀德畏威，相率朝齐，岂不是霸王盛业么？仆闻天与不取，反致受咎，时至不行，反致受殃，愿足下深思熟虑，毋忽鄙言！”韩信道：“汉王待我甚厚，怎可向利背义呢？”彻又道：“从前常山王张耳，与成安君陈余，约为刎颈交，后来为了张黡、陈泽的嫌疑，竟成仇敌，泜水一战，陈余授首。足下自思与汉王交情，能如张、陈二人否？所处嫌疑，止如黡、泽一事否？乃犹欲自全忠信，见好汉王，岂非大误！越大夫文种，存亡越，霸勾践，立功成名，尚且被戮，兽死狗烹，已成至论，足下的忠信，想亦不过如大夫种罢了。且仆闻勇略震主，往往自危，功盖天下，往往不赏，今足下已蹈此辙，归汉汉必惧，归楚楚不信，足下将持此何归呢？”语虽近是，但蒯彻与汉无仇，何故唆人叛主。韩信不免动疑，因即语彻道：“先生且休，待我细思，更定进止。”彻乃辞退。过了数日，杳无动静，乃复入见韩信，请他决机去疑，慎勿失时。信终不忍背汉，又自恃功高，总道汉王不致变卦，决将蒯彻谢绝。彻恐久居被祸，假作疯癫，竟向别处作巫去了。信闻彻他去，也不着人挽留，惟心下忐忑不定，且将兵马停住，再听汉王消息。既已拒彻，应即发兵击楚，偏又停住不进，真是何意。

汉王固守广武，又是数旬，日望韩信到来，信终不至。乃立英布为淮南王，使他再赴九江，截楚后路。一面贻书彭越，仍侵入梁地，断楚粮道。布置已定，尚恐项王粮尽欲回，又取出太公，挟制多端，或乘怒将太公杀死，更觉可危。当下与张良、陈平，商议救父的方法。两人齐声道："项王乏粮，必将退归，此时正好与他讲和，救回太公吕后了。"汉王道："项王情性暴戾，一语不合，便至动怒，欲要遣使议和，必须选择妥人，方可无虞。"言未毕，有一人应声闪出道："臣愿往。"汉王一瞧，乃是洛阳人侯公，从军有年，素长应对，因即准如所请，嘱令小心从事。侯公遂驰赴楚营，求谒项王。

项王得武涉归报，甚是愁烦，又见粮食将尽，越觉愁上加愁，忽闻汉营中遣到使臣，乃仗剑高坐，传令入见。侯公徐徐步入，见了项王，毫无惧色，从容向前，行过了礼。项王瞋目与语道："汝主既不出战，又不退去，今差汝到来，有何话说？"侯公道："大王还是欲战呢？还是欲退呢？"项王道："我愿一战！"侯公道："战是危机，胜负难料；况相持已久，兵力皆疲，臣今为罢兵息争而来，故敢进见大王。"项王不觉脱口道："据汝来意，是欲与我讲和么？"侯公道："汉王并不欲与大王争锋，大王如为保国安民起见，易战为和，敢不从命。"项王意已稍平，把剑放下，问及议和约款。侯公道："使臣奉汉王命，却有二议，一是楚汉两国，划定疆界，彼此相安，不再侵犯。二请释还汉王父太公，及妻室吕氏，使他骨肉团圆，久感圣德。"项王掀髯狞笑道："汝主又来欺我么？他想保全骨肉，故令汝诡词请和。"侯公道："大王知汉王东出的意思否？人情无不念父母，顾妻子，汉王西居蜀汉，离家甚远，免不得怀念在心，前次潜至彭城，无非欲搬取家眷，嗣闻为大王所拘，急不暇择，遂至与大王为敌，累战不休。今大王无意言和，原是不必说了，既商和议，何不将两人释还，不但使汉王从此感德，誓不东行，就是天下诸侯，亦且争慕大王，无不歌颂。试想大王不杀人父，就是明孝，不污人妻，就是明义，已经拘住，又复放归，所以明仁，三德俱备，声名洋溢，如恐汉王负约，是曲在汉王，直在大王，古人有言：师直为壮，曲为老，大王直道而行，天下无敌，何论一汉王呢！"

项王最喜奉承，听了侯公一番言语，深惬心怀，遂复召入项伯，与侯公商议国界。项伯本是袒汉，乐得卖个人情，两下议决，就荥阳东南二十里外的鸿沟，划分界限，沟东属楚，沟西属汉。当由项王遣使，与侯公同报汉王，订定约章，各无异言。所有迎还太公吕后的重差，仍然要劳烦侯公，侯公再偕楚使同行，至楚营请求如约，项王毫不迟疑，便放出太公吕后，及从吏审食其，使与侯公同归。汉王闻知，当然出营迎接，父子夫妇，复得相见，正是悲喜交集，庆贺同声。汉王嘉侯公功，封他为平国君，是为汉四年九月间事。越日，即闻项王拔营东归，汉王亦欲西返，传令将士整顿归装，忽有两人进谏道："大王不欲统一天下么？奈何归休！"这一语有分教：

坛坫方才休玉帛，疆场又复启兵戈。

欲知两人为谁，待至下回报明。

兵法有言：骄兵必败，龙且未胜先骄，即非韩信之善谋，亦无不败之理。项王以二十万众，委诸龙且，何用人之不明欤？然项王同一有勇无谋之暴主，而龙且即为有勇无谋之莽将，同气相求，故有是失。龙且死而项王亦将败亡，此徒勇之所以无益也。武涉之说韩信，各为其主，原不足怪。蒯彻并非楚臣，何为唆信叛汉，使之君臣相猜，他时钟室之祸，非彻致之而谁致之乎？若汉之遣使请和，得归太公吕后，虽由侯生之善言，实出一时之徼幸，假使项王不允，加刃太公，则汉王虽得天下，终不免为无父之罪人而已，贪天幸以图功，君子所勿取焉。

第二十一回 大将奇谋鏖兵垓下 美人惨别走死江滨

却说汉王欲西还关中，有两人进来谏阻，两人为谁？就是张良、陈平。汉王道："我与楚立约修和，彼已东归，我尚留此做甚。"良平齐声道："臣等请大王议和，无非为了太公、吕后二人。今太公、吕后，已得归来，正好与他交战，况天下大势，我已得了大半，四方诸侯，又多归附，彼项王兵疲食尽，众叛亲离，乃是天意亡楚的时候，若听他东归，不去追击，岂不是养虎遗患么？"专知趋利，如信义何！汉王深信二人，遂复变计，再拟向东进攻。只因孟冬已届，照了前秦旧制，又要过年，乃就营中备了酒席，宴饮大小三军，自与吕后陪着太公，在内帐奉觞称寿，畅饮尽欢。太公、吕后从未经过这种乐事，此次父子完聚，夫妇团圆，白发红颜，相偕醉月，金樽玉斝，合宴连宵，真个是苦尽甘回，不胜欣慰了。恐此时吕后心中，尚恨审食其不得在座。元旦这一日，就是汉王五年，大书特书，是为汉王灭楚称帝之岁。汉王先向太公祝禧，然后升座外帐，受了文武百官的谒贺。礼已粗毕，即与张良、陈平商议军事，决定分路遣使，往约齐王韩信，及魏相国彭越，发兵攻楚，中道会师，当下派员去讫。

过了一日，又差车骑数百人，送太公、吕后入关，汉王遂亲率大队，向东进发，沿路不复耽延，一直驰至固陵。前驱早有侦骑派出，探得楚兵相去不远，回报汉王。汉王乃择险安营，专待韩、彭两军到来，便好合击楚军。偏韩、彭两军，杳无音信，那项王已得了消息，恨汉负约，竟驱动兵马，骤向汉营杀来。汉王恐楚兵踹营，反觉不妙，不如督兵出战，较为得势，乃麾众出营，与楚接仗。两下相遇，汉兵尚未成列，项王已拍动乌骓，挺戟当先，专向汉军中坚，鼓勇冲入，寻杀汉王。汉将见项王到来，慌忙拦阻，怎禁得项王一股怒气，把手中戟飞舞起来，任凭汉军中有许多勇将，没有个是他敌手，有几个命中带晦，不是被他刺死，就是被他戳伤，于是汉将俱纷纷倒退。汉王见不可支，还是拍马奔回，避开危险。主帅一动，全军皆散，项王乐得大杀一阵，把汉兵驱回营中，然后收兵自去。汉王狼狈还营，检点兵士，丧失了好几千名，将佐亦伤亡了好几十名，不由得垂头丧气，闷坐帐中。可巧张良进来，因即顾问道："韩彭失约，我军又遭败挫，如何是好！"张良道："楚兵虽胜，尽可勿虑，只是韩、彭不至，却是可忧。臣料韩、彭二人，必由大王未与分地，所以观望不前。"汉王道："我封韩信为齐王，拜彭越为魏相国，怎得说是没有分地？"良答道："齐王信虽得受封，并非大王本意，信亦当然不安，彭越曾略定梁地，大王命他往佐魏豹，所以移兵，今魏豹已死，越亦望封王，乃大王未尝加封，不免觖望。今若取睢阳北境，直至谷城，封与彭越，再由陈以东，直至东海，封与韩信，信家在楚，尝想取得乡土，大王今日慨允，两人明日便来了。"窥透两人志愿。

汉王不得已依议，再遣使人飞报韩、彭，许加封地，果然两人满望，即日发兵。还有淮南王英布，与汉将刘贾，进兵九江，招降守将楚大司马周殷，一些儿不劳兵革，反得了九江许多人马，会同英布、刘贾，接应汉王。三路大兵，陆续趋集，汉王自然放胆行军。项王闻汉兵大至，兵食又尽，巴不得急回彭城，所以固陵虽获胜仗，仍然不愿久留，引军再退。路上恐汉兵追袭，用了步步为营的兵法，依次退去。好容易到了垓下，遥听得后面一带，鼓声马声呐喊声，非常震响。当下登高西望，见汉兵踊跃追来，差不多与蚂蚁相似，不禁仰天叹道："好多汉兵，我悔前日不杀刘邦，养成他这番气焰哩！"话虽如此，还仗着自己勇力，并手下将士，尚有十万名左右，倒也不甚着忙。遂就垓下扎营，准备对敌。汉王已会齐三路兵马，共至垓下，人数不下三十余万，复用韩信为大将，调度诸军。韩信素知项王骁勇，无人敢当，特将各军分作十队，各派统将带领，分头埋伏，回环接应，请汉王守住大营，自率三万人挑战。

项王单靠勇力，不尚兵谋，一闻敌兵逼营，立即怒马突出，迎敌汉军。楚兵亦一齐出寨，随着项王，奋勇向前。两军相接，交战了好几合，项王横戟一挥，部众统不管生死，专望汉军中杀入。韩信且战且走，诱引项王入网。项王平日，所向无敌，全不把韩信放在眼中，就使有人谏阻项王，叫他不可轻追，他亦不甘罢休，定要杀奔前去。约莫追了好几里，已入汉军伏中，一味莽撞，总要遭祸。韩信便鸣放号炮，唤起伏兵。先有两路杀出，与项王交战一次，项王全不退怯，鏖斗了好多时，冲开汉军，还要追赶韩信。但听第二次炮声复发，又有两路伏兵杀出，截住项王，再加厮杀，好多时又被冲破。项王杀得性起，仍旧有进无退，接连是炮声迭响，伏兵迭起。项王杀开一重，又复一重，杀到第七八重时候，部众已零落了，将弁多伤亡了，项王也自觉力疲，渐渐地退却下来。哪知韩信放完号炮，十面埋伏，一齐发出，都向项王马前，围裹拢来。所有楚兵，好似鸡犬一样，纷纷四窜，但靠项王一支画戟，究竟挡不住百般兵器。项王悔已无及，只得令钟离昧、季布等断后，自己当先开路，猛喝一声，已足吓退汉兵，再加长戟纵横，一经触着，无不立毙，因此汉兵左右避开，让出一条血路，得使项王走脱，驰回垓下大营。

自从项王起兵以来，向未经过这般挫辱，此次已该数尽，偏碰着汉元帅韩信，用着十面埋伏的计策，杀败项王，把楚营十万锐卒，击毙了三四成，赶走了三四成，只剩得两三万残兵，跟回营中，叫项王如何不恼，如何不忧！他有一个宠姬虞氏，秀外慧中，知书识字，虽遇项王出兵打仗，也尝乘车随行，形影不离。名姬陪着悍王，似觉不甚相配。此番也在营间，守候项王归来。项王战败入营，当由虞姬迎着，见他形容委顿，神色仓皇，也觉惊异得很。待至项王坐定，喘息稍平，才问及战争情状。项王唏嘘道："败了！败了！"虞姬劝慰道："胜负乃兵家常事，愿大王不必忧劳。"项王道："怪不得汝等妇女，未识利害，连我也不曾遇此恶战哩。"虞姬本已嘱咐行厨，整备酒肴，想为项王接风。此时因项王败还，更欲替他解闷，便即令厨役搬出，陈列席间，请项王上坐小饮。项王已无心饮酒，但为了宠姬情意，未便遽却，乃向席间坐下，使虞姬旁坐相陪。才饮了三五杯，就有帐外军弁趋入，报称汉兵围营。项王道："汝去传谕将士，小心坚守，不可轻动，待我明日再决一战罢！"军弁应声退出。

时已天晚，项王复与虞姬并饮数觥，灯红酒绿，眉黛鬟青，平时对此情景，何等惬意，偏是夕反成惨剧，越饮越愁，越愁越倦，顿时睡眼模糊，敛肱欲寐。还是虞姬知情识意，请项王安卧榻中，休养精神。项王才就榻睡下，虞姬坐守榻旁，一寸芳心，好似小鹿儿乱撞，甚觉不宁。耳近又听得凄风飒飒，觱篥呜呜，俄而车驰马骤，俄而鬼哭神号，种种声浪，增人烦闷。旋复有一片歌音，递响进来，如怨如慕，如泣如诉，一声高，一声低，一声长，一声短，仿佛九皋鹤唳四野鸿哀。虞姬是个解人，禁不住悲怀戚戚，泪眦荧荧。从虞姬一边叙入楚歌，尤觉凄切。回顾项王，却是鼻息如雷，不闻不知，急得虞姬有口难言，凄其欲绝。究竟这歌声从何而来？乃是汉营中张子房，编出一曲楚歌，教军士至楚营旁，四面唱和，无句不哀，无字不惨，激动一班楚兵，怀念乡关，陆续散去。就是钟离昧、季布等人，随从项王好几年，也忽然变卦，背地走了。甚至项王季父项伯，亦悄悄地往投张良，求庇终身。树未倒而猢狲先散。单剩项王亲兵八百骑，守住营门，未曾离叛。正想入报项王，却值项王酒意已消，猛然醒寤。起闻楚歌，不禁惊疑，出帐细听，那歌声是从汉营传出，越加诧异道：“汉已尽得楚地么？为何汉营中有许多楚人呢？”说着，便见军弁禀报，谓将士皆已逃散，只有八百人尚存。项王大骇道：“有这等急变吗？”当即返身入帐，见虞姬站立一旁，已变成一个泪人儿，也不由得泣下数行。旁顾席上残肴，尚未撤去，壶中酒亦颇沉重，乃再令厨人烫热，唤过虞姬，再与共饮。饮尽数觥，便信口作歌道：

力拔山兮气盖世！
时不利兮骓不逝！
骓不逝兮可奈何！
虞兮虞兮奈若何！

项王生平的爱幸，第一是乌骓马，第二是虞美人，此番被围垓下，已知死在目前，惟心中实不忍割舍美人骏马，因此悲歌慷慨，呜咽唏嘘！虞姬在旁听着，已知项王歌意，也即口占一诗道：

汉兵已略地，四面楚歌声。

大王意气尽，贱妾何聊生！

虞姬吟罢潸潸泪下，项王亦陪了许多眼泪。就是左右侍臣，统皆情不自禁，悲泣失声。蓦听得营中更鼓，已击五下，乃顾语虞姬道："天将明了，我当冒死出围，卿将奈何！"虞姬道："妾蒙大王厚恩，追随至今，今亦当随去，生死相依；倘得归葬故土，死也甘心！"项王道："如卿弱质，怎能出围？卿可自寻生路，我当与卿长别了。"虞姬突然起立，竖起双眉，喘声对项王道："贱妾生随大王，死亦随大王，愿大王前途保重！"说至此，就从项王腰间，拔出佩剑，向颈一横顿时血溅珠喉，香销残垒。阅书至此，虽铁石心肠，亦当下泪。

项王还欲相救，已是不及，遂抚尸大哭一场，命左右掘地成坑，将尸埋葬。至今安徽省定远县南六十里，留有香冢，传为佳话。文人墨客，且因虞姬贞节可嘉，谱入词曲，竟把虞美人三字，作为曲名，美人千古，足慰芳魂。比后来人彘何如？惟项王已看虞姬葬讫，勉强收泪，出乘乌骓，趁着天色未明的时候，带了八百骑亲兵，衔枚疾走，偷过楚营，向南遁去。及汉兵得知，急报韩信，已是鸡声报晓，晨光熹微了。韩信闻项王溃围，急令将军灌婴，率领五千兵马，往追项王。项王也防汉兵追来，匆匆至淮水滨，觅船东渡，部骑又散去大半，只剩了一二百人。行至阴陵，见路有两歧，不知何道得往彭城，未免踌躇。适有老农在田间作工，因向他访问行径，老农却有些认识项王，素来恨他暴虐，竟用手西指道："向这边去！"项王信是真话，策马西奔，约跑了好几里，扑面寒风，很是凛冽，前途流水澌澌，随风震响，仔细瞧着，乃是一个大湖，挡住去路。至此方知受欺，慌忙折回，再到原处，重向东行。为了这番盘旋，遂被汉将灌婴追及，一阵冲击，又丧失了百余骑。还是项王坐下的乌骓，跑走甚快，当先驰脱。后面陆续跟上，寥寥无几，到了东城，经项王回头察看，只有二十八骑，尚算随着。那四面的金鼓声，呐喊声，仍然不住，渐渐相逼。项王自知难脱，引骑至一山前，走登岗上，摆成圆阵，慨然顾骑士道："我自起兵到今，倏已八年，大小七十余战，所挡必靡，所击必破，未尝一次败北，因得霸有天下。今日乃被困此间，想是天意已欲亡我，并非我不能与战呢。我已自决一死，愿为诸君再决一战，定要三战三胜，为诸君突围，斩将搴旗，使诸君知我善战，今实天意亡我，与我无干，免得向我归罪了！"善战必亡，奈何至死不悟。

道言甫毕，汉兵已四面赶集，把山围住。项王乃分二十八骑为四队，与汉兵相向。东首有一汉将，不知死活，驱兵登岗，想来活捉项王。项王语骑士道：“君等看我刺杀此将！”说着纵辔欲走，又回头顾语道：“诸君可四面驰下，至东山下取齐，再作三处驻扎罢。”于是奋声大呼，挺戟驰下，一遇汉将，便猛力戳去。汉将不及躲避，陡被刺落，骨辘辘滚下山去，霎时毕命。汉兵见了，统皆逃还，项王便纵马下山。山下的汉将，仗着人多势旺，团团围绕，竟至数匝，都被项王杀退。汉骑将杨喜，上前追赶，由项王回头一喝，人马辟易，倒退了一两里。就是项王部下的二十八骑，亦皆驰集，先与项王打个照面，然后三处分驰。汉兵又从后赶来，未知项王所在，也分兵三路，追围项王。项王左手持戟，右手仗剑，或劈或刺，斩一汉都尉，剁毙汉兵数十百人，仍得杀透重围，再救出两处部骑，重聚一处，检点数目，只少了两个骑兵。便笑向部骑道：“我的战仗如何？”部骑皆拜伏道：“如大王言！”统计项王自山上杀下，一连九战，汉兵遇着项王，无不溃散，故后人称是山为“九头山”，亦号“四溃山”。

项王既得脱围，走至乌江，却值乌江亭长，泊船岸旁，请项王渡江过去。且敦促道：“江东虽小，地方千里，尚足自王，现惟臣有一船，愿大王急渡！”项王听了，笑对亭长道：用两笑字，比哭尤惨。“天已亡我，我何必再渡！且籍与江东子弟八千人，渡江西行，今无一生还，就使江东父老，见我生怜，再肯王我，我有何面目相见哩？”说着，后面尘头又起，料知汉兵复到，亭长又出言催促，项王喟然道：“我知公为忠厚长者，厚情可感，我无以为报，惟坐下的乌骓马，随我五年，日行千里，临阵无敌，今我不忍杀此马，特地赐公，见马犹如见我呢。”一面说，一面跳下马来，令部卒牵付亭长，又命部骑皆下马步行，各持短刀，转身待着汉兵。汉兵一齐赶至，项王又鼓勇再战，乱削乱劈，连毙汉兵数百人，自身亦受了十余创。蓦见有数骑将驰至，认得一人是吕马童，凄声与语道：“汝不是我旧友吗？”吕马童不敢正视，但向项王望了一面，便旁顾僚将王翳道：“这位就是项王。”项王又说道：“我闻汉王悬有赏格，得我首级，赐千金，封邑万户，我今日就卖情与汝罢！”说毕，便用剑自刎，年终三十一岁。小子记得前人咏项王诗，曾有二绝，特录述如下云：

争帝图王势已倾，八千兵散楚歌声。
乌江不是无船渡，耻向东吴再起兵。
不修仁政枉谈兵，天道如何尚力争？
隔岸故乡归不得，十年空负拔山名。

项王已死，所余二十六骑，亦皆逃亡。欲知项王尸首如何，待至下回续表。

韩信之十面埋伏计，史策未详，但相传已久，度非无因。况当时汉兵竞集，为特一无二之大举，人数不下三十万，分作十队，绰有余裕，非行此计以困项王，则项王之勇悍，无人敢敌，几何而不蹈固陵之复辙也。虞姬之别，乌江之刎，最为项氏惨史，经著书人依次写来，尤觉得情节苍凉，令人悲咽。且虞姬守贞，何如吕后戚姬之秽辱？慨然决死，何如韩信、彭越之诛夷？美人英雄，名播千秋，泉下有知，其亦足以自慰乎？惟观于项王之坑降卒，杀子婴，弑义帝，种种不道，死有余辜，彼自以为非战之罪，罪固不在战，而在残暴也。彼杀人多矣，能无及此乎！天亡天亡，夫复谁尤！

第二十二回　即帝位汉主称尊　就驿舍田横自刭

却说项王自刎以后，汉将争夺项王尸骸，甚至自相残杀，死了好几十人，结果是王翳得了头颅，吕马童与杨喜、吕胜、杨武等四将，各得一体，持向汉王前报功。汉王命将五体凑合，果然相符，遂即分封五人，命吕马童为中水侯，王翳为杜衍侯，杨喜为赤泉侯，杨武为吴防侯，吕胜为涅阳侯。楚地望风请降，独鲁城坚守不下，汉王大怒，引兵攻鲁，恨不得立刻入城，一体屠戮，荡成平地。不意到了城下，觉有一种弦诵的声音，悠扬入耳，因不禁转念道："鲁国素知礼义，今为主守节，不得为非，我不如设法招抚为是。"只一转念，便是兴王气象。乃将项王首级，令将士挑在竿上，举示城上守兵，且传谕降者免死，于是鲁城吏民，开门迎降。先是楚怀王尝封项羽为鲁公，至是鲁最后降，汉王因命用鲁公礼，收葬项王尸身，就在谷城西隅，告窆筑坟，亲为发丧。并命文吏缮成一篇祭文，无非说是前同兄弟，本非仇雠，拘太公不杀，虏吕后不犯，三年留养，尤见盛情，死后有知，应视此觞等语。及临祭读文，汉王亦不禁悲泣，泪下潸潸。恐非真情。将士等都为动容，祭毕乃还。吕马童为项王故人，到此亦知感否？今河南省河阳县有项羽墓，就是项羽自刎的地方，便系今日的乌江浦，在安徽省和县东北，留有祠宇，号为西楚霸王庙，这且不必细述。

汉王命赦项氏宗亲，一律免罪，且闻项伯已在张良营中，特别召见，封为射阳侯，赐姓刘氏。卖主求荣，项伯不能无惭。还有项襄、项佗等，亦皆封侯赐姓，如项伯例。结婚一节，史中未曾提及，想由汉王赖去。各路诸侯，都附势输诚，奉书称贺。惟临江王共敖子尉，嗣爵为王，尚记念项王旧恩，不肯从汉。经汉王派遣刘贾等人，率兵往讨，才阅旬日，便将共尉擒归，江陵亦平。临江王都江陵，见前文。

汉王还至定陶，与张良、陈平二人，密议多时，即趋入韩信营中。信亟起相迎，奉王就座，但听得汉王面谕道：“将军屡建大功，得平强项，寡人当始终不忘。今应休兵息民，不复劳师，将军可缴还军符，仍就原镇便了！”此时信无词可拒，只好把印信取出，交还汉王。汉王得了印信，便即持去。俄而又传出一令，说是楚地已定，义帝无后，齐王信生长楚中，习楚风俗，可改封楚王，镇定淮北，定都下邳。魏相国越，勤抚魏民，屡破楚军，今即将魏地加封，号称梁王，就都定陶云云。彭越是加授封爵，当然心喜，便至汉王前拜谢，受印而去。惟韩信易齐为楚，明知汉王记着前嫌，不愿再令王齐，但自思衣锦还乡，也足显扬故土，计不如遵着命令，就此荣归为是。乃亦缴出齐王印，改领楚王印起行。

到了下邳，即差人寻访漂母，及受辱胯下的恶少年。漂母先至，信下座慰问，特赐千金，漂母拜谢去讫。可谓一登龙门，饭价百倍。既而恶少年到来，面无人色，俯伏请罪。信笑说道：“我岂小丈夫所为，睚眦必报？汝可不必恐惧，我且授汝为中尉官。”少年叩首道：“小人愚蠢，曾误犯尊威，今蒙赦罪不诛，恩同再造，怎敢再邀封赏？”信又说道：“我愿授汝为官，汝何必多辞！”少年乃再拜称谢，起身退出。信顾语左右道：“这也是个壮士，他辱我时，我岂不能拼死与争？但死得无名，所以忍耐至此，得有今日。”左右都服信大度，交口称贤。信复与梁王彭越，淮南王英布，韩王信，故衡山王吴芮，赵王张敖，是年张耳病殁，子敖嗣爵。燕王臧荼等，联名上疏，尊汉王为皇帝。疏中略云：

先时秦为无道，天下诛之。大王先得秦王，定关中，于天下功最多；存亡定危，救败继绝，以安万民，功盛德厚。又加惠于诸侯王，有功者使得立社稷。地分已定，而位号比拟，无上下之分，是大王功德之著，于后世不宜。谨昧死再拜上皇帝尊号，伏乞准行！

汉王得疏，召集群里，与语道：“寡人闻古来帝号，只有贤王可当此称，虚名无实，殊不足取。今诸侯王乃推高寡人，寡人乏德，如何敢当此尊号？”群臣都齐声道：“大王起自细微，诛不义，立有功，平定海内，功臣皆得裂土分封，可见大王本无私意。今大王德加四海，诸侯王不足与比，实至名归，应居帝位，天下幸甚！”汉王还要推让，再由内外臣僚，合词申请，乃命太尉卢绾及博士叔孙通等择吉定仪，就在汜水南面，郊天祭地，即汉帝位。文武百官，一齐朝贺，颁诏大赦，追尊先妣刘媪为昭灵夫人，立王后吕氏为皇后，王太子盈为皇太子。接连有谕旨二道，分封长沙、闽粤二王，文云：

故衡山王吴芮，与子二人，兄子一人，从百粤之兵，以佐诸侯，诛暴秦，有大功，为衡山王。项羽侵夺之，降为番君，今其以长沙、豫章、象郡、桂林、南海诸郡，立番君芮为长沙王，钦哉惟命！吴芮传国最久，故特录此诏。

故粤王无诸，越勾践后，姓驺氏。世奉越祀，秦侵夺其地，使其社稷，不得血食，诸侯伐秦，无诸身率闽中兵，以佐灭秦。项羽废而勿立，今以为闽粤王，王闽中地，勿使失职，以酬王庸。此诏并录，为后文闽越不靖张本。

是时诸侯王受地分封，共计八国，就是楚、韩、淮南、梁、赵、燕及长沙、闽粤二王。此外仍为郡县，各置守吏，如秦制相同，汉王命诸侯王皆罢兵归国，所有部下士卒，除量能授职外，亦俱遣令还家，本身免输户赋。一面启跸入洛，即以洛阳为国都。特派大臣赴栎阳奉迎太公、吕后及太子盈，又遣使至沛邑故里，召入次兄刘仲，从子刘信，并同父异母的少弟刘交。想是太公继室所生。还有微时外妇曹氏，暨定陶人戚氏父女，亦乘便接入。曹女生子名肥，戚女生子名如意，当然挈同至都。曹氏见第一回，戚氏见第十四回。父子兄弟，妻妾子侄，陆续到齐，欢聚皇宫，没一个不喜出望外，额手称庆，汉帝亦乐不胜言。看官听说！汉帝后来庙号叫作高皇帝，并因他为汉朝始祖，就称为汉高祖，史家统是这般纪述，小子此后叙录，也沿例呼为汉高祖了。特笔提清。

高祖既平定海内，筹画政治，却也忙乱了好几月。由春及夏，诸事粗有头绪，方得少闲，因就洛阳南宫，大开筵宴，遍召群臣入内，一同会饮。酒行数巡，高祖乃对众宣言道："列侯诸将，佐朕得有天下，今日一堂宴会，君臣同聚，最好是直言问答，不必忌讳。朕却有一问，朕何故得有天下？项氏何故致失天下？"当有两人起座，同声答道："陛下平日待人，未免侮慢，不及项羽的宽仁。但陛下使人攻城略地，每得一城，即作为封赏，能与天下共利，所以人人效命，得有天下。项羽妒贤忌能，多疑好猜，战胜不赏功，得地不分利，人心懈体，乃失天下，这便是得失的辨别呢。"高祖听了，瞧着两人，乃是高起、王陵，便笑说道："公等知一不知二，据我想来，得失原因，须从用人上立说。试想运筹帷幄，决胜千里，我不如子房，镇国家，抚百姓，运饷至军，源源不绝，我不如萧何，统百万兵士，战必胜，攻必取，我不如韩信。这三人系当今豪杰，我能委心任用，故得天下。项羽只有一范增，尚不能用，怪不得为我所灭了！"群臣闻言，各下座拜伏，称为至言。

高祖大悦，又令大众归座，续饮多时，兴尽始散。

过了数日，有人入报高祖，说是故齐王田横，避匿海岛，有徒党五百余人，一同居住。高祖不免加忧，即派朝臣，赍了诏书，前往招安。横自被灌婴击败，投奔彭越，见第二十回。留居月余，闻越起兵从汉，自恐被祸，因潜身奔赴东海，寻得一个岛屿，作为栖地。他本来疏财好士，广结豪侠，此次投奔海岛，有同时随行的，有闻风趋集的，因此人数得五百有余。及汉使到了岛中，交付诏书，由横阅毕，便向汉使说道："我前时曾烹郦食其，今虽蒙天子赦罪，召令入都，但闻食其弟郦商，方为上将，怎肯不为兄报仇？因此不敢奉诏。"汉使听说，当即告辞，还都复命。高祖道："这有何妨？横亦不免多虑，"因召入卫尉郦商，当面嘱咐道："齐王田横，将要来朝，汝不得怀着兄仇，私下陷害！如若有违，罪当夷族。"郦商心虽不服，但未敢辩驳，只好应声退出。高祖再遣原使召横，叫他不必忧惧，且令传谕道："田横来，大可封王，小亦封侯，倘再违诏不至，朕将发兵加诛，毋贻后悔！"这数语传入横耳，横不得已随使动身，徒党五百余人，俱请相从。横与语道："我非不愿与诸君同行，惟人数过多，反招疑忌，不如留居此地，听候消息。我若入都受封，自当来召诸君。"大众乃止。横但与门客二人，同了汉使，航海登岸，乘駉赴都。行至尸乡驿，距洛阳约三十里，横顾语汉使道："人臣入朝天子，应该沐浴表诚，此处幸有驿舍，可许我就馆洗沐否？"汉使不料他有别意，当然应诺，遂入驿小憩，听令沐浴。

横既得避开汉使，密唤二客近前，喟然与语道："横与汉王皆南面称孤，本不相属，今汉王得为天子，横乃降为亡虏，要去北面朝谒汉帝，岂不可耻！况我曾烹杀人兄，乃欲与伊弟并肩事主，就使他震慑主威，不敢害我，我难道就好无愧么？汉帝必欲召我，无非欲见我一面，汝可割下我首，速诣洛阳，此去不过三十里，形容尚可相认，不致腐败。我已国破家亡，死也罢了！"二客大惊，方欲劝阻，哪知横已拔剑在手，刎颈丧生。总之是不肯降汉。汉使坐在外面，并未闻知，及听到二客哭声，慌忙趋过一看，见二客抚着横尸，正在悲恸。当下问明原委，由二客泣述横言。汉使也觉没法，只好将横首割下，令二客捧着，带同入都，报知高祖。高祖即传令二客入见，二客捧呈横首，高祖约略一瞧，面目如生，尚余英气，不由得叹息道："我知道了！田横等兄弟三人，起自布衣，相继称王，好算是当今贤士。今乃慷慨就死，不肯屈节，可惜可惜！"说罢也为流涕。

二客尚跪在座前，高祖命他起来，各授都尉。二客虽然称谢，却没有什么喜容，怏怏退出。高祖又遣发士卒二千人，为横筑墓，并令收殓横尸，将首缝上，即用王礼安葬，送窆墓中。二客送至葬处，大哭一场，就在墓旁挖穿二穴，拔剑自刺，仆入穴中。当有人再行报闻，高祖越加惊叹，复遣有司驰诣墓所，出尸棺殓，妥为营葬。

待葬毕报命，高祖道："田横自杀，二客同殉，却是一种异事。但闻得海岛中，尚有五百多人，若统似二客忠贤，为横效死，岂不是一大隐患么？"乃复遣使驰赴海岛，诈称田横已受封爵，特来相招。汉高但知使诈，无怪田横等宁死不降。岛中五百余人，信为真言，一齐起行，同至洛阳。既入汉都，才知横及二客死耗，免不得涕泪交横，遂共至田横墓前，且拜且哭，并凑成一曲薤露歌，聊当哀词。歌哭以后，统皆自杀。至今河南省偃师县西十五里，尚存田横墓，就是《薤露歌》，亦流传千古。"薤露"二字的意义，谓人生如薤上露，容易晞灭。后世常称是歌为《挽逝歌》，这且搁过不提。

且说汉使既与五百人同来，本拟引他入朝，偏五百人自去谒墓，同时殉主，不得不据实入奏。高祖且惊且喜，仍令吏役一律掩埋。继思田横门客，尚且如此忠义，那项王手下的遗将，保不住暗中号召，与我反对，仔细记忆，想到季布、钟离昧二人，嗣复回思睢水战败时，季布追赶甚急，险些儿遭他毒手，现在要将他缉获，醢为肉酱，方足泄恨。因再悬赏千金，购拿季布，如有藏匿不报，罪及三族。这道命令申行出去，哪一个不思得赏，哪一个还敢窝留。究竟季布遁往何处？原来是在濮阳周家。周家与季布交好多年，所以将布收留。旋闻汉廷悬赏缉拿，并有罪及三族的厉禁，也不觉慌急起来。当下想出一法，令布剃去头发，套环入颈，伪充髡钳刑犯，引至鲁朱家处，卖做奴仆。髡钳为奴，是秦朝遗制，汉仍之。朱家是个著名大侠，向与周氏相识，明知他不是贩奴，特欲保全此人，有意转托。若非依言收买，怎好算得济困扶危？于是将季布看了一番，问明身价，立即交付，送出周氏，然后再盘问季布数语。季布阅人已多，见他英姿豪爽，与众不同，已料是一位义士，可以求救，因也吞吞吐吐，说了一篇悲婉的吁词。朱家不待说明，便知除季布外，别无他人，因即买置田舍，使布经营，自己扮作商人模样，径往洛阳，替布设法去了。小子有诗赞道：

挺身入洛救人危，智勇深沉世独推。

《游侠传》中膺首席，大名留与后生知。

欲知朱家如何救布，待看下回便知。

韩信身为大将，能挫项王于垓下，而不能防一汉高，前在修武，被夺军符，至定陶驻军，复由汉高驰入军营，片语相传，立取帅印，何其易也！且易齐为楚，仓促改封，而韩信不能不去，此由汉高能用善谋，操纵有方，故信无从反抗耳。及汜水称尊，信实为劝进之领袖，前此怀疑而不来，后此献媚而不恤，自相矛盾，皆入汉祖之术中，汉祖其真雄主哉！独田横自居海岛，不肯事汉，应诏起行，所以保众，入驿自刭，所以全名，至若二客同殉，五百人亦并捐躯，其平日信义之相孚，更可知矣。大丈夫虽忠不烈，视死如归，若田横诸人，其庶几乎！

第二十三回　劝移都娄敬献议　伪出游韩信受擒

却说朱家欲救季布，亲到洛阳，暗想满朝公卿，只滕公夏侯婴一人，颇有义气，尚可进言，乃即踵门求见。夏侯婴素闻朱家大名，忙即延入，彼此晤谈，却是情投意合，相得甚欢。遂将他留住幕下，每日与饮，对酌谈心。朱家畅论时事，娓娓动人，说得夏侯婴非常佩服，越加敬重。乃乘间进言道："仆闻朝廷饬拿季布，究竟季布犯何大罪，须要这般严厉呢？"夏侯婴道："布前时帮着项羽，屡困主上，所以主上必欲捕诛。"朱家道："公视季布为何如人？"夏侯婴道："我闻他素性忠直，倒也是一个贤士。"朱家又道："人臣各为其主，方算尽忠。季布前为楚将，应该为项氏效力，今项氏虽灭，遗臣尚多，难道可一一捕戮么？况主上新得天下，便欲报复私仇，转觉不能容人了。季布无地容身，必将远走，若非北向奔胡，便是南向投粤，自驱壮士，反资敌国，这正从前伍子胥去楚投吴，乞师入郢，落得倒行逆施，要去鞭那平王的遗墓呢！公为朝廷心腹，何不从容进说，为国尽言？"夏侯婴微笑道："君既有此美意，我亦无不效劳。"明人不用细说。朱家甚喜，乃向夏侯婴告别，回至家中，静候消息。果然不到数旬，便有朝命颁下，赦免季布，叫他入朝见驾。朱家方与季布说明，季布当然拜谢，别了朱家，至洛阳先见滕公。滕公夏侯婴，具述朱家好意，且已代为疏通等情，布称谢后，即随婴入朝，屈膝殿前，顿首请罪。不及田横客多矣。高祖不复加责，但向布说道："汝既知罪前来，朕不多较，可授官郎中。"布谢恩而退。当时一班朝臣，已由夏侯婴说明原委，都说季布能摧刚为柔，朱家能救人到底，两难相并，不愧英雄，其实季布贪生怕死，未足称道，惟朱家救活季布，并不求报，且终身不与布相见，这真叫作豪侠过人呢。褒贬得当。

且说布既得官，有一个季布母弟，闻知此信，也即赶至洛阳，来求富贵。看官道是何人？原来就是楚将丁公。见前文。布系楚人，丁公系薛人，《楚汉春秋》云：丁公薛人，名固，或云齐丁公伋支裔，故号丁公。两人本不相关，只因布父早死，布母再醮，乃生丁公，籍贯姓氏，虽然不同，究竟是一母所生，故称为季布母弟。他曾在彭城西偏，纵放高祖，早拟入都求见，因恐高祖不念旧情，以怨报德，所以且前且却，未敢遽至。及闻季布遇赦，并得受官，自思布为汉仇，尚且如此，若自己入谒，贵显无疑，乃匆匆驰入洛都，诣阙伺候。殿前卫士，也知他与主有恩，格外敬礼，待至高祖临朝，便即通报。高祖口中，虽嘱令传见，心中却已暗暗筹划。及见丁公趋入，俯伏称臣，便勃然变色，喝令左右卫士，把丁公捆绑起来。丁公连称无罪，并不见睬。卫士等亦暗暗称奇，只因皇帝有命，不敢违慢，只得将丁公两手反翦，牢牢缚定。丁公哭语道："陛下不记得彭城故事么？"高祖拍案怒叱道："我正为了这事，将汝加罪，彼时汝为楚将，奈何纵敌忘忠？"丁公至此，才自知悔，闭目就死，不复多言。求福得祸，可为热中者鉴。高祖又令卫士牵出殿门，徇示军中，且使人传谕道："丁公为项王臣，不肯尽忠；使项王失天下，就是此人！"传谕既遍，复从殿内发出诏旨，立斩丁公。可怜丁公一场高兴，反把性命送脱，徒落得身首两分。刑官事毕复命，高祖且申说道："朕斩丁公，足为后世教忠，免致效尤！"这是汉高祖的狡词，他正因诸将争功，无法处置，故决斩丁公，借以警众。否则项伯来降，何故得封列侯？

正议论间，忽由虞将军入殿，报称陇西戍卒娄敬求见。高祖方有意求才，不问贵贱，已贵者恐反招嫌。且有虞将军带引，料他必有特识，因即许令进谒。虞将军出来召敬，敬褐衣草履，从容趋入。见了高祖，行过了君臣礼，当由高祖命他起立，见敬衣服不华，形貌独秀，便与语道："汝既远来，不免饥馁，现正要午膳了，汝且去就食，再来见朕。"说罢，便令左右引敬就餐。待敬食毕进见，乃问他来意，敬因说道："陛下定都洛阳，想正欲比隆周室么？"高祖点头称是。敬又道："陛下取得天下，与周室不同。周自后稷封邰，积德累仁数百年，至武王伐纣，乃有天下。成王嗣位，周公为相，特营洛邑，无非因地处中州，四方诸侯，纳贡述职，道里相均，故有此举。但有德可王，无德易亡。周公欲令后王嗣德，不尚险阻，非不法良意美，只是隆盛时代，群侯四夷，原是宾服，传到后世，王室衰微，天下莫朝。虽由后王德薄，究竟也是形势过弱，致有此弊。今陛下起自丰沛，卷蜀汉，定三秦，与项羽转战荥阳成皋间，大战七十次，小战四十次，累得天下人民，肝脑涂地，哭声未绝，疮痍满目，乃欲比隆周室，臣却不敢依声附和，徒事献谀。陛下试回忆关中，何等险固，负山带河，四面可守，就使仓促遇变，百万人都可立办，所以秦地素称天府，号为雄国。为陛下计，莫如移都关中，万一山东有乱，秦地总可无虞，这所谓扼吭拊背，才可操纵自如哩。”这一席话，惹得高祖心下狐疑，未能遽决，因命娄敬暂退，另召群臣会议。群臣多系山东人氏，不愿再入关中，睽违乡里，当即纷纷争议，说是周都洛阳，传国至数百年，秦都关中，二世即亡，洛阳东有成皋，西有崤黾，背河向洛，险亦足恃，何必定都关中？

高祖听着众论，越弄得没有把握，想了多时，还是去召那足智多谋的张子房，商量可否，方能定夺。原来张良佐汉成功，志愿已足，遂学导引吐纳诸术，不甚食谷，并且杜门不出，谢绝交游。尝自语道：“我家累世相韩，韩为秦灭，故不惜重金，替韩复仇。今暴秦已亡，汉室崛兴，我但靠着三寸舌，为帝王师，自问也应知足，愿从此不问世事，得从赤松子游，方足了我一生！”此乃张子房设词，看者莫被瞒过。话虽如此，高祖怎肯听他谢职？不过许令休养，有事仍要入朝。此时为了都城问题，便即遣人宣召。张良不便怠慢，只好应命入见。高祖遂将娄敬所陈，及群臣议论，具述一遍，命良折中裁决。良答道：“洛阳虽有险阻，但中区狭小，不过数百里平原，田地又甚瘠薄，四面受敌，究非用武的地方。若关中左有崤函，右有陇蜀，三面据险，一面东临诸侯，诸侯安定，可由河渭运漕，西给京师；诸侯有变，顺流而下，征发不烦，运输亦便，昔人所谓金城千里，诚非虚言！娄敬所说，不为无见，请陛下决议施行。”高祖接入道：“子房以为可行，朕就依议便了。”当下择日移都，命有司整备行装，不得迟延。百官虽然不愿，也只得遵旨办理。忙碌了好几天，期限已届，即排齐仪仗，摆好法驾，请高祖登程。高祖奉着太公及后妃太子等出宫就辇，向西进发，文武百官，统皆随行。

好容易到了栎阳，丞相萧何，当然接驾。高祖与谈迁都事宜，萧何道：“秦关雄固，形势最佳，惟自项羽入关以后，咸阳宫统被毁去，就使剩下几间屋宇，也是残缺不完，陛下只好暂住栎阳，俟臣往修宫室，从速竣工，方好迁居呢。”高祖乃就栎阳住下，使萧何西入咸阳，监修宫阙，何领命自去。

忽有一个警报，从北方传到，乃是燕王臧荼，公然造起反来。是诸侯中第一个造反。高祖大怒道：“臧荼本无大功，我因他见机投降，仍使王燕，他不知感恩，反敢叛我。我当亲征便了！”于是部署人马，克日备齐，星夜趱程，突入燕境。臧荼方议出兵，不料汉军已至，且由高祖督兵亲来，正是迅雷不及掩耳，急得脚忙手乱，魄散魂驰。燕地居民，又皆厌乱思治，不服臧荼，臧荼没法，只得冒险一战，胁同部兵，出了蓟城，迎敌汉军。两下里战不数合，燕兵已皆溃散，臧荼也只好逃回。高祖麾兵大进，把蓟城四面围住。城中兵民懈体，单靠着臧荼父子两人，如何济事？勉强支持了三五天，即被汉兵攻入。臧荼不及逃走，竟为所擒，惟荼子臧衍，开了北门，微服走脱，投奔匈奴去了。为下文诱叛卢绾伏案。高祖既得擒住臧荼，把他枭了首级，悬示燕民，燕民自然降顺，燕地遂平。

高祖因欲另立燕王，诏命将相列侯，公选一人，暗中却密嘱心腹遍告大众，叫他保荐太尉卢绾。绾与高祖同里，向属世交，又与高祖同日诞生，少同学，长同游，很见亲爱。高祖起兵，绾即相从，后来受官太尉，出入高祖卧室，不必避嫌，一切衣食赏赐，格外从优，就是萧何、曹参等人，都不能及。但绾才不过平庸，连岁从军，也没有多少功绩，只与刘贾往攻江陵，总算把共尉擒回，稍著战功。事见前回。此次高祖出讨臧荼，绾亦随着，有了两番微劳，高祖遂欲假公济私，想将绾抬举上去，封他为王。惟表面上不得不令大众推举，暗地里却又不得不代为疏通，方好玉成此事。好算一番苦心，哪知他后来变卦。大众明知卢绾不配封王，无如主上偏爱卢绾，乐得将顺了事，遂一齐复旨，只说太尉卢绾，随从征战，所向有功，应请立为燕王。高祖遂留卢绾守燕，加了燕王的封册，自率大兵西归。

谁知一波才平，一波又起，降将颍川侯利几，又复逆命。因复移师东征，直抵颍川，利几本是楚臣，为陈县令，项羽败亡，乃举城降汉，受封颍川侯。颍川系一座小城，如何挡得住大兵？也是利几命运该绝，忽生叛志，遂致汉兵一到，城即陷落。好好一个吃饭家伙，随着刀锋，向地上滚了一转，寂静无声了。妙语解颐。

未几已是汉朝第六年，高祖还至洛阳，元旦受贺，宴集群臣，不劳细表。闲暇无事，想起项氏遗臣，尚有一个钟离昧，至今未获，却是可忧。乃复申令通缉，务获到案。未几有人通风报信，谓钟离昧避居下邳，由楚王韩信收留。高祖闻言，不觉失色，他本恐韩信为乱，屡次加防，此次又添了一个钟离昧，居信幕下，怎得不惊，乃亟派使赍诏晓谕韩信，令拿送钟离昧入都。昧与信同为楚人，素来相识，此时穷蹙无归，确是投依韩信。信顾念旧情，权令居住，及接到高祖诏书，仍不忍将昧献出，只托言昧未到此，当饬吏查缉云云。使臣如言返报，高祖似信未信，总难放怀，因此潜派干吏，驰向下邳附近，探察虚实。适值韩信出巡，车马喧阗，前后护卫，不下三五千人，声势很是威赫。侦吏遂援为话柄，密奏高祖，说信已有叛意。

高祖忙召集诸将，询问对信方法，诸将各摩拳擦掌，跃然有声，齐向高祖进言道："竖子造反，但教天兵一至，便可就擒！"莽夫嫚语。高祖默然不答，诸将转觉扫兴，陆续退出。可巧陈平进见，高祖便向他问计。陈平料知韩信未反，只未便替信辩护，但答称事在缓图，不宜欲速。高祖着急道："这事如何从缓？汝总要为朕设法呢！"陈平道："诸将所说如何？"高祖道："都要我发兵往讨。"陈平接口道："陛下如何晓得韩信谋反？"高祖道："已有人密书奏报，谋反属实。"平又道："除有人上书外，有无别人知信反状？"高祖道："这却未曾闻得，想尚没人知晓。"平又道："信可晓得有人奏报否？"高祖又答言未知。平复问道："陛下现有的士卒，能否胜过楚兵？"高祖摇首道："不能！"平又道："陛下如欲用兵，必须遣将，今诸将中有能及韩信否？"高祖又连称不及。平接说道："兵不能胜楚，将又不及信，若突然起兵往击，激成战事，恐信不反亦反了。臣以为陛下此举，未必万全。"高祖皱眉道："这却如何是好？"平踌躇多时，才进陈一策道："古时天子巡狩，必大会诸侯。臣闻南方有云梦泽，向称形胜，陛下但云出游云梦，遍召诸侯，会集陈地，陈与楚西境相接，韩信既为楚王，且闻陛下无事出游，定然前来谒见，趁他谒见的时候，只需一二武夫，便好将信拿下，这岂不是唾手可得么？”相传陈平此策，为六出奇计之一，计非不奇，可惜尚诈！高祖大喜道：“妙计！妙计！”当下遣使四出，先向各国传诏，谓将南游云梦，令诸侯会集陈地，诸侯王怎知有诈？一律应命。

惟韩信得了使命，不免动疑，他被高祖两夺兵符，已晓得高祖多诈，格外留心。既知预防，何必收留钟离昧，又何必陈兵出巡。此次驾游云梦，令诸侯会集陈地，更觉得莫名其妙。惟陈楚地界毗连，应该先去迎谒，但又恐有不测情事，意外惹祸，因此迟疑莫决。将佐等见他纳闷，意欲代为解忧，因贸然进言道：“大王并无过失，足招主忌，惟收留钟离昧一人，不免违命，今若斩昧首级，持谒主上，主上必喜，还有何忧！”信听了此言，很觉有理，便延入钟离昧，模模糊糊地说了数语，昧听他言中寓意，且面目上含有怒容，不似从前相待，因即出言探试道：“公莫非虑昧在此，得罪汉帝么？”信略略点首，昧又道：“汉所以不来攻楚，还恐昧与公相连，同心抗拒；若执昧献汉，昧今日死，公亦明日亡了！”一面说，一面瞧着信面，仍然如故。乃起座骂信道：“公系反复小人，我不合误投至此！”说着，即拔剑自杀。信见昧已刎死，乐得割下首级，带了从骑数人，径至陈地，谒候高祖。

高祖既派出使臣，不待返报，便自洛阳启行，直抵陈地。韩信已守候多时，一见御跸前来，便伏谒道旁，呈上钟离昧首级。但听高祖厉声道："快与我拿下韩信！"话未说完，已有武士走近信旁，把信反绑起来。信不禁惊叹道："果如人言，狡兔死，走狗烹，高鸟尽，良弓藏，敌国破，谋臣亡，天下已定，我固当烹。"高祖听着，瞋目语信道："有人告汝谋反，所以拘汝。"信也不多辩，任他缚置后车。高祖已得逞计，还要会集什么诸侯，遂复颁诏四方，托词韩信谋叛，无暇往游云梦，各诸侯王不必来会。此诏一传，即带着韩信，仍由原路驰回洛阳。小子曾记得古诗云：

筑坛拜将成何济？破楚封王事已虚。
堪叹韩侯知识浅，何如范蠡五湖居！

究竟韩信如何发落，容待下回说明。

都洛阳，原不如都关中，娄敬之说以矣。然必谓关中险固，可无后忧，则又何解于嬴秦之亡？然则有国家者，仍在尚德，德足服人，天下自治，徒恃险阻无益也。高祖释季布而斩丁公，后世以劝忠称之，实则未然。夫以直报怨，以德报德，乃圣人不偏之至论。季布可赦也，赦之不失为直，丁公可赏也，执而杀之，背德实甚！如谓丁公事楚不忠，罪无可逭，则项伯早在应诛之列，一封一诛，何其背谬若此！要之汉高为当时雄主，一生举措，专喜诡谲，出人意外，释季布而斩丁公，正其所以示人不测也。厥后伪游云梦，诱擒韩信，虽由陈平之进策，实自高祖之好猜。信未尝反，而诬之以反，即斩丁公之谲谋耳。雄主寡恩，其信然乎！

第二十四回　序侯封优待萧丞相　定朝仪功出叔孙通

却说高祖诱执韩信，还至洛阳，乃大赦天下，颁发诏书。大夫田肯进贺道：“陛下得了韩信，又治秦中，秦地带河阻山，地势雄踞，东临诸侯，譬如高屋建瓴，由上向下，沛然莫御，所以秦得百二，二万人可当诸侯百万人。还有齐地，濒居海滨，东有瑯琊即墨的富饶，南有泰山的保障，西有浊河即黄河。的制限，北有渤海的利益，地方二千里，也是天然生就的雄封，所以齐得十二，二万人可当诸侯十万人。这乃所谓东西两秦呢。陛下自都秦中，更须注重齐地，若非亲子亲弟，不宜使为齐王，还望陛下审慎后行！”高祖恍然有悟道：“汝言甚善，朕当依从。”田肯乃退，群臣在旁听着，总道高祖即日下令，封子弟为齐王。不意齐王的封诏，并未颁下，那赦免韩信的谕旨，却传递出来。大众才知田肯所言，不是徒请分封子弟，并且寓有救免韩信的意思。韩信第一次功劳，是定三秦，第二次功劳，就是平齐，田肯不便明说，却先将韩信提出，再把齐秦形胜，略说一遍，叫高祖自去细思。高祖却也乖觉，便随口称善，且思韩信功多过少，究未曾明露反状，若把他下狱论刑，必滋众议。因此决意赦免，但降封韩信为淮阴侯。叙出田肯高祖两人的微意，心细似发。

信既遇赦，不得不入朝谢恩。及退回寓邸，时常怏怏不乐，托疾不朝。高祖已夺他权位，料无能为，因也不再计较。惟功臣尚未封赏，诸将多半争功，聚讼不休，高祖不得不选出数人，封为列侯，约略如下：

萧何封酂侯，曹参封平阳侯，周勃封绛侯，樊哙封舞阳侯，郦商封曲周侯，夏侯婴封汝阴侯，灌婴封颍阴侯，傅宽封阳陵侯，靳歙封建武侯，王吸封清阳侯，薛欧封广严侯，陈婴封堂邑侯，周緤封信武侯，吕泽封周吕侯，吕释之封建成侯，孔熙封蓼侯，陈贺封费侯，陈豨封阳夏侯，任敖封曲阿侯，周昌封汾阴侯，即周苛从弟。王陵封安国侯，审食其封辟阳侯。

还有张良、陈平，久参帷幄，功在赞襄，高祖特将张良召入，使自择齐地三万户。良答说道："臣在下邳避难，闻陛下起兵，乃至留邑相会，这是天意举臣授陛下。陛下听用臣谋，幸得有功，今但赐封留邑，臣愿已足，怎敢当三万户呢？"高祖乃封良为留侯，良拜谢而退。嗣又召入陈平，因陈平为户牖乡人，就封他为户牖侯。平拜让道："这不是臣的功劳，请陛下另封他人。"高祖道："我用先生计划，战胜攻取，为何不得言功？"平答说道："臣若非魏无知，怎得进事陛下？"高祖嘉叹道："汝可谓不忘本了！"乃传见无知，特赐千金，且令平仍然受封。平与无知一同谢恩，然后退出。良、平两人，毕竟聪明。

一班有功战将，看到张良、陈平，俱得封侯，心下已有些不服，暗想两人有谋无勇，也受荣封，真是万幸！但赏虽溢功，总还说得过去。独有萧何安居关中，毫无殊绩，反将他封为酂侯，食邑独多，究竟什么理由？因即约同进见，齐向高祖质问道："臣等披坚执锐，亲临战阵，多至百余战，少亦数十战，九死一生，才得邀受恩赐。今萧何并无汗马功劳，徒弄文墨，安坐论议，如何赏赐独隆，出臣等上？臣等不解，还请陛下明示！”高祖道：“诸君亦知田猎否？追杀兽兔，靠着猎狗，发纵指示，靠着猎夫。诸君攻城克敌，却与猎狗相似，徒然取得几只走兽罢了。萧何能发纵指示，使猎狗逐取兽兔，这正可比得猎夫。据此看来，诸君不过功狗，萧何却是功人！况且萧何举族相随，多至数十人，试问诸君从我，能有数十人么？我所以重赏萧何，愿诸君勿疑！”诸将才不敢再言，惟心中总还未惬。后来排置列侯位次，高祖又欲举何为首，诸将慌忙进言道：“平阳侯曹参，攻城略地，功劳最多，宜就首位。”高祖不觉沉吟，正想设词谕答，凑巧有一谒者官名。鄂千秋，出班发议道：“平阳侯曹参，虽有攻城略地的功劳，究不过是一时的战绩，回忆主上与楚相争，先后共历五年，丧师失众，屡致败北，亏得萧何居守关中，遣兵补缺，输粮济困，才得转危为安，这乃是功传万世，比众不同。臣意以为少百曹参，汉尚无患，失一萧何，汉必无成，奈何欲将一时战绩，掩盖万世丰功！今当以萧何为第一，次属曹参。”高祖喜顾左右道：“如鄂君言，才算公平。因即命萧何列第一位，特赐他剑履上殿，入朝不趋。一面又褒奖千秋，谓进贤应受上赏，加封千秋为安平侯。”迎合上意，究竟取巧。诸将拗不过高祖，纷纷趋退。高祖返入内殿，又想起从前时事，由泗上赴咸阳，别人各送钱三百，惟萧何送钱五百，赆仪独厚，现在我为天子，应该特别酬报，遂又加赏何食邑二千户，并封何父母兄弟十余人。二百钱得换食邑二千户，真好一种大交易。

诸将虽不免私议，但究竟与何无仇，倒也含忍过去。惟韩信曾做过大帅，所有许多战将，统皆隶属麾下，不意世事变迁，升降无定，前时部将，多得封侯，自己亦不过一个侯爵，反要与他称兄道弟，真正冤苦得很。一日闷坐无聊，乃乘着轻车，出外消遣。一路行来，经过舞阳侯樊哙宅门，本意是不愿进去，偏被樊哙闻知，连忙出来迎接，执礼甚恭，仍如前时在军时候，向信跪拜，自称臣仆。且语信道："大王乃肯下临臣家，真是荣幸极了！"韩信至此，自觉难以为情，不得不下车答礼，入门小坐，略谈片刻，便即辞出。哙恭送出门，俟信登车，方才返入。信不禁失笑道："我乃与哙等为伍么？"说着，匆匆还邸。嗣是更深居简出，免得撞见众将，多惹愁烦。何不挂冠归休？这且慢表。

且说高祖既封赏功臣，复记起田肯计议，要将子弟分封出去，镇抚四方。将军刘贾，系是高祖从兄，随战有功，应该首先加封。次兄仲与少弟交，更是同父所生，亦应畀他封土，列为屏藩。乃分楚地为二国，划淮为界，淮东号为荆地，就封贾为荆王；淮西仍楚旧称，便封交为楚王。代地自陈余受戮，久无王封，因将仲封为代王。齐有七十三县，比荆楚代地方阔大，特将庶长子肥，封为齐王，即用曹参为齐相，佐肥同去。分明是存着私见。于是同姓诸王，共得四国。惟从子信不得分封，留居栎阳。后来太公说及，还疑是高祖失记，高祖愤然说道："儿并非忘怀，只因信母度量狭小，不愿分羹，儿所以尚有余恨呢。"事见第一回。阿嫂原是器小，阿叔亦非真大度。太公默然无言。高祖见父意未惬，乃封信为羹颉侯。号为羹颉，始终不肯释嫌。看官试想，高祖对着侄儿，还是这般计较，不肯遽封。他如从征诸将，岂止二三十人，前此萧何等得了侯封，无非因他亲旧关系，多年莫逆，所以特加封赏。此外未曾邀封，尚不胜数。大众多半向隅，免不得互生嗟怨，隐有违言。

一日高祖在洛阳南宫，徘徊瞻顾，偶从复道上望将出去，见有一簇人聚集水滨，沿着沙滩，接连坐着，身上统是武官打扮，交头接耳，不知商量何事。一时无从索解，只好再去宣召张良，代为解决。待至张良到来，便与良述及情形。良毫不筹思，随口答道："这乃是相聚谋反呢！"一鸣惊人。高祖愕然道："为何谋反？"良解说道："陛下起自布衣，与诸将共取天下，今所封皆故人亲爱，所诛皆平生私怨，怎得不令人疑畏呢！疑畏一生，必多顾虑，恐今日未得受封，他日反致受戮，彼此患得患失，所以急不暇择，相聚谋反了。”高祖大惊道：“事且奈何？”良半晌才道：“陛下平日，对着诸将，何人最为憎嫌？”高祖道：“我所最恨的就是雍齿。我起兵时，曾叫他留守丰邑，他无故降魏，由魏走赵，由赵降张耳。张耳遣令助我攻楚，我因天下未平，转战需人，不得已将他收录。及楚为我灭，又不便无故加诛，只得勉强容忍，想来实是可恨呢！”雍齿数年行迹，正好借口叙过。良急说道：“速封此人为侯，方可无虞。”高祖惟良是从，就使不愿封他，也只好权从办理。越宿在南宫置酒，宴会群臣，面加奖励。及宴毕散席，竟传出诏命，封雍齿为什邡侯。雍齿更喜出望外，疾趋入谢，就是未得封侯的将吏，亦皆喜跃道：“雍齿且得封侯，我辈还有何虑呢？”不出张良所料。嗣是相安无事，不复生心。高祖闻着，自然喜慰。

转眼间已是夏令，高祖居洛多日，忆念家眷，因启跸回至栎阳，省视太公。太公是个乡间出身，见了高祖，无非依着家常情事。高祖守着子道，每朝乃父，必再拜问安，且酌定五日一朝，未尝失约，总算是孝思维则的意思。独有一侍从太公的家令，见高祖即位已久，如何太公尚无尊号，急切又不便明言，乃想出一法，进向太公说道：“皇帝虽是太公的儿子，究竟是个人主；太公虽是皇帝的父亲，究竟是个人臣，奈何令人主拜人臣呢！”太公闻所未闻，乃惊问家令，须用何种礼仪，家令教他拥篲迎门，才算合礼。太公便即记着，待至高祖入朝，急忙持帚出迎，且前且却。高祖大为诧异，慌忙下车，扶住太公。太公道：“皇帝乃是人主，天下共仰，为何为我一人，自乱天下法度呢。”高祖猛然省悟，心知有失，因将太公扶入，婉言盘问。太公朴实诚悫，就把家令所言，详述一遍。高祖也不多说，辞别回宫，即命左右取出黄金五百斤，叫他赏给太公家令。一面使词臣拟诏，尊太公为太上皇，订定私朝礼仪。于是太公得坐享尊荣，不必拥篲迎门了。高祖称帝逾年，尊母忘父，全是不学无术，何张良等亦未闻入请？可见良等不过霸佐，未足称为帝佐。

但太公生平，喜朴不喜华，爱动不爱静，从前乡里逍遥，无拘无束，倒还清闲自在，偏做了太上皇，受了许多束缚，反比不得居乡时候，可以随便游行，因此常提及故乡，有意东归。乡村风味原比皇都为胜，可惜俗子凡夫，未能解此！高祖略有所闻，且见太公多虑少乐，也已瞧透三分，乃使巧匠吴宽，驰往丰邑，把故乡的田园屋宇，绘成图样，携入洛阳，就择栎阳附近的骊邑地方，照样建筑。竹篱茅舍，容易告成。复由丰邑召入许多父老，及妇孺若干人，散居是地，乃请太上皇暇时往游，与父老等列坐谈心，不拘礼节，太上皇才得言笑自如，易愁为乐。这也未始非曲体亲心，才有此举呢。不没孝思。高祖又名骊邑为新丰，垂为纪念。事且慢表。

且说高祖既安顿了太上皇，复想到一班功臣，举止粗豪，全然没有礼法，起初是嫉秦苛禁，改从简易，不料删繁就简，反生许多弊端，有功诸将，任意行动，往往入宫宴会，喧语一堂，此夸彼竞，张大己功，甚至醉后起舞，大呼大叫，拔剑击柱，闹得不成样子。似此野蛮举动，若再不加禁止，朝廷将变作吵闹场，如何是好！可巧有个薛人叔孙通，是秦朝博士出身，辗转归汉，仍为博士，号稷嗣君。平时素务揣摩，能伺人主喜怒，遂乘间入见道："儒生难与进取，可与守成，现在天下已定，朝仪不可不肃，臣愿往鲁征集儒生，及臣所有的弟子，并至都中，讲习朝仪。"高祖道："朝仪要改定，但恐礼繁难行。"叔孙通道："臣闻五帝不同乐，三王不同礼，务在因时制宜，方可合用。今请略采古礼，与前秦仪制，折中酌定，想不至繁缛难行了。"高祖道："汝且去试办，总教容易举行，便好定夺。"

通受命而出，当即启行至鲁，招集了二三十个儒生，嘱使随行入都，共定朝仪。各儒生乐得攀援，情愿相随，独有两生不肯同行，且当面嘲笑道："公前事秦，继事楚，后复事汉，历事数主，想都是曲意奉承，才得这般宠贵。今天下粗定，死未尽葬，伤未尽复，乃欲遽兴礼乐，谈何容易！古来圣帝明王，必先积德百年，然后礼乐可兴，公不过借此献谀罢了。我两人岂肯学公，请公速行，毋得污我！”可谓庸中佼佼。叔孙通被他一嘲，强颜为笑道：“汝两人不知世务，真是鄙儒。”乃随他自便，但与愿行诸儒生，返回原路。又从薛地招呼弟子百余人，同至栎阳，先将朝仪大略，公同商定，逐条开明。嗣且实地练习，往就郊外旷地，拣一宽敞场所，与众演礼。惟因朝仪本旨，是在朝上举行，理应由侍臣到场，亲自学习，方免错误，乃奏闻高祖，请拨选左右文吏若干名，至演礼场观习仪文。高祖当然依言，即派文吏数十人，随通前去。大众到了郊外，已有人在场铺设，竖着许多竹竿，当作位置的标准，又用绵线搓成绳索，横缚竹竿上面，就彼接此，分划地位，再把剪下的茅草，捆缚成束，一束一束地植立起来，或在上面，或在下面，作为尊卑高下的次序。这个名目，可叫作绵蕞习仪。布置已定，然后使侍臣儒生弟子等，权充文武百官，及卫士禁兵，依着草定的仪注，逐条演习，应趋即趋，应立即立，应进即进，应退即退，周旋有序，动作有规，好容易习了月余，方觉演熟。当由叔孙通入朝，请高祖亲出一观，高祖便即往视，但见诸人演习的礼仪，无非是尊君抑臣，上宽下严。两语括尽。便欣然语通道：“我能为此，尽可照行。”语罢回宫，又颁诏群臣，令各赴演礼场观礼，准于次年岁首举行。

未几已秋尽冬来，例当改岁，仍沿秦制。巧值萧何驰奏到来，报称长乐宫告成。长乐宫就是秦朝的兴乐宫，萧何监工修筑，已经告竣。高祖正好凑便，遂至长乐宫过年。未几为汉朝七年元旦，各国诸侯王与大小文武百官，均诣新宫朝贺。天色微明，便有谒者官名见前。待着，见了诸侯群臣，当即依次引入，序立东西两阶。殿中早陈列仪仗，非常森严。卫官张旗，郎中执戟，左右分站，夹陛对楹。大行官名。肃立殿旁，计有九人，职司传命，迎送宾客。待至高祖乘辇出来，卫官郎中，交声传警，纠饬百官。高祖徐徐下辇，南面升坐，方由大行传呼出来，令诸侯王、丞相、列侯以下，逐班进见。诸侯王、丞相、列侯等，趋跄入殿，一一拜贺。高祖不过略略欠身，便算答礼，大行复传语平身，大众才敢起身趋退，仍归位次站立。于是分排筵宴，称为法酒。高祖就案宴饮，余人分席侍宴，旁立御史数人，注意监察，众皆屈身俯首，莫敢失仪，并且不敢擅饮，须按着尊卑次第，捧觞上寿，然后方得各饮数卮。酒至九巡，谒者便进请罢席，偶有因醉忘情，略略欠伸，便被御史引去，不准再坐，因此盈廷肃静，与前时宴会状态，大不相同。及大众谢宴散归，高祖亦退入内廷，不由得大喜道：“我今日方知皇帝的尊贵了！”正是：

拔剑酣歌成往事，肃班就序睹新仪。

高祖既大喜过望，当然要重赏叔孙通。欲知通得何赏赐，且待下回再详。

功人功狗之喻，不为无见，但必譬诸将为狗马，亦未免拟于不伦。子舆氏谓君之视臣如犬马，则臣视君如国人，高祖未能知比，徒以犬马视功臣，无惑乎沙中偶语，臣下不安，反侧者且四起也。况封同姓而忌异姓，全出私情，尊生母而忘生父，几亏子道，绳以修齐治平之大法，有愧多矣，何足与语王者之礼乐乎？叔孙通揣摩求合，欲起朝仪，徒以绵蕞从事，贻讥后世；而高祖反喜出望外，叹为皇帝之贵，及今始知。夸外观而失真意，乌足制治？此鲁两生之所以不肯从行，而名节独高千古也。

第二十五回　谋弑父射死单于　求脱围赂遗番后

却说叔孙通规定朝仪，适合上意，遂由高祖特别加赏，进官奉常，官名。赐金五百斤。通入朝谢恩，且乘机进言道：“诸儒生及臣弟子，随臣已久，共起朝仪，愿陛下俯念微劳，各赐一官。”高祖因皆授官为郎。通受金趋出，见了诸生，便悉数分给，不入私囊。诸弟子俱喜悦道：“叔孙先生，真是圣人，可谓确知世务了！”原来叔孙通前时归汉，素闻高祖不喜儒生，特改着短衣，进见高祖，果得高祖欢心，命为博士，加号稷嗣君。他有弟子百余人，也想因师求进，屡托保荐，通却一个不举，反将乡曲武夫，荐用数人，甚至盗贼亦为先容。诸弟子统皆私议道："我等从师数年，未蒙引进，却去抬举一班下流人物，真是何意？"叔孙通得闻此语，乃召语弟子道："汉王方亲冒矢石，争取天下，试问诸生能相从战斗否？我所以但举壮士，不举汝等，汝等且安心待着，他日有机可乘，自当引用，难道我真忘记么？"诸弟子才皆无语，耐心守候。待至朝仪订定，并皆为官，然后感谢师恩，方知师言不谬，互相称颂。有其师，必有其弟，都是一班热中客。这且搁过不提。

且说长城北面的匈奴国，前被秦将蒙恬逐走，远徙朔方。见前文。至秦已衰灭，海内大乱，无暇顾及塞外，匈奴复逐渐南下，乘隙窥边。他本号国王为单于王后为阏氏。音烟支。此时单于头曼，亦颇勇悍，长子名叫冒顿，音墨特。悍过乃父，得为太子。后来头曼续立阏氏，复生一男，母子均为头曼所爱。头曼欲废去冒顿，改立少子，乃使冒顿出质月氏，冒顿不得不行。月氏居匈奴西偏，有战士十余万人，国势称强。头曼阳与修和，阴欲进攻，且好使他杀死冒顿，免留后患。因此冒顿西去，随即率兵继进，往击月氏。月氏闻头曼来攻，当然动怒，便思执杀冒顿。冒顿却先已防着暗中偷得一马，黄夜逃归。头曼见了冒顿，不禁惊讶，问明底细，却也服他智勇，使为骑将，统率万人，与月氏战了一仗，未分胜负，便由头曼传令，收兵东还。

冒顿回入国中，自知乃父此行，并非欲战胜月氏，实是陷害自己，好教月氏杀毙，归立少弟。现在自己幸得逃回，若非先发制人，仍然不能免害。乃日夕踌躇，想出一条驭众的方法，先将群人收服，方可任所欲为。主意已定，遂造出一种骨箭，上面穿孔，使它发射有声，号为鸣镝，留作自用。惟传语部众道："汝等看我鸣镝所射，便当一齐射箭，不得有违，违者立斩！"部众虽未知冒顿用意，只好一齐应令。冒顿恐他阳奉阴违，常率部众射猎，鸣镝一发，万矢齐攒，稍有迟延，立毙刀下。部众统皆知畏，不敢少慢。冒顿还以为不足尽恃，竟将好马牵出，自用鸣镝射马，左右亦皆竞射，方见冒顿喜笑颜开，遍加奖励。嗣复看见爱妻，也用鸣镝射去，部众不能无疑，只因前命难违，不得不射。有几个多心人还道是冒顿病狂，未便动手，哪知被冒顿察出，竟把他一刀杀死。从此部众再不敢违，无论什么人物，但教鸣镝一响，无不接连放箭。头曼有好马一匹，放在野外，冒顿竟用鸣镝射去。大众闻声急射，箭集马身差不多与刺猬相似，冒顿大悦。复请头曼出猎，自己随着马后，又把鸣镝注射头曼，部众也即同射。可怜一位匈奴国王，无缘无故，竟死于乱箭之下！虽由头曼自取，然胡人之不知君父，可见一斑。冒顿趁势返入内帐，见了后母少弟，一刀一个，均皆劈死。且去寻杀头曼亲臣，复剁落了好几个头颅，冒顿遂自立为单于。国人都怕他强悍，无复异言。

惟东方有东胡国，向来挟众称强，闻得冒顿弑父自立，却要前来寻衅。先遣部目到了匈奴，求千里马。冒顿召问群臣，群臣齐声道："我国只有一匹千里马，乃是先王传下，怎得轻畀东胡？"冒顿摇首道："我与东胡为邻，不能为了一马，有失邻谊，何妨送给了他。"说着，即令左右牵出千里马，交与来使带去。不到数旬，又来了一个东胡使人，递上国书，说是要将冒顿的宠姬，送与东胡王为妾。冒顿看罢，传示左右，左右统发怒道："东胡国王，这般无礼，连我国的阏氏，都想要求，还当了得！请大单于杀了来使，再议进兵。"冒顿又摇首道："他既喜欢我的阏氏，我就给与了他，也是不妨。否则，重一女子，失一邻国，反要被人耻笑了！"全是骄兵之计，可惜戴了一顶绿头巾。当下把爱姬召出，也交原使带回。又过了好几月，东胡又遣使至匈奴来索两国交界的空地，冒顿仍然召问群臣。群臣或言可与，或言不可与，偏冒顿勃然起座道："土地乃国家根本，怎得与人？"一面说，一面喝使左右，把东胡来使，及说过可与的大臣，一齐绑出，全体诛戮。待左右献上首级便披了戎服，一跃上马，宣谕全国兵士，立刻启行，往攻东胡，后出即斩。匈奴国人，原是出入无常，随地迁徙，一闻主命，立刻可出。当即浩浩荡荡，杀奔东胡。

东胡国王得了匈奴的美人良马，日间驰骋，夜间偎抱，非常快乐。总道冒顿畏他势焰，不敢相侵，所以逐日淫佚，毫不设备。蓦闻冒顿带兵入境，慌得不知所措，仓促召兵，出来迎敌。那冒顿已经深入，并且连战连败，无路可奔，竟被冒顿驱兵围住，杀毙了事。所有王庭番帐，捣毁净尽，东胡人畜，统为所掠，简直是破灭无遗了。未知匈奴阏氏是否由冒顿带归。冒顿饱载而归，威焰益张。复西逐月氏，南破楼烦、白羊，乘胜席卷，把蒙恬略定的散地，悉数夺还。兵锋直达燕、代两郊。

直至汉已灭楚，方议整顿边防，特使韩王信移镇太原，控御匈奴。韩王信引兵北徙，既已莅镇，又表请移都马邑，实行防边。高祖本因信有材勇，特地调遣，及接到信表，哪有不允的道理？信遂由太原转徙马邑，缮城掘堑。甫得竣工，匈奴兵已蜂拥前来，竟将马邑城围住。信登城俯视，约有一二十万胡骑，自思彼众我寡，如何抵敌？只好飞章入关，乞请援师。无如东西相距，不下千里，就使高祖立刻发兵，也不能朝发夕至。那冒顿却麾众猛扑，甚是厉害。信恐城池被陷，不得已一再遣使，至冒顿营求和。和议虽未告成，风声却已四达，汉兵正奉遣往援，行至中途，得着韩王求和消息，一时不敢遽进，忙着人报闻高祖。高祖不免起疑，亟派吏驰至马邑，责问韩王，为何不待命令，擅向匈奴求和？韩王信吃了一惊，自恐得罪被诛，索性把马邑城献与匈奴，愿为匈奴臣属。何无志气乃尔！冒顿收降韩王信，令为向导，南逾勾注山，直攻太原。

警报与雪片相似，飞入关中，高祖遂下诏亲征，冒寒出师。时为七年，冬十月中。猛将如云，谋臣如雨，马步兵共三十二万人，陆续前进。前驱行至铜鞮，适与韩王信兵相值，一场驱杀，把信赶走，信将王喜，迟走一步，做了汉将的刀头血。信奔还马邑，与部将曼邱臣、王黄等，商议救急方法。两人本系赵臣，谓宜访立赵裔，笼络人心。信已无可奈何，只得听了两人的计议，往寻赵氏子孙。可巧得了一个赵利，便即拥戴起来。好好的国王不愿再为，反去拥戴他人，真是呆鸟。一面报达冒顿，且请出兵援应。冒顿在上谷闻报，便令左、右贤王，引兵会信。左、右贤王的称号，乃是单于以下最大的官爵，仿佛与中国亲王相似。两贤王带着铁骑万人，与信合兵，气势复盛，再向太原进攻。到了晋阳，偏又撞着汉兵，两下交战，复被汉兵杀败，仍然奔回。汉兵追至离石，得了许多牲畜，方才还军。

会值天气严寒，雨雪连宵，汉兵不惯耐冷，都冻得皮开肉裂，手缩足僵，甚至指头都堕落数枚，不胜困苦。高祖却至晋阳住下，闻得前锋屡捷，还想进兵，不过一时未敢冒险，先遣侦骑四出，往探虚实，然后再进。及得侦骑返报，统说冒顿部下，多是老弱残兵，不足深虑，如或往攻，定可得胜。高祖乃亲率大队，出发晋阳。临行时又命奉春君刘敬，再往探视，务得确音。这刘敬原姓是娄，就是前时请都关中的戍卒，高祖因他议论可采，授官郎中，赐姓刘氏，号奉春君。回应二十三回。此时奉了使命，当然前往。高祖麾兵继进，沿途遇着匈奴兵马，但教呐喊一声，便把他吓得乱窜，不敢争锋，因此一路顺风，越过了勾注山，直抵广武。却值刘敬回来复命，高祖忙问道："汝去探察匈奴情形，必有所见，想是不妨进击哩。"刘敬道："臣以为不宜轻进。"高祖作色道："为何不宜轻进？"敬答道："两国相争，理应耀武扬威，各夸兵力，乃臣往探匈奴人马，统是老弱瘦损，毫无精神，若使冒顿部下，不过如此，怎能横行北塞？臣料他从中有诈，佯示羸弱，暗伏精锐，引诱我军深入，为掩击计，愿陛下慎重进行，毋堕诡谋！"确是有识。高祖正乘胜长驱，兴致勃勃，不意敬前来拦阻，挠动军心，一经懊恼，便即开口大骂道："齐虏！敬本齐人。汝本靠着一张嘴，三寸舌，得了一个官职，今乃造言惑众，阻我军锋，敢当何罪？”说着，即令左右拿下刘敬，械系广武狱中，待至回来发落。粗莽已极。自率人马再进，骑兵居先，步兵居后，仍然畅行无阻，一往直前。

高祖急欲徼功，且命太仆夏侯婴，添驾快马，迅速趱程。骑兵还及随行，步兵追赶不上，多半剩落。好容易到了平城，蓦听得一声胡哨，尘头四起，匈奴兵控骑大至，环集如蚁。高祖急命众将对敌，战了多时，一些儿不占便宜。匈奴单于冒顿，复率大众杀到，兵马越多，气势越盛。汉兵已跑得力乏，再加一场大战，越觉疲劳，如何支撑得住，便纷纷地倒退下来。高祖见不可支，忙向东北角上的大山，引兵退入，扼住山口，迭石为堡，并力抵御。匈奴兵进扑数次，还亏兵厚壁坚，才得保守。冒顿却下令停攻，但将部众分作四支，环绕四周，把山围住。是山名为白登山，冒顿早已伏兵山谷，专待高祖到来，好教他陷入网罗。偏偏高祖中计，走入山中，冒顿乃率兵兜围，使他进退无路，内外不通，便好一网打尽，不留噍类。这正是冒顿先后安排的绝计！狡哉戎首。高祖困在山上，无法脱身，眼巴巴地望着后军，又不见到，没奈何鼓励将士，下山冲突，偏又被胡骑杀退。高祖还是痛骂步兵，说他逗留不前，哪知匈奴兵马，共有四十万众，除围住白登山外，尚有许多闲兵，分扎要路，截住汉兵援应。汉兵虽徒步驰至，眼见是胡兵遍地，如何得入？遂致高祖孤军被围，无法摆脱。高祖逐日俯视，四面八方，都是胡骑驻着，西方尽白马，东方尽青马，北方尽黑马，南方尽赤马，端的是色容并壮，威武绝伦。冒顿不读诗书，何亦知按方定色？

接连过了三五日，想不出脱围方法，并且寒气逼人，粮食复尽，又冻又饿，实在熬受不起。当时张良未曾随行，军中谋士，要算陈平最有智计。高祖与他商议数次，他亦没有救急良方，但劝高祖暂时忍苦，徐图善策。转眼间已是第六日了，高祖越觉愁烦，自思陈平多智，尚无计议，看来是要困死白登，悔不听刘敬所言，轻惹此祸！正惶急间，陈平已想了一法，密报高祖，高祖忙令照行，平即自去办理，派了一个有胆有识的使臣，赍着金珠及画图一幅，乘雾下山，投入番营。天下无难事，惟有银钱好，一路贿嘱进去，只说要独见阏氏，乞为通报。原来冒顿新得一个阏氏，很是爱宠，时常带在身旁，朝夕不离。此次驻营山下，屡与阏氏并马出入，指挥兵士，适被陈平瞧见，遂从他身上用计，使人往试。果然番营里面，阏氏的权力，不亚冒顿，平时举动，自有心腹人供役，不必尽与冒顿说明，但教阏氏差遣，便好照行，因此汉使买通番卒，得入内帐。可巧冒顿酒醉，鼾睡胡床，阏氏闻有汉使到来，不知为着何事，就悄悄地走出帐外，屏走左右，召见汉使。汉使献上金珠，只说由汉帝奉赠，并取出画图一幅，请阏氏转达单于。她原是女流，见了光闪闪的黄金，亮晃晃的珍珠，怎得不目眩心迷？一经到手，便即收下，惟展览画图，只绘着一个美人儿，面目齐整得很，便不禁起了妒意，含嗔启问道："这幅美人图，有何用处？"汉使答道："汉帝为单于所围，极愿罢兵修好，所以把金珠奉送阏氏，求阏氏代为乞请，尚恐单于不允，愿将国中第一美人，献于单于。惟美人不在军中，故先把图形呈上，今已遣快足去取美人，不日可到，就好送来，诸请阏氏转达便了。"阏氏道："这却不必，尽可带回。"汉使道："汉帝也舍不得这个美人，并恐献于单于，有夺阏氏恩爱，惟事出无奈，只好这样办法。若阏氏能设法解救，还有何说！当然不献入美人，情愿在阏氏前，再多送金珠呢。"阏氏道："我知道了！烦汝返报汉帝，尽请放心。"已入彀中。说着，即将图画交还汉使。汉使称谢，受图自归。

阏氏返入内帐，坐了片刻，暗想汉帝若不出围，又要来献美人，事不宜迟，应从速进言为是。当下起身近榻，巧值冒顿翻身醒来，阏氏遂进说道："单于睡得真熟，现在军中得了消息，说是汉朝尽起大兵，前来救主，明日便要到来了。"冒顿道："有这等事么？"阏氏道：“两主不应相困，今汉帝被困此山，汉人怎肯甘休？自然拼命来救。就使单于能杀败汉人，取得汉地，也恐水土不服，未能久居；倘或有失，便不得共享安乐了。”说到此句，就呜咽不能成声。是妇女惯技，但亦由作者体会出来。冒顿道：“据汝意见，应该如何？”阏氏道：“汉帝被困六七日，军中并不惊扰，想是神灵相助，虽危亦安，单于何必违天行事？不如放他出围，免生战祸。”冒顿道：“汝言亦是有理，我明日相机行事便了。”于是阏氏放下愁怀，到晚与冒顿共寝，免不得再申前言，凭你如何凶悍的冒顿单于，也不得不谨依阃教了。小子有诗咏道：

狡夷残忍本无亲，床第如何溺美人。
片语密陈甘纵敌，牝鸡毕竟戒司晨。

究竟冒顿是否撤围，待至下回再表。

冒顿之谋狡矣哉！怀恨乃父，作鸣镝以令大众，射善马，射爱妻，旋即射父。忍心害理，不顾骨肉，此乃由沙漠之地，戾气所钟，故有是悖逆之臣子耳。至若计灭东胡，诱困汉祖，又若深谙兵法，为孙吴之流亚。彼固目不知书，胡为而狡谋迭出也？高祖之被困白登，失之于骄，若非陈平之多谋，几致陷没。骄兵必败，理有固然。然冒顿能出奇制胜，而卒不免为妇人女子所愚，百炼钢化作绕指柔，甚矣，妇口之可畏也！

第二十六回　宴深宫奉觞祝父寿　系诏狱拼死白王冤

却说冒顿听了妻言，已经心动，又因韩王信及赵利等亦未到来，疑他与汉通谋，乃即于次日早起，传令出去，把围兵撤开一角，纵放汉兵。高祖自接得使臣复报，一夜不睡，专在山冈上面，眼巴巴地瞧着胡马。待至天色大明，才见山下有一角隙地，平空腾出，料知冒顿已听从阏氏，此时不走，尚待何时？乃即指麾大众，立刻下山。陈平忙说道：“且慢，山下虽有走路，但也不可不防，须令弓弩手夹护陛下，张弓搭箭，各用双镞，视敌进止，方可下山。”又顾语太仆夏侯婴道：“宁缓毋速，速即有祸！”夏侯婴听着，遂为高祖御车，徐徐下阪。两旁由弓弩手拥护，夹行而下，到了山麓，匈奴兵虽然望见，却也未尝拦阻，汉兵亦不发一箭，慢慢儿地过去，后面汉兵已陆续出围，幸皆走脱。到了平城附近，才得与步兵会合，一齐入城。冒顿见高祖从容不迫，始终防有他谋，不复追击，收兵自去。高祖经过七日的苦楚，侥幸逃生，当然不愿再击匈奴，也即引兵南还。行经广武，亟赦刘敬出狱，向敬面谢道：“我不用公言，致中虏计，险些儿不得相见！前次侦骑，不审虚实，妄言误我，我已把他尽诛了！”乃加封敬为关内侯，食邑二千户，号为建信侯。善能悔过，方不愧为英主。又加封夏侯婴食邑千户，再南行至曲逆县，见城池高峻，屋宇连绵，不由得赞叹道：“壮哉此县！我遍行天下，惟有洛阳与此城，最算形胜哩。”乃召过陈平，说他解围有功，便将全县采地，悉数酬庸，且改封户牖侯为曲逆侯。总计陈平，随征有年，屡献智谋，一是捐金行反间计；二是用恶劣菜蔬进食楚使；三是夜出妇女，解荥阳围；四是潜蹑帝足，请封韩信；五是伪游云梦；六是救出白登；这便叫作六出奇计。高祖转战四方，幕中谋士，张良以外，要推陈平，此外都声望平常，想是不过如此了。话休叙烦。

且说高祖至曲逆县，略略休息，仍复启行，路过赵国，赵王张敖，出郊迎接，执礼甚恭。他与高祖谊属君臣，情兼翁婿，就是吕后所生一女，许字张敖，虽尚未曾下嫁，却已定有口约，因此敖格外殷勤，小心伺候。史中但言张敖执子婿礼，未及公主下嫁事，但观后来娄敬所言，请以长公主嫁单于，则其未嫁可知。谁知高祖瞧他不起，箕踞谩骂，发了一番老脾气，便即动身自去。为下文贯高谋叛伏笔。行到洛阳，方才住下，忽见刘仲狼狈回来，说是匈奴移兵寇代，抵敌不住，只好奔回。刘仲封代事，见二十四回。高祖发怒道："汝只配株守田园，怪不得见敌就逃，连封土都不管了。"刘仲碰了一鼻子灰，俯首退出。高祖本欲将他加罪，因念手足相关，不忍重惩，因从宽发落，降仲为合阳侯。另封少子如意为代王，如意为戚姬所出，见二十二回。得蒙高祖宠爱，故年仅八岁，便得王封，嗣恐如意年幼，未能就国，特命阳夏侯陈豨为代相，先往镇守。陈豨也领命就任去了。

惟高祖接得萧何奏报，咸阳宫阙，大致告就，请御驾亲往巡视，高祖乃由洛阳至栎阳，复由栎阳至咸阳。萧何当然接驾，导入游览。最大的叫作未央宫，周围约有二三十里，东北两方，阙门最广，殿宇规模，亦多高敞。前殿尤为壮丽。还有武库太仓，分造殿旁，也是崇闳轮奂，气象巍峨。高祖巡视未周，便勃然动怒道：

“天下汹汹，劳苦已甚，成败尚未可知，汝修治宫室，怎得这般奢侈哩！”何不慌不忙，正容答说道：“臣正因天下未定，不得不增高宫室，借壮观瞻。试想天子以四海为家，若使规模狭隘，如何示威！且恐后世子孙，仍要改造，反多费一番工役，还不如一劳永逸，较为得宜！”说到宜字，见高祖改怒为喜，和颜与语道：“汝说亦是，我又不免错怪了。”看官听说！前时修筑的长乐宫，不过踵事增华，没甚烦费，若未央宫乃是新造，由萧何煞费经营，两载始成，虽不及秦代的阿房宫，却也十得二三，不过占地较少，待役较宽，自然不致聚怨，激成民变。萧何与高祖结识多年，岂不知高祖性情，也是好夸，所以开拓宏规，务从藻饰，高祖责他过奢，实是佯嗔佯怒，欲令萧何代为解释，才免贻讥。一主一臣，心心相印，瞒不过明人炬眼，惟庸耳俗目，还道是高祖俭约哩！勘透一层，读史得间。高祖又命未央宫四围，添筑城垣，作为京邑，号称长安。当即带同文武官吏，至栎阳搬取家眷，徙入未央宫，从此皇居已定，不再迁移了。

但高祖生性好动，不乐安居，过了月余，又往洛阳。一住半年，又要改岁。至八年元月，闻得韩王信党羽，出没边疆，遂复引兵出击。到了东垣，寇已退去，乃南归过赵，至柏人县中寄宿。地方官早设行幄，供张颇盛，高祖已经趋入，忽觉得心下不安，急问左右道：“此县何名？”左右答是柏人县，高祖愕然道：“柏与迫声音相近，莫非要被迫不成？我不便在此留宿，快快走罢？”命不该死，故有此举。左右闻言，仍出整法驾，待着高祖上车，一拥而去。看官试阅下文，才知高祖得免毒手，幸亏有此一走呢。作者故弄狡狯，不肯遽说。

高祖还至洛阳，又复住下。光阴易过，转瞬年残，淮南王英布，梁王彭越，赵王张敖，楚王刘交，陆续至洛，朝贺正朔。高祖欲还都省亲，乃命四王扈跸同行。及抵长安，已届岁暮。未几便是九年元旦，高祖在未央宫中，奉太上皇登御前殿，自率王侯将相等人，一同谒贺。拜跪礼毕，大开筵宴，高祖陪着太上皇正座饮酒，两旁分宴群臣，按班坐下。殽核既陈，笾豆维楚，高祖即捧觞起座，为太上皇祝寿。太上皇笑容可掬，接饮一觞，王侯将相，依次起立，各向太上皇恭奉寿酒。太上皇随便取饮，约莫喝了好几杯，酒酣兴至，越觉开颜，高祖便戏说道：“从前大人常说臣儿无赖，不能治产，还是仲兄尽力田园，善谋生计。今臣儿所立产业，与仲兄比较起来，究竟是谁多谁少呢？”大庭广众之间，亦不应追驳父言，史家乃传为美谈，真是怪极。太上皇无词可答，只好微微笑着。群臣连忙欢呼万岁，闹了一阵，才把戏言搁过一边，各各开怀畅饮，直至夕阳西下，太上皇返入内廷，大众始谢宴散归。

才过了一两日，连接北方警报，乃是匈奴犯边，往来不测，几乎防不胜防。高祖又添了一种忧劳，因召入关内侯刘敬，与议边防事宜。刘敬道："天下初定，士卒久劳，若再兴师远征，实非易事，看来这匈奴国不是武力所能征服哩。"高祖道："不用武力，难道可用文教么？"敬又道："冒顿单于，弑父自立，性若豺狼，怎能与谈仁义？为今日计，只有想出一条久远的计策，使他子孙臣服，方可无虞；但恐陛下未肯照行。"高祖道："果有良策，可使他子孙臣服，还有何说！汝尽可明白告我。"敬乃说道："欲要匈奴臣服，只有和亲一策，诚使陛下割爱，把嫡长公主遣嫁单于，他必慕宠怀恩，立公主为阏氏，将来公主生男，亦必立为太子，陛下又岁时问遗，赐他珍玩，谕他礼节，优游渐渍，俾他感格，今日冒顿在世，原是陛下的子婿，他日冒顿死后，外孙得为单于，更当畏服。天下岂有做了外孙，敢与外王父抗礼么？这乃是不战屈人的长策呢。还有一言，若陛下爱惜长公主，不令远嫁，或但使后宫子女，冒充公主，遣嫁出去，恐冒顿刁狡得很，一经察觉，不肯贵宠，仍然与事无益了。"刘敬岂无耳目？难道不知长公主已字赵王？且冒顿不知有父，何知妇翁，此等计策，不值一辩。高祖道："此计甚善，我亦何惜一女呢。"想是不爱张敖，因想借端悔婚。当下返入内寝，转语吕后，欲将长公主遣嫁匈奴。吕后大惊道：“妾惟有一子一女，相依终身，奈何欲将女儿，弃诸塞外，配做番奴？况女儿已经许字赵王，陛下身为天子，难道尚可食言？妾不敢从命！”说至此处，那泪珠儿已莹莹坠下，弄得高祖说不下去，只好付诸一叹罢了。

过了一宵，吕后恐高祖变计，忙令太史择吉，把长公主嫁与张敖。好在张敖朝贺未归，趁便做了新郎，亲迎公主。高祖理屈词穷，只好听她所为。良辰一届，便即成婚，两口儿恩爱缠绵，留都数日，便进辞帝后，并辇回国去了。这位长公主的封号，叫作鲁元公主，一到赵国，当然为赵王后，不消细说。惟高祖意在和亲，不能为此中止，乃取了后宫所生的女儿，诈称长公主，使刘敬速诣匈奴，结和亲约。往返约越数旬，待敬归报，入朝见驾，说是匈奴已经允洽，但究竟是以假作真，恐防察觉，仍宜慎固边防，免为所乘。高祖道：“朕知道了。”刘敬道：“陛下定都关中，不但北近匈奴，须要严防，就是山东一带，六国后裔，及许多强族豪宗，散居故土，保不住意外生变，觊觎帝室，陛下岂真可高枕无忧吗？”高祖道：“这却如何预防！”敬答道：“臣看六国后人，惟齐地的田、怀二姓，楚地的屈、昭、景三族，最算豪强，今可徙入关中，使他屯垦。无事时可以防胡，若东方有变，也好率领东征。就是燕赵韩魏的后裔，以及豪杰名家，俱可酌迁入关，用备驱策。这未始非强本弱末的法制，还请陛下采纳施行！”高祖又信为良策，即日颁诏出去，令齐王肥楚王交等饬徙齐楚豪族，西入关中。还有英布、彭越、张敖诸王，已早归国，亦奉到诏令，调查豪门贵阀，迫使挈眷入关。统共计算，不下十余万口。亏得关中经过秦乱，户口散离，还有隙地，可以安插，不致失居。但无故移民，乃是前秦敝政，为何不顾民艰，复循旧辙？当时十万余口，为令所迫，不得不扶老携幼，狼狈入关。后来居住数年，语庞人杂，遂致京畿重地，变做五方杂处。豪徒侠客，借此混迹，渐渐地结党弄权，所以汉时三辅，号称难治。汉称京兆、左冯翊、右扶风，号称三辅。看官试想！这不是刘敬遗下的祸祟么？

高祖还都两月，又赴洛阳，适有赵相贯高的仇人，上书告变。高祖阅毕，立即大怒，遂亲写一道诏书，付与卫士，叫他前往赵国，速将赵王张敖，及赵相贯高、赵午等人，一并拿来。这事从何而起？便由高祖过赵，谩骂赵王，激动贯高、赵午两人，心下不平，竟起逆谋。他两人年过六旬，本是赵王张敖父执，使他为相，好名使气，到老不衰。自从张敖为高祖所侮，便觉得看不过去，互相私语，讥敖孱弱，且同入见敖，屏人与语道："大王出郊迎驾，备极谦恭，也算是致敬尽礼了。乃皇帝毫不答礼，任情辱骂，难道做得天子，便好如此？臣等愿为大王除去皇帝！"张敖大骇，啮指出血，指天为誓道："这事如何使得？从前先王失国，全仗皇帝威力，得复故土，传及子孙，此恩此德，世世不忘，君等奈何出此妄言！"还有良心。两人见敖不从，出语私人道："我等原是弄错了，我王生性忠厚，不忍背德，惟我等义难受辱，总要出此恶气，事成归王，不成当自去受罪罢。"何必如此。两人遂暗地设法，欲害高祖。

高祖匆匆过境，并不久留，一时无从下手，只好作罢。嗣闻高祖出次东垣，还兵过赵，遂密遣刺客数人，伺候高祖行踪，意图行刺。当时高祖行经柏人，心动即行，并未尝知有刺客，其实刺客正隐身厕壁，想要动手。偏偏高祖似有神助，不宿而去，仍致贯高等所谋不成。回应本回前文，说明事迹。及贯高怨家，讦发密谋，一道严诏，颁到赵国，赵王张敖，全然不觉，冤冤枉枉地受了罪名，束手就缚。赵午等情急拼生，统皆自刭，独贯高怒叱诸人道："我王并未谋逆，事由我等所为，今日连累我王，都教一死了事，试问我王的冤枉，何人替他申辩呢？"于是情愿受绑，随敖同行。有几个赤胆忠心的赵臣，也想随着。偏诏书中不准相从，并有罪及三族的厉禁，乃皆想出一法，自去髡钳，注释见前。假充赵王家奴，随诣洛阳，高祖也不与张敖相见，即交廷尉典狱官名。讯办。廷尉因张敖曾为国王，且是高祖女婿，当然另眼相待，留居别室。独使贯高对簿，贯高朗声道："这都是我等所为，与王无涉。"廷尉疑他袒护赵王，不肯直供，便令隶役重笞贯高。贯高咬牙忍受，绝无他言。一次讯毕，明日再讯，后日三讯，贯高惟坚执前词，为王呼冤，廷尉复喝用严刑，当由隶役取过铁针向火烧热，刺入贯高肢体，可怜贯高不堪忍受，晕过数次，甚至身无完肤，九死一生，仍然不改前言。廷尉也弄得没法，只好把高系狱，从缓定谳。可巧鲁元公主，为了丈夫被逮，急往长安，谒见母后，涕泣求援。吕后也忙至洛阳，见了高祖，力为张敖辩诬，且说他身为帝婿，不应再为逆谋。高祖尚发怒道："张敖若得据天下，难道尚少汝一个女儿。"

吕后见话不投机，未便再请，但遣人往问廷尉。廷尉据实陈明，且即将屡次审讯情形，详奏高祖。高祖也不禁失声道："好一个壮士！始终不肯改言。"口中虽这般说，心下尚不能无疑，乃遍问群臣，何人与贯高相识？中大夫泄公应声道："臣与贯高同邑，也曾相识，高素尚名义，不轻然诺，却是一个志士。"高祖道："汝既识得贯高，可即至狱中探视，问明隐情，究竟赵王是否同谋？"泄公应命，持节入狱。狱吏见了符节，始敢放入。行至竹床相近，才见贯高奄卧床上，已是遍体鳞伤，不忍逼视。可谓黑暗地狱。因轻轻地唤了数声，贯高听着，方开眼仰视道："君莫非就是泄公么？"泄公答声称是。贯高便欲起坐，可奈身子不能动弹，未免呻吟。泄公仍叫他卧着，婉言慰问，欢若平生。及说到谋逆一案，方出言探问道："汝何必硬保赵王，自受此苦？"贯高张目道："君言错了！人生世上，那一个不爱父母，恋妻子，今我自认首谋，必致三族连坐，难道我痴呆至此？为了赵王一人，甘送三族性命？不过赵王实未同谋，如何将他扳入，我宁灭族，不愿诬王。"泄公乃依言返报，高祖才信张敖无罪，赦令出狱。且复语泄公道："贯高至死，且不肯诬及张王，却是难得，汝可再往狱中，传报张王已经释出，连他也要赦罪了。"于是泄公复至狱中，传述谕旨。贯高跃然起床道："我王果已释出么！"泄公道："主上有命，不止释放张王，还说足下忠信过人，亦当赦罪。"贯高长叹道："我所以拼着一身，忍死须臾，无非欲为张王白冤。今王已出狱，我得尽责，死亦何恨！况我为人臣，已受篡逆的恶名，还有何颜再事主上？就使主上怜我，我难道不知自愧么？"说罢，扼吭竟死。小子有诗咏道：

一身行事一身当，拼死才能释赵王。

我为古人留断语，直情使气总粗狂！

泄公见贯高自尽，施救无及，乃回去复命。欲知高祖如何措置，且至下回说明。

观汉高之言动，纯是粗豪气象，未央宫之侍宴上皇，尚欲与仲兄比赛长短，追驳父语，非所谓得意忘言欤？鲁元公主，已字张敖，乃欲转嫁匈奴，其谬尤甚。帝王驭夷，叛则讨之，服则舍之，从未闻有与结婚姻者，刘敬之议，不值一辩，况鲁元之先已字人乎？本回叙鲁元公主事，先字后嫁，最近人情。否则鲁元已为赵王后，夺人妻以嫁匈奴，就使高祖、刘敬，愚鲁寡识，亦不至此。彼贯高等之谋弑高祖，亦由高祖之谩骂而来。谋泄被逮，宁灭族而不忍诬王，高之小信，似属可取。然弑主何事，而敢行乎？高祖之欲赦贯高，总不脱一粗豪之习。史称其豁达大度，大度者果若是乎？

第二十七回　议废立周昌争储　讨乱贼陈豨败走

却说高祖闻贯高自尽，甚是叹惜。又闻有几个赵王家奴，一同随来，也是不怕死的好汉，当即一体召见，共计有十余人，统是气宇轩昂，不同凡俗。就中有田叔、孟舒，应对敏捷，说起赵王冤情，真是慷慨淋漓，声随泪下。廷臣或从旁诘难，都被他据理申辩，驳得反舌无声。高祖瞧他词辩滔滔，料非庸士，遂尽拜为郡守，及诸侯王中的国相。田叔、孟舒等谢恩而去。高祖乃与吕后同返长安，连张敖亦令随行。既至都中，降封敖为宣平侯，移封代王如意为赵王，即将代地并入赵国，使代相陈豨守代，另任御史大夫周昌为赵相。如意封代王，陈豨为代相，均见前回。周昌系沛县人，就是前御史大夫周苛从弟。苛殉难荥阳，见前文。高祖令昌继领兄职，加封汾阴侯。见二十四回。昌素病口吃，不善措词，惟性独强直，遇事敢言，就使一时不能尽说，挣得头面通红，也必要徐申己意，不肯含糊，所以萧曹等均目为诤臣，就是高祖也称为正直，怕他三分。

一日，昌有事入陈，趋至内殿，即闻有男女嬉笑声，凝神一瞧，遥见高祖上坐，怀中揽着一位美人儿，调情取乐，那美人儿就是专宠后宫的戚姬，昌连忙掉转了头，向外返走。不意已被高祖窥见，撇了戚姬，赶出殿门，高呼周昌。昌不便再行，重复转身跪谒，高祖趁势展开两足，骑住昌项，成何体统？且俯首问昌道："汝既来复去，想是不愿与朕讲话，究竟看朕为何等君主呢？"昌仰面睁看高祖，把嘴唇乱动片刻，激出了一句话说道："陛下好似桀纣哩！"应有此说。高祖听了，不觉大笑，就将足移下，放他起来。昌乃将他事奏毕，扬长自去。

惟高祖溺爱戚姬，已成癖性，虽然敬惮周昌，哪里能把床第爱情，移减下去？况且戚姬貌赛西施，技同弄玉，能弹能唱，能歌能舞，又兼知书识字，信口成腔，当时有《出塞》《入塞》《望妇》等曲，一经戚姬度入娇喉，抑扬宛转，真个销魂，叫高祖如何不爱？如何不宠？高祖常出居洛阳，必令戚姬相随。入宫见嫉，掩袖工啼，本是妇女习态，不足为怪。因高祖素性渔色，哪得不堕入迷团！古今若干英雄，多不能打破此关。戚姬既得专宠，便怀着夺嫡的思想，日夜在高祖前颦眉泪眼，求立子如意为太子。高祖不免心动，且因太子盈秉性柔弱，不若如意聪明，与己相类，索性趁早废立，既可安慰爱姬，复可保全国祚。只吕后随时防着，但恐太子被废，几视戚姬母子，似眼中钉。无如色衰爱弛，势隔情疏，戚姬时常伴驾，吕后与太子盈每岁留居长安，咫尺天涯，总不敌戚姬的亲媚，所以储君位置，暗致动摇。会值如意改封，年已十龄，高祖欲令他就国，惊得戚姬神色仓皇，慌忙向高祖跪下，未语先泣，扑簌簌的泪珠儿，不知堕落几许！高祖已窥透芳心，便婉语戚姬道：“汝莫非为了如意么？我本思立为太子，只是废长立幼，终觉名义未顺，只好从长计议罢！”哪知戚姬听了此言，索性号哭失声，宛转娇啼，不胜悲楚。高祖又怜又悯，不由得脱口道：“算了罢！我就立如意为太子便了。”

翌日临朝，召集群臣，提出废立太子的问题，群臣统皆惊骇，黑压压地跪在一地，同声力争，无非说是立嫡以长，古今通例，且东宫册立有年，并无过失，如何无端废立，请陛下慎重云云。高祖不肯遽从，顾令词臣草诏，蓦听得一声大呼道：“不可！不……不可！”高祖瞧着，乃是口吃的周昌，便问道：“汝只说不可两字，究竟是何道理？”昌越加情急，越觉说不出口，面上忽青忽紫，好一歇才挣出数语道：“臣口不能言，但期期知不可行。陛下欲废太子，臣期期不奉诏。”高祖看昌如此情形，忍不住大笑起来，就是满朝大臣，听他说出两个期期，也为暗笑不置。究竟期期二字是什么解，楚人谓极为綦，昌又口吃，读綦如期，并连说期期，倒反引起高祖欢肠，笑了数声，退朝罢议。群臣都起身退归，昌亦趋出，殿外遇着宫监，说是奉皇后命，延入东厢，昌不得不随他同去。既至东厢门内，见吕后已经立候，正要上前行礼，不料吕后突然跪下，急得昌脚忙手乱，慌忙屈膝俯伏，但听吕后娇声道：“周君请起，我感君保全太子，所以敬谢。”未免过礼，即此可见妇人心性。昌答道：“为公不为私，怎敢当此大礼？”吕后道：“今日若非君力争，太子恐已被废了。”说毕乃起，昌亦起辞，随即自去。看官阅此：应知吕后日日关心，早在殿厢伺着，窃听朝廷会议，因闻周昌力争，才得罢议，不由得感激非常，虽至五体投地，也是甘心了。

惟高祖退朝以后，戚姬大失所望，免不得又来絮聒。高祖道："朝臣无一赞成，就使改立，如意也不能安，我劝汝从长计议，便是为此。"戚姬泣语道："妾并非定欲废长立幼，但妾母子的性命，悬诸皇后手中，总望陛下曲为保全！"高祖道："我自当慢慢设法，决不使汝母子吃亏。"戚姬无奈，只好收泪，耐心待着，高祖沉吟了好几日，未得良谋，每当愁闷无聊，惟与戚姬相对悲歌，唏嘘欲绝。家事难于国事。

掌玺御史赵尧，年少多智，揣知高祖隐情，乘间入问道："陛下每日不乐，想是因赵王年少，戚夫人与皇后有隙，恐万岁千秋以后，赵王将不能自全么？"高祖道："我正虑此事，苦无良法。"赵尧道："陛下何不为赵王择一良相，但教为皇后太子及内外群臣素来所敬畏的大员，简放出去，保护赵王，就可无虞。"高祖道："我亦尝作是想，惟群臣中何人胜任。"尧又道："无过御史大夫周昌。"高祖极口称善。便召周昌入见，令为赵相，且与语道："此总当劳公一行。"昌泫然流涕道："臣自陛下起兵，便即相从，奈何中道弃臣，乃使臣出为赵相呢？"明知赵相难为，故有此设词。高祖道："我亦知令君相赵，迹类左迁，当时尊右卑左，故谓贬秩为左迁。但私忧赵王，除公无可为相，只好屈公一行，愿公勿辞？"昌不得已受了此命，遂奉赵王如意，陛辞出都。如意与戚姬话别，戚姬又洒了许多珠泪，不消细说。屡次下泪，总是不祥之兆。惟御史大夫一缺，尚未另授，所遗印绶，经高祖摩弄多时，自言自语道："这印绶当属何人？"已而旁顾左右，正值赵尧侍侧，乃熟视良久。又自言自语道："看来是莫若赵尧为御史大夫。"尧本为掌玺御史，应属御史大夫管辖。赵人方与公，尝语御史大夫周昌道："赵尧虽尚少年，乃是奇士，君当另眼相看，他日必代君位。"昌冷笑道："尧不过一刀笔吏，何能至此！"及昌赴赵国，尧竟继昌后任。昌得知消息，才佩服方与公的先见，这也不在话下。

且说汉高祖十年七月，太上皇病逝，安葬栎阳北原。栎阳与新丰毗连，太上皇乐居新丰，视若故乡。见二十四回。故高祖徙都长安，太上皇不过偶然一至，未闻久留。就是得病时候，尚在新丰，高祖闻信往视，才得将他移入栎阳宫，未几病剧去世，就在栎阳宫治丧。皇考升遐，当然有一番热闹，王侯将相，都来会葬，独代相陈豨不至。及奉棺告窆，特就陵寝旁建置一城，取名万年，设吏监守。高祖养亲的典礼，从此告终。此事原不能略去。

葬事才毕，赵相周昌，乘便进谒，说有机密事求见。高祖不知何因，忙即召入。昌行过了礼，屏人启奏道："代相陈豨，私交宾客，拥有强兵，臣恐他暗中谋变，故特据实奏闻。"高祖愕然道："陈豨不来会葬，果想谋反么？汝速回赵坚守，我当差人密查；若果有此事，我即引兵亲征，谅豨也无能为呢！”周昌领命去讫，高祖即遣人赴代，实行查办。豨本宛朐人氏，前从高祖入关，累著战功，得封阳夏侯，授为代相。代地北近匈奴，高祖令他往镇，原是格外倚任的意思。豨与淮阴侯韩信友善，且前日也随信出征，联为至交。当受命赴代时，曾至韩信处辞行，信挈住豨手，引入内廷，屏去左右，独与豨步立庭中，仰天叹息道：“我与君交好有年，今有一言相告，未知君愿闻否？”豨答道：“惟将军命。”信复道：“君奉命往代，代地士马强壮，天下精兵，统皆聚集，君又为主上信臣，因地乘势，正好图谋大事。若有人报君谋反，主上亦未必遽信，及再至三至，方激动主上怒意，必且亲自为将，督兵北讨，我为君从中起事，内应外合，取天下也不难了。”豨素重信才，当即面允道：“谨受尊教。”信又嘱托数语，方才相别。豨到了代地，阴结爪牙，预备起事。他平时本追慕魏信陵君，即魏公子无忌。好养食客，此次复受韩信嘱托，格外广交，无论豪商巨猾，统皆罗致门下。尝因假归过赵，随客甚多，邯郸旅舍，都被占满。周昌闻豨过境，前去拜会，见他人多势旺，自然动疑。及豨假满赴镇，从骑越多，豨且意气自豪，越觉得野心勃勃，不可复制。昌又与晤谈片刻，待豨出境，正想上书告密，适值上皇驾崩，西行会葬，见陈豨未尝到来，当即谒见高祖，说明豨有谋变等情。嗣由高祖派员赴代，查得陈豨门客，诸多不法，豨亦未免同谋，乃即驰还报闻。高祖尚不欲发兵，但召豨入朝，豨仍不至，潜谋作乱。韩王信时居近塞，侦悉陈豨抗命情形，遂遣部将王黄、曼邱臣，入诱陈豨，豨乐得与他联结，举兵叛汉，自称代王，胁迫赵、代各城守吏，使为己属。

高祖闻报，忙率将士出发，星夜前进，直抵邯郸。周昌出城迎入，由高祖升堂坐定，向昌问道："陈豨兵有无来过？"昌答言未来，高祖欣然道："豨不知南据邯郸，但恃漳水为阻，不敢遽出，我本知他无能为，今果验了。"昌复奏道："常山郡共二十五城，今已有二十城失去，应把该郡守尉，拿来治罪。"高祖道："守尉亦皆造反否？"昌答称尚未。高祖道："既尚未反，如何将他治罪？他不过因兵力未足，致失去二十城。若不问情由，概加罪责，是迫使造反了。"随即颁出赦文，悉置不问，就是赵代吏民，一时被迫，亦准他自拔来归，不咎既往。这也是应有之事。复命周昌选择赵地壮士，充做前驱将弁。昌挑得四人，带同入见，高祖忽谩骂道："竖子怎配为将哩！"四人皆惶恐伏地，高祖却又令他起来，各封千户，使为前锋军将。全是权术驭人。左右不解高祖命意，待四人辞退，便进谏道："从前一班开国功臣，经过许多险难，尚未尽得封赏，今此四人并无功绩，为何就沐恩加封？”高祖道：“这非汝等所能知，今日陈豨造反，赵、代各地，多半被豨夺去，我已传檄四方，征集兵马，乃至今还没有到来。现在单靠着邯郸兵士，我岂可惜此四千户，反使赵地子弟，无从慰望呢！”左右乃皆拜服。高祖又探得陈豨部属，多系商人，即顾语左右道：“豨属不难招致，我已想得良法了。”于是取得多金，令干吏携金四出，收买豨将，一面悬赏千金，购拿王黄、曼邱臣二人。二人一时未获，豨将却陆续来降。高祖便在邯郸城内，过了残年。至十一年元月，诸路兵马，奉檄援赵，会讨陈豨。豨正遣部将张春，渡河攻聊城，王黄屯曲逆，侯敞带领游兵，往来接应，自与曼邱臣驻扎襄国。还有韩王信，亦进居参合，赵利入守东垣，总道是内外有备，可以久持。那高祖亦分兵数道，前去攻击，聊城一路，付与将军郭蒙，及丞相曹参；曲逆一路，付与灌婴；襄国一路，付与樊哙；参合一路，付与柴武；自率郦商、夏侯婴等，往攻东垣。另派绛侯周勃，从太原进袭代郡。代郡因陈豨他出，空虚无备，被周勃一鼓入城，立即荡平。复乘胜进攻马邑，马邑固守不下，由勃猛扑数次，击毙守兵多人，方才还军。已而郭蒙会合齐兵，亦击败张春，樊哙又略定清河、常山等县，击破陈豨及曼邱臣，灌婴且阵斩张敞，击走王黄，数路兵均皆得胜。惟高祖自击东垣，却围攻了两三旬，迭次招降，反被守城兵士，罗罗苏苏，叫骂不休。顿时恼动高祖，亲冒矢石，督兵猛攻，城中尚拼死守住，直至粮尽势穷，方才出降。高祖驰入城中，命将前时叫骂的士卒，悉数处斩，惟不骂的始得免死。赵利已经窜去，追寻无着，也即罢休。

是时四路胜兵，依次会集，已将代地平定，王黄，曼邱臣，被部下活捉来献，先后受诛。陈豨一败涂地，逃往匈奴去了。独汉将柴武，出兵参合，未得捷报。高祖不免担忧，正想派兵策应，可巧露布驰来。乃是参合已破，连韩王信都授首了。事有先后，故叙笔独迟。原来柴武进攻参合，先遣人致书韩王信，劝他悔过归汉，信报武书，略言仆亦思归，好似痿人不忘起，盲人不忘视，但势已至此，归徒受诛，只好舍生一决罢。柴武见信不肯从，乃引兵进击，与韩王信交战数次，多得胜仗。信败入城中，坚守不出。武佯为退兵，暗地伏着，俟韩王信出来追赶，突然跃出，把信劈落马下，信众皆降，武方露布告捷。

高祖当然喜慰，乃留周勃防御陈豨，自引诸军西归。途次想到赵、代二地，不便强合，还是照旧分封，才有专责。乃至洛阳下诏，仍分代、赵为二国，且从子弟中择立代王。诸侯王及将相等三十八人，统说皇中子恒，贤智温良，可以王代，高祖遂封恒为代王，使都晋阳。这代王恒就是薄姬所生，薄姬见幸高祖，一索得男。见前文。后来高祖专宠戚姬，几把薄姬置诸不睬，薄姬却毫无怨言，但将恒抚养成人，幸得受封代地。恒辞行就国，索性将母妃也一同接去。高祖原看薄姬如路人，随他母子偕行，薄姬反得跳出祸门，安享富贵去了。小子有诗咏道：

其道生离不足欢，北行母子尚团圆。
试看人彘贻奇祸，得宠何如失宠安！

高祖既将代王恒母子，遣发出去，忽接着吕后密报，说是诛死韩信，并夷三族。惹得高祖又喜又惊。毕竟韩信何故诛夷，且至下回再详。

周昌固争废立，力持正道，不可谓非汉之良臣。或谓太子不废，吕后乃得擅权，几至以吕代刘，是昌之一争，反足贻祸，此说实似是而非。吕氏之得擅权于日后，实自高祖之听杀韩、彭，乃至酿成隐患，于太子之废立与否，尚无与也。惟高祖既欲保全赵王，不若使与戚姬同行。戚姬既去，则免为吕后之眼中钉，而怨亦渐销。试观代王母子之偕出，并无他虞，可以知矣。乃不忍远离宠妾，独使周昌相赵，昌虽强项，其如吕后何哉！若夫陈豨之谋反，启于韩信，而卒致无成，例以《春秋》大义，则豨实有不忠之罪，正不得徒咎淮阴也，豨若效忠，岂淮阴一言所能转移乎？《纲目》不书信反，而独书豨反，有以夫！

第二十八回 悍吕后毒计戮功臣 智陆生善言招蛮酋

却说韩信自降封以后，怏怏失望，前与陈豨话别，阴有约言。及豨谋反，高祖引兵亲征，信托故不从，高祖也不令随行。原来高祖得灭项王，大功告成，不欲再用韩信，信还想夸功争胜，不甘退居人后，因此君臣猜忌，越积越深。一日信入朝见驾，高祖与论诸将才具，信品评高下，均未满意。高祖道：“如我可领多少兵马？”信答道：“陛下不过能领十万人。”高祖道：“君自问能领若干？”信遽答道：“多多益善。”高祖笑道：“君既多多益善，如何为我所擒？”信半晌才道：“陛下不善统兵，却善驭将，信所以为陛下所擒。且陛下所为，均由天授，不是单靠人力呢。”高祖又付诸一笑。待信退朝，尚注目多时，方才入内。看官可知高祖意中，是更添一层疑忌了。及出师征豨，所有都中政事，内委吕后，外委萧何，因得放心前去。

吕后正想乘隙揽权，做些惊天动地的事业，使人畏服。三语见血。适有韩信舍人栾说，遣弟上书，报称信与陈豨通谋，前次已有密约，此次拟遥应陈豨，乘着夜间不备，破狱释囚，进袭皇太子云云。吕后得书，当然惶急，便召入萧何，商定秘谋。特遣一心腹吏役，假扮军人，悄悄地绕出北方，复入长安，只说由高祖遣来，传递捷音，已将陈豨破灭云云。朝臣不知有诈，便即联翩入贺，只韩信仍然称病，杜门不出。萧何借着问病的名目，亲来探信，信不便拒绝，没奈何出室相迎。何握手与语道：“君不过偶然违和，当无他虑，现在主上遣报捷书，君宜入宫道贺，借释众疑。奈何杜门不出呢？”信听了何言，不得已随何入宫。谁知宫门里面，已早伏匿武士，俟信入门，就一齐拥出，把信拿下。信急欲呼何相救，何早已避开，惟吕后含着怒脸，坐在长乐殿中，一见信至：便娇声喝道：“汝何故与陈豨通谋，敢作内应？”信答辩道：“此话从何而来？”吕后道：

“现奉主上诏命，陈豨就擒，供称由汝主使，所以造反，且汝舍人亦有书告发，汝谋反属实，尚有何言？”信还想申辩，偏吕后不容再说，竟令武士将信推出，即就殿旁钟室中，处置死刑。信仰天长叹道：“我不用蒯彻言，反为儿女子所诈，岂非天命？”说至此，刀已近颈，砉然一声，头已坠地。

看官阅过前文，应知萧何追信回来，登坛拜将，何等重用。就是垓下一战，若非信足智多谋，围困项王，高祖亦未必骤得天下，乃十大功劳，一笔勾销，前时力荐的萧丞相，反且向吕后进策，诱信入宫，把他处决，岂不可叹？后人为信悲吟云：“成也萧何，败也萧何”，原是一句公论。尤可痛的是韩信被杀，倒也罢了，信族何罪，也要夷灭，甚至父族母族妻族，一股脑儿杀尽，冤乎不冤，惨乎不惨！世间最毒妇人心，即此已见吕后之泼悍。

高祖接得此报，惊喜交并，当即至长安一行，夫妻相见，并不责后擅杀，只问韩信死时，有无他语。其欲信之死也，久矣。吕后谓信无别言，但自悔不用蒯彻计议。高祖惊愕道：“彻系齐人，素有辩才，不应使他漏网，再哄他人。”乃即使人赴齐，传语曹参，速将蒯彻拿来。参怎敢违慢，严饬郡吏，四处兜拿，任他蒯彻如何佯狂，也无从逃脱，被吏役拿解进京，由高祖亲自鞫问，怒目诘责道："汝敢教淮阴侯造反么？"彻直答道："臣原叫他独立，可惜竖子不听我言，遂至族诛，若竖子肯用臣计，陛下怎得杀他？"高祖大怒，喝令左右烹彻。彻呼天鸣冤，高祖道："汝教韩信造反，罪过韩信，理应受烹，还有何冤？"彻朗声说道："秦失其鹿，天下共逐，高材疾足，方能先得。此时有什么君臣名义，钳制人心。臣闻跖犬可使吠尧，尧岂不仁？犬但知为主，非主即吠。臣当时亦惟知韩信，不知陛下，就是今日海内粗平，亦未尝无暗地怀谋，欲为陛下所为。试问陛下能一一尽烹否？人不尽烹，独烹一臣，臣所以要呼冤了！"佯狂不能免祸，还是用彼三寸舌。蒯彻佯狂见前文。高祖闻言，不禁微笑道："汝总算能言善辩，朕便赦汝罢！"遂令左右将彻释缚，彻再拜而出，仍回到齐国去了。究竟是能说的好处。

且说梁王彭越，佐汉灭楚，战功虽不及韩信，却也相差不远，截楚粮道，烧楚积聚，卒使项王食尽，蹙死垓下，这种功劳，也好算是汉将中的翘楚。自韩信被擒，降王为侯，越亦恐及祸，阴有戒心。到了陈豨造反，高祖亲征，曾派人召越，使越会师，越托病不赴，是越亦大失着。惹动高祖怒意，驰诏诘责。越又觉生恐，拟自往谢罪，部将扈辄旁阻道："王前日不行，今日始往，定必成擒，不如就此举事，乘虚西进，截住汉帝归路，尚可快心。”越听了扈辄一半计策，仍然借口生病，未尝往谢。但究竟不敢造反，只是蹉跎度日。不料被梁太仆闻知，暗暗记着，当下瞧越不起，擅自行事。越欲把他治罪，他却先发制人，竟一溜烟似的往报高祖。适值高祖返洛，途中遇着，便即上书告讦，谓越已与扈辄谋反。高祖信为实事，立遣将士赍诏到梁，出其不意，把越与扈辄两人，一并拘至洛阳，便令廷尉王恬开讯办。恬开审讯以后，已知越不听辄言，无意造反，但默窥高祖微旨，不得不从重定谳，略言谋反计划，出自扈辄，越果效忠帝室，理应诛辄报闻，今越不杀辄，显是反形已具，应该依法论罪等语。高祖为了韩信受诛，入都按问情形，因将越事悬搁数日。前后呼应。及再到洛阳，乃下诏诛辄，贷越死罪，废为庶人，谪徙至蜀地青衣县居住。越无可奈何，只好依诏西往，行至郑地，却碰着一位女杀星，要将彭越的性命催讨了去。看官道是何人？原来就是擅杀韩信的吕雉。直斥其名，痛嫉之至。

吕后闻得彭越下狱，私心窃喜，总道高祖再往洛阳，定将越置诸死刑，除绝后患。偏高祖将他赦免，但令他废徙蜀中，她一得此信，大为不然，所以即日启行，要向高祖面谈，请速杀越。冤家路狭，蓦地相逢，便即呼越停住，假意慰问。越忙拜谒道旁，涕泣陈词，自称无罪，且乞吕后乘便说情，请高祖格外开恩，放回昌邑故里。向女阎罗求生，真是妄想。吕后毫不推辞，一口应允，就命越回，从原路同入洛阳，自己进见高祖，使越在宫外候信，越眼巴巴地恭候好音，差不多待了一日，哪知宫中有卫士出来，复将他横拖直拽，再至廷尉王恬开处候讯。王恬开也暗暗称奇，便探听宫内消息，再定谳词。未几已得确音，乃是吕后见了高祖，便劝高祖诛越，大旨谓越本壮士，徙入蜀中，仍旧养虎遗患，不如速诛为是，今特把越截住，嘱使同来云云。一面嘱令舍人告变，诬越暗招部兵，还想谋反，内煽外蛊，不由高祖不从，因再执越，交付廷尉，重治越罪。恬开是个逢迎好手，更将原谳加重，不但诛及越身，还要灭越三族。越方知一误再误，悔无及了。诏令一下，悉依定谳，遂将越捆缚出去，枭首市曹。并把越三族拘至，全体屠戮。越既枭首示众，还要把尸身醢作肉酱，分赐诸侯。何其残忍若此？且就悬首处揭张诏书，如有人收祀越首，罪与越同。

才阅数日，忽有一人素服来前，携了祭品，向着越首，摆设起来，且拜且哭，当被守吏闻知，便将那人捉住，送至高祖座前。高祖怒骂道："汝何人？敢来私祭彭越。"那人道："臣系梁大夫栾布。"高祖越厉声道："汝难道不见我诏书，公然哭祭，想是与越同谋，快快就烹！"时殿前正摆着汤镬，卫士等一闻命令，即将栾布提起，要向汤镬中掷入。布顾视高祖道：“容待臣一言，死亦无恨。”高祖道：“尽管说来！”栾布道：“陛下前困彭城，败走荥阳、成皋间，项王带领强兵，西向进逼，若非彭王居住梁地，助汉苦楚，项王早已入关了。当时彭王一动，关系非浅，从楚即汉破，从汉即楚破，况垓下一战，彭王不至，项王亦未必遽亡。今天下已定，彭王剖符受封，岂不欲传诸万世，乃一征梁兵，适值彭王有病，不能遽至，便疑为谋反，诛彭王身，灭彭王族，甚至悬首醢肉，臣恐此后功臣，人人自危，不反也将逼反了！今彭王已死，臣尝仕梁，敢违诏私祭，原是拼死前来，生不如死，情愿就烹。”高祖见他语言慷慨，词气激昂，也觉得所为过甚，急命武士放下栾布，松开捆绑，授为都尉，布乃向高祖拜了两拜，下殿自去。

这栾布本是彭越旧友，向为梁人，家况甚寒，流落至齐充当酒保。后来被人掠卖，入燕为奴，替主报仇，燕将臧荼，举为都尉。及荼为燕王，布即为燕将，已而荼起兵叛汉，竟至败死，布为所掳，亏得梁王彭越，顾念交情，将布赎出，使为梁大夫。越受捕时，布适出使齐国，事毕回梁，始闻越已被诛，乃即赶至洛阳，向越头下，致祭尽哀。古人有言：“烈士徇名。”又云：“士为知己者死。”栾布才算不愧哩！应该称扬。

惟高祖既诛彭越，即分梁地为二，东北仍号为梁，封子恢为梁王；西南号为淮阳，封子友为淮阳王。两子为后宫诸姬所出，母氏失传，小子也不敢臆造。只高祖猜忌异姓，改立宗支，明明是将中国土地，据为私产，也与秦始皇意见相似，异迹同情。若吕后妒悍情形，由内及外，无非为保全自己母子起见，这更可不必说了。讥刺得当。

梁事已了，吕后劝高祖还都，高祖乃挈后同归，入宫安居。约阅月余，忽想起南粤地方，尚未平服，因特派楚人陆贾，赍着印绶，往封赵佗为南粤王，叫他安辑百越，毋为边害。赵佗旧为龙川令，属南海郡尉任嚣管辖。嚣见秦政失纲，中原大乱，也想乘时崛起，独霸一方，会因老病缠绵，卧床不起，到了将死时候，乃召赵佗入语道："天下已乱，胜、广以后，复有刘、项，几不知何时得安。南海僻处蛮夷，我恐被乱兵侵入，意欲塞断北道，自开新路，静看世变如何，再定进止，不幸老病加剧，有志未逮，今郡中长吏，无可与言，只有足下倜傥不羁，可继我志。此地负山面海，东西相距数千里，又有中原人士，来此寓居，正可引为臂助，足下能乘势立国，却也是一州的主子呢！"佗唯唯受教，嚣即命佗行南海尉事。未几嚣死，佗为嚣发丧，实任南海尉，移檄各关守将，严守边防，截阻北路。所有秦时派置各县令，陆续派兵捕戮，另用亲党接充。嗣是袭取桂林、象郡，自称南粤武王。及汉使陆贾，到了南海，佗虽不拒绝，却大模大样地坐在堂上，头不戴冠，露出一个椎髻，身不束带，独伸开两脚，形状似箕，直至陆贾进来，仍然这般容态。陆贾素有口才，也不与他行礼，便朗声开言道："足下本是中国人，父母兄弟坟墓，都在真定，今足下反易天常，弃冠裂带，要想举区区南越，与天子抗衡，恐怕祸且立至了！试想秦为不道，豪杰并起，独今天子得先入关，据有咸阳，平定暴秦。项羽虽强，终致败亡，先后不过五年，海内即归统一，这乃天意使然，并不是专靠人力呢！今足下僭号南越，不助天下诛讨暴逆，天朝将相，俱欲移兵问罪，独天子怜民劳苦，志在休息，特遣使臣至此，册封足下，足下正应出郊相迎，北面称臣。不意足下侈然自大，骤思抗命，倘天子得闻此事，赫然一怒，掘毁足下祖墓，屠灭足下宗族，再遣偏将领兵十万，来讨南越，足下将如何支持？就是南越吏民，亦且共怨足下，足下生命，就在这旦夕间了！"怵以利害，先挫其气。佗乃竦然起座道："久处蛮中，致失礼仪，还请勿怪！"贾答道："足下知过能改，也好算是一位贤王。"佗因问道："我与萧何、曹参、韩信等人，互相比较，究竟孰贤？"贾随口说道："足下似高出一筹。"略略奉承，俾悦其心。佗喜溢眉宇，又进问道："我比皇帝如何？"贾答说道："皇帝起自丰、沛，讨暴秦，诛强楚，为天下兴利除害，德媲五帝，功等三王，统天下，治中国，中国人以亿万计，地方万里，尽归皇帝，政出一家，自从天地开辟以来，未尝得此！今足下不过数万兵士，又僻居蛮荒，山海崎岖，约不过大汉一郡，足下自思，能赛得过皇帝否？"佗大笑道："我不在中国起事，故但王此地；若得居中国，亦未必不如汉帝呢！"乃留贾居客馆中，连日与饮，纵谈时事，贾应对如流，备极欢洽。佗欣然道："越中乏才，无一可与共语，今得先生到来，使我闻所未闻，也是一幸。"贾因他气谊相投，乐得多住数日，劝他诚心归汉。佗为所感动，乃自愿称臣，遵奉汉约，并取出越中珍宝，作为赆仪，价值千金。贾亦将随身所带的财帛，送给赵佗，大约也不下千金，主客尽欢，方才告别。

贾辞归复命，高祖大悦，擢贾为大中大夫。贾既得主眷，时常进谒，每与高祖谈论文治，辄援据诗书，说得津津有味。高祖讨厌得很，向贾怒骂道："乃公以马上得天下，要用什么《诗》《书》？"贾答道："马上得天下，难道好马上治天下么？臣闻汤武逆取顺守，方能致治，秦并六国，任刑好杀，不久即亡。向使秦得有天下，施行仁义，效法先王，陛下怎能得灭秦为帝呢？”明白痛快。高祖听说，暗自生惭，禁不住面颊发赤。停了半晌，方与贾语道：“汝可将秦所以失天下，与我所以得天下，分条解释，并引古人成败的原因，按事引证，著成一书，也可垂为后鉴了。”贾奉命趋出，费了好几天工夫，辑成十二篇，奏闻高祖。高祖逐篇称善，左右又齐呼万岁，遂称贾书为《新语》。小子有诗咏道：

奉书出使赴南藩，折服枭雄语不烦。
更有一编传治道，古今得失好推原。

欲知后事如何，且看下回分解。

韩信谋反，出自舍人之一书，虚实尚未可知，吕后遽诱而杀之，无论其应杀与否，即使应杀，而出自吕后之专擅，心目中亦岂尚有高祖耶？或谓高祖出征，必有密意授诸帷房，故吕后得以专杀，此言亦不为无因，试观高祖之不责吕后，与吕后之复请诛越，可以知矣。然吾谓韩、彭之戮，高祖虽未尝无意，而主其谋者，必为吕后。高祖擒信而不杀信，拘越而不杀越，犹有不忍之心，惟吕后阴悍过于高祖，高祖仅黜之而不杀，吕后必杀之而后快，越可诬，信亦何不可诬？《纲目》于韩、彭之杀，皆不书反，而杀信则独书皇后，明其为吕后之专杀，于高祖固尚有恕辞也。妇有长舌，洵可畏哉！彼陆贾之招降赵佗，乃以口舌取功名，与郦食其、随何相类。惟“马上取天下，不能以马上治”二语，实足为佐治良谟，《新语》之作，流传后世，谓为汉室良臣，不亦宜乎！

第二十九回　讨淮南箭伤御驾　过沛中宴会乡亲

却说高祖既臣服南越，复将伪公主遣嫁匈奴，也得冒顿欢心，奉表称谢，正是四夷宾服，函夏风清。偏偏天有不测风云，人有旦夕祸福，高祖政躬不豫，竟好几日不闻视朝。群臣都向宫中请安，哪知高祖不愿见人，吩咐守门官吏，无论亲戚勋旧，一概拒绝，遂致群臣无从入谒，屡进屡退，究不知高祖得何病症，互启猜疑。独舞阳侯樊哙，往返数次，俱不得见，惹得一时性起，号召群僚，排闼直入，门吏阻挡不住，只得任令入内。哙见高祖躺在床上，用一小太监作枕，皱着两眉，似寐非寐，便不禁悲愤道："臣等从陛下起兵，大小百战，从未见陛下气沮，确是勇壮得很，今天下已定，陛下乃不愿视朝，累日病卧，又为何困惫至此！况陛下患病，群臣俱为担忧，各思觐见天颜，亲视安否？陛下奈何拒绝不纳，独与阉人同处，难道不闻赵高故事么？"樊哙敢为是言，想知高祖并非真病。高祖闻言，一笑而起，方与哙等问答数语。哙见高祖无甚大病，也觉心安，遂不复多言，须臾即退。其实高祖乃是愁病，一大半为了戚姬母子，踌躇莫决，所以闷卧宫中，独自沉思。一经樊哙叫破，只好撇下心事，再起听政，精神一振，病魔也自然退去了。

过了数日，忽来一个淮南中大夫贲赫，报称淮南王英布谋反，速请征讨。高祖恐赫挟嫌诬控，未便轻信，乃把赫暂系狱中，别令人查办淮南。究竟英布谋反，是否属实，容小子约略表明。先是彭越被诛，醢肉为酱，分赐王侯。布得醢大惊，恐轮到自己身上，阴使部将带兵守边，预防不测。会因爱姬得病，就医诊治，医家对门，就是中大夫贲赫宅第。赫尝在英布左右，与王姬亦曾见过。此时因姬就医，便想乘便奉承。特购得奇珍异宝，作为送礼。待至姬病渐瘥，又备了一席盛筵，即借医家摆设，恭请王姬上坐，自就末座相陪。男女有别，奈何不避嫌疑？王姬不忍却情，就也入席畅饮，直至玉山半颓，酒阑席散，方才谢别还宫。布见姬已就痊，倒也心喜。有时追问病中情景，姬即就便称赫，说他忠义兼全。哪知布面色陡变，迟疑半晌，方说出一语道：“汝为何知赫忠义？”姬被他一诘，才觉得出言冒昧，追悔无及，但又不能再讳，只好将赫如何厚馈，如何盛宴，略说一遍。布不听犹可，听他说完，越加动怒，厉声诃责道：“贲赫与汝何亲？乃这般优待，莫非汝与赫另有别情！”姬且悔且惭，又急又恼，慌忙带哭带辩，宁死不认。偏英布不肯相信，竟欲贲赫对质，使人宣召。何必这般性急。赫见了来使，还道是王姬代为吹嘘，非常高兴。及见来使语言有异，乃殷勤款待，探问情由。使人感赫厚情，便与他附耳说明，赫始知弄巧成拙，不敢应召，佯说是病不能起，只好从宽。待至使人去后，又恐布派兵来拿，当即乘车出门，飞奔而去。果然不到半日，即由布发到卫兵，围住赫第，入宅搜捕。四处寻觅，并不见赫，只得回去告布。布又命卫兵追赶，行了一二百里，杳无赫踪，仍然退归。赫已兼程西进，入都告变。

高祖恨不得杀尽功臣，正要他自来寻祸，还是萧何防赫挟嫌，奏明高祖，才得高祖首肯，也虑赫怀有诈意，一面将赫系住，一面派使查布。布因追赫不及，已料他西往长安，讦发隐情。至朝使到来，虽然没有严诏，但见他逐事调查，定由赫从中挑唆。自知一不做，二不休，索性将赫家全眷，尽行屠戮，且欲拿住朝使，一刀两段，亏得朝使预得风声，先期逃脱，奔还长安，报称布已起反。

高祖闻知，乃赦赫出狱，拜为将军，并召诸将会议出师。诸将统齐声道："布何能为？但教大兵一到，便好擒来。"高祖却不免迟疑，一时不能遽决。原来高祖病体新愈，尚未复原，意欲使太子统兵，出击英布。莫非与头曼单于同一思想？太子有上宾四人，统是岩栖谷隐，皓首庞眉。一叫作东园公，一叫作夏黄公，一叫作绮里季，一叫做甪音禄里先生。向来蛰居商山，号为商山四皓。高祖尝闻他重名，屡征不至。建成侯吕释之，系吕后亲兄，奉吕后命，要想保全太子，特向张良问计。良教他往迎四皓，辅佐太子，当不致有废立情事。释之也不知他有何妙用，但依了张良所言，卑礼厚币，往聘四人。四人见来意甚诚，勉允出山，面谒储君。及至长安，太子盈格外礼遇，情同师事，四人又不好遽去，只得住下。到了英布变起，太子盈有监军消息，四皓已窥透高祖微意，亟往见吕释之道："太子出去统兵，有功亦不能加封，无功却不免受祸，君何不急请皇后，泣陈上前，但言英布为天下猛将，素善用兵，不可轻敌。

现今朝廷诸将，都系陛下故旧，怎肯安受太子节制。今若使太子为将，何异使羊率狼，谁肯为用？徒令英布放胆，乘隙西来，中原一动，全局便至瓦解。看来只有陛下力疾亲征，方可平乱云云。照此进言，太子方可无虞了。”释之得四皓教导，忙入宫报知吕后。吕后即记着嘱语，乘间至高祖前，呜呜咽咽，泣述一番。高祖乃慨然道：“我原知竖子不能任事，总须乃公自行，我就亲征便了。”谁知已中了四皓的秘计。

是日即颁下诏命，准备亲征。汝阴侯夏侯婴，尚谓英布未必遽反，特召入门客薛公，与他商议。薛公为故楚令尹，向有才智，料事如神，既入见夏侯婴，说起英布造反等情，便以为确实无疑。婴复问道：“主上已裂地封布，举爵授布，布得南面称王，难道还要造反么？”薛公道：“往年杀彭越，前年杀韩信，布与信越，同功一体，两人受诛，布怎能不惧？因惧思反，何足为怪？”婴又道：“布果能逞志否？”薛公道：“未必！未必！”婴深服薛公言论，遂入白高祖，力为保荐。高祖也即传见，向他问计。薛公道：“布反不足深虑，设使布出上策，山东恐非汉有；若出中策，胜负尚未可知；惟出下策，陛下好高枕安卧了！”高祖道：“上策如何？”薛公道：“南取吴，西取楚，东并齐、鲁，北收燕、赵，坚壁固守，乃为上策，布能出此，山东即非汉有了！”高祖又问及中策下策。薛公道：“东取吴，西取楚，并韩取魏，据敖仓粟，塞成皋口，便是中策。若东取吴，西取下蔡，聚粮越地，身归长沙，这乃所谓下策哩。”高祖道：“汝料布将用何策？”薛公道：“布一骊山刑徒，遭际乱世，得封王爵；其实是无甚远识，但顾一身，不顾日后，臣料他必出下策，尽可无忧！”高祖听了，欣然称善，面封薛公为关内侯，食邑千户。且立赵姬所生子长为淮南王，预为代布地步。

时方新秋，御跸启行，战将多半相从，惟留守诸臣，辅着太子，得免从军，但皆送行出都，共至灞上。留侯张良，平时多病，至此亦强起出送。想是辟谷所致。临别时方语高祖道：“臣本宜从行，无如病体加剧，未便就道，只好暂违陛下！惟陛下此去，务请随时慎重，楚人生性剽悍，幸勿轻与争锋！”高祖点首道：“朕当谨记君言。”良又说道：“太子留守京都，关系甚重，陛下应命太子为将军，统率关中兵马，方足摄服人心。”高祖又依了良议，且嘱良道：“子房为朕故交，今虽抱病，幸为朕卧傅太子，免朕悬念。”良答道：“叔孙通已为太子太傅，才足胜任，请陛下放心。”高祖道：“叔孙通原是贤臣，但一人恐不足济事，故烦子房相助，子房可屈居少傅，还望勿辞！”良乃受职自归。无非为着太子。高祖又发上郡、北地、陇西车骑，及巴、蜀材官，并中尉卒三万人，使屯灞上，为太子卫军。部署既定，然后麾兵东行，逐队进发。

布已出兵略地，东攻荆，西攻楚，号令军中道：“汉帝已老，必不亲来，从前善战诸将，只有韩信、彭越，智勇过人，今已皆死，余不足虑，诸君能努力向前，包管得胜，取天下也不难呢！”部众闻命，遂先向荆国进攻。荆王刘贾，战败走死。布取得荆地，复移兵攻楚。楚王刘交，分兵三路，出城拒布，有人谓楚统将道：“布善用兵，为众所惮，我若并力抵拒，还可久持。今作为三路，势分力散，彼若败我一军，余军皆散，楚地便不保了！”楚将不从，果然两造交锋，前军为布所败，左右二军，不战自溃，楚将亦遁。就是楚王刘交，也保不住淮西都城，避难奔薛。布以为荆楚已下，正好西进，遂如薛公所料，甘出下计，溯江西行，及抵蕲州属境会甄地方，正值高祖亲率大队，迤逦前来。布望将过去，隐隐见有黄屋左纛，却也吃了一惊。偏不如汝所料。但势成骑虎，不能再下，只得摆成阵势，与决雌雄。

高祖就庸城下营，登高窥敌，见布军甚是精锐，一切阵法，仿佛与项羽相似，心下很是不悦，因即策励诸将，出营与战。布严装披挂，立住阵门，高祖遥与布语道：“我封汝为王，也足报功，何苦兴兵动众，猝然造反！”布说不出什么理由，但随口答说道：“为王何如为帝，我亦无非想做皇帝呢！”倒也痛快。高祖大怒，痛骂数语，便即用鞭一挥，诸将依次杀出，突入布阵。布令前驱射箭，群镞齐飞，争注汉军，汉军虽不免受伤，仍然拼死直前，有进无退。高祖也冒矢督战，毫无惧色。忽遇一箭飞来，迫不及避，竟中胸前，还亏身披铁甲，镞未深入，不过入肉数分，痛楚尚可忍耐。高祖用手扪胸，保护痛处，越觉得怒气上冲，大呼杀贼。诸将见高祖已经中箭，尚且舍命奋呼，做臣子的理应为主效劳，争先赴敌，还管什么生死利害，但教一息尚存，总要拼个你死我活，于是从众矢攒集的中间，拨开一条血路，齐向布阵杀入。布兵矢已垂尽，汉军气尚未衰，顿时布阵捣破，横冲直撞，好似生龙活虎，不可复制，布众七零八落，纷纷四溃，布亦禁止不住，带领残骑，回头退走。高祖尚麾众追击，直逼淮水。布兵渡淮东行，只恐汉军追及，急忙凫水，多被漂没。及渡过对岸，随兵已不满千人，再加沿途散失，相从只百余骑兵，哪里还能保守淮南。布势尽力穷，不敢还都，专望江南窜走。适有长沙王吴臣，贻书与布，叫他避难长沙。吴臣即吴芮子，芮已病殁，由臣嗣立，与布为郎舅亲。布得书心喜，急忙改道前往。行至鄱阳，夜宿驿中，不料驿舍里面，伏着壮士，突起击布。布猝不及防，竟被杀死，好与韩信、彭越一班阴魂，混做一淘，彼此诉苦去了。看官不必细猜，便可晓得杀布的壮士，乃是吴臣所遣。既得布首，当然赍献高祖，释嫌报功。大义灭亲，原不足怪，但必诱而杀之，毋乃不情。

那时高祖已顺道至沛，省视故乡父老，寓有衣锦重归的意思。沛县官吏，预备行宫，盛设供帐，待至高祖到来，出城跪迎。高祖因他是故乡官吏，却也另眼相看，就在马上答礼，命他起身，引入城中。百姓统扶老携幼，欢迎高祖，香花载道，灯彩盈街，高祖瞧着，非常高兴，一入行宫，即传集父老子弟，一体进见，且嘱他不必多礼，两旁分坐。沛中官吏，早已备着筵席，摆设起来。高祖坐在上面，即令父老子弟，共同饮酒，又选得儿童二百二十人，教他唱歌侑觞，儿童等满口乡音，咿咿呀呀地唱了一番，高祖倒也欢心。并因酒入欢肠，越加畅适，遂令左右取筑至前，亲自击节，信口作歌道：

大风起兮云飞扬，威加海内兮归故乡，安得猛士兮守四方！

歌罢，命儿童学习，同声唱和。儿童伶俐得很，一经教授，便能上口，并且抑扬顿挫，宛转可听，引得高祖喜笑颜开，走下座来，回旋动舞。无赖依然旧酒徒。舞了片刻，又回想到从前苦况，不由得悲感交乘，流下数行老泪。父老子弟等，看到高祖泪容，都不禁相顾错愕。高祖亦已瞧着，便向众宣言道："游子悲故乡，乃是常情。我虽定都关中，万岁以后，魂魄犹依恋故土，怎能忘怀？且我起自沛公，得除暴逆，幸有天下，是处系朕汤沐邑，可从此豁免赋役，世世无与。"大众听了，俱伏地拜谢。高祖又令他起身归座，续饮数巡，至晚始散。到了次日，复使人召入武负，王媪，及亲旧各家老妪，都来与宴。妇女等未知礼节，由高祖概令免礼，大众不过是敛衽下拜，便算是觐见的仪制。草草拜毕，依次入座。高祖与他谈及旧事，相率尽欢，且笑且饮，又消磨了一日。嗣是男女出入，皆各赐宴，接连至十余日，方拟启行，父老等固请再留。高祖道："我此来人多马众，日需供给，若再留连不去，岂不是累我父兄？我只好与众告辞了！"乃下令起程。

父老等不忍相别，统皆备办牛酒，至沛县西境饯行，御驾一出，全县皆空。高祖感念父老厚情，命在沛西暂设行幄，与众共饮，眨眨眼又是三日，始决计与别。父老复顿首请命道："沛中幸免赋役，唯丰邑未沐殊恩，还乞陛下矜怜！"高祖道："丰邑是我生长地，更当不忘，只因从前雍齿叛我，丰人亦甘心助齿，负我太甚，今既由父老固请，我就一视同仁，允免赋役罢了。”雍齿已给侯封，何必再恨丰人？父老等再为丰人叩谢。高祖待他谢毕，拱手上车，向西自去。父老等回入沛中，就在行宫前筑起一台，号为歌风台。曾记清朝袁子才，咏有《歌风台》诗云：

高台击筑记英雄，马上归来句亦工。
一代君民酣饮后，千年魂魄故乡中。
青天弓剑无留影，落日河山有大风。
百二十人飘散尽，满村牧笛是歌童。

高祖行次淮南，连接两次喜报，心下大悦。究竟所报何事，待看下回自知。

韩、彭未反而被戮，英布已反而始诛，是布固明明有罪，与韩、彭之受戮不同。然韩、彭不死，布亦未必遽反，兔死狐悲，物伤其类，布之反，实汉高有以激成之耳！究令布终不反，亦未必免祸。功成身危，千古同慨，此张子房之所以独称明哲也。及高祖破布，过沛置酒，宴集父老，大风作歌，慨思猛士，是岂因功臣之死，自觉寂寥，乃为慷慨悲歌乎？夫猛士可使守，枭将亦不反矣。甚矣哉高祖之徒知齐末，不知揣本也！

第三十回 保储君四皓与宴 留遗嘱高祖升遐

却说高祖到了淮南，连接两次喜报，一即由长沙王吴臣，遣人献上英布首级，高祖看验属实，颁诏褒功，交与来使带回。一是由周勃发来的捷音，乃是追击陈豨，至当城破灭豨众，将豨刺死，现已悉平代郡，及雁门云中诸地，候诏定夺云云。高祖复驰诏与勃，叫他班师。周勃留代，见二十八回。惟淮南已封与子长，楚王交复归原镇，独荆王贾走死以后，并无子嗣，特改荆地为吴国，立兄仲子濞为吴王。濞本为沛侯，年方弱冠，膂力过人，此次高祖讨布，濞亦随行，临战先驱，杀敌甚众。高祖因吴地轻悍，须用壮王镇守，方可无患，乃特使濞王吴。濞受命入谢，高祖留神细视，见他面目犷悍，隐带杀气，不由得懊悔起来。便怅然语濞道："汝状有反相，奈何？"说到此句，又未便收回成命，大费踌躇。濞暗暗生惊，就地俯伏，高祖手抚濞背道："汉后五十年，东南有乱，莫非就应在汝身？汝当念天下同姓一家，慎勿谋反，切记！切记！"既知濞有反相，何妨收回成命，且五十年后之乱事，高祖如何预知？此或因史笔好谀，故有是记载，未足深信。濞连称不敢，高祖乃令他起来，又嘱咐数语，才使退出。濞即整装去讫。嗣是子弟分封，共计八国，齐、楚、代、吴、赵、梁、淮阳、淮南，除楚王交、吴王濞外，余皆系高祖亲子。高祖以为骨肉至亲，当无异志，就是吴王濞，已露反相，还道是犹子比儿，不必过虑，谁知后来竟变生不测呢？这且慢表。

且说高祖自淮南启跸，东行过鲁，遣官备具太牢，往祀孔子。待祀毕复命，改道西行。途中箭创复发，匆匆入关，还居长乐宫，一卧数日。戚姬早夕侍侧，见高祖呻吟不辍，格外担忧，当下觑便陈词，再四吁请，要高祖保全母子性命。高祖暗想，只有废立太子一法，尚可保他母子，因此旧事重提，决议废立。张良为太子少傅，义难坐视，便首先入谏，说了许多言词，高祖只是不睬。良自思平日进言，多见信从，此番乃格不相入，料难再语，不如退归，好几日杜门谢客，托病不出。当时恼了太子太傅叔孙通，入宫强谏道："从前晋献公宠爱骊姬，废去太子申生，晋国乱了好几十年，秦始皇不早立扶苏，自致灭祀，尤为陛下所亲见。今太子仁孝，天下共闻，吕后与陛下，艰苦同尝，只生太子一人，如何无端背弃？今陛下必欲废嫡立少，臣情愿先死，就用颈血洒地罢。"说着，即拔出剑来，竟欲自刎。高祖慌忙摇手，叫他不必自尽，且与语道："我不过偶出戏言，君奈何视作真情？竟来尸谏，幸勿如此误会！"通乃把剑放下，复答说道："太子为天下根本，根本一摇，天下震动，奈何以天下为戏哩？"高祖道："我听君言，不易太子了！"通乃趋退。既而内外群臣，亦多上书固争，累得高祖左右两难，既不便强违众意，又不好过拒爱姬，只好延宕过去，再作后图。

既而疮病少瘥，置酒宫中，特召太子盈侍宴。太子盈应召入宫，四皓一同进去，俟太子行过了礼，亦皆上前拜谒。高祖瞧着，统是须眉似雪，道貌岩岩，心中惊异得很，便顾问太子道："这四老乃是何人？"太子尚未答言，四皓已自叙姓名。高祖愕然道："公等便是商山四皓么？我求公已阅数年，公等避我不至，今为何到此，从吾儿游行？"四皓齐声道："陛下轻士善骂，臣等义不受辱，所以违命不来。今闻太子仁孝，恭敬爱士，天下都延颈慕义，愿为太子效死。臣等体念舆情，故特远道来从，敬佐太子。”高祖徐徐说道：“公等肯来辅佐我儿，还有何言？幸始终保护，毋致失德。”四皓唯唯听命，依次奉觞上寿。高祖勉强接饮，且使四皓一同坐下，共饮数卮。约有一两个时辰，高祖总觉寡欢，就命太子退去。太子起座，四皓亦起，随着太子，谢宴而出。高祖急召戚姬至前，指示四皓，且唏嘘向戚姬道：“我本欲改立太子，奈彼得四人为辅，羽翼已成，势难再动了。”戚姬闻言，立即泪下。妇女徒知下泪，究属无益。高祖道：“汝亦何必过悲，须知人生有命，得过且过，汝且为我作楚舞，我为汝作楚歌。”戚姬无奈，就席前飘扬翠袖，轻盈回舞。高祖想了片刻，歌词已就，随即高声唱着道：

鸿鹄高飞，一举千里。羽翼已就，横绝四海。横绝四海，当可奈何！虽有缯缴，尚安所施！

歌罢复歌，回环数四，音调凄怆。戚姬本来通文，听着语意，越觉悲从中来，不能成舞，索性掩面痛哭，泣下如雨。高祖亦无心再饮，吩咐撤肴，自携戚姬入内，无非是婉言劝解，软语温存，但把废立太子的问题，却从此搁起，不复再说了。太子原不宜废立，但欲保全戚姬，难道竟无别法么？

是时萧何已进位相国，益封五千户。高祖意思，实因何谋诛韩信，所以加封。群僚都向何道贺，独故秦东陵侯召平往吊。平自秦亡失职，在长安种瓜，味皆甘美，世称为东陵瓜。萧何入关，闻平有贤名，招致幕下，尝与谋议。此次平独入吊道："公将从此惹祸了！"何惊问原因，平答道："主上连年出征，亲冒矢石，惟公安守都中，不被兵革。今反得加封食邑，名为重公，实是疑公，试想淮阴侯百战功劳，尚且诛夷，公难道能及淮阴么？"何惶急道："君言甚是，计将安出？"平又道："公不如让封勿受，尽将私财取出，移作军需，方可免祸。"何点首称善，乃只受相国职衔，让还封邑，且将家财佐军。果得高祖欢心，褒奖有加。及高祖讨英布时，何使人输运军粮，高祖又屡问来使，谓相国近作何事。来使答言，无非说他抚循百姓，措办粮械等情，高祖默然。寓有深意。来使返报萧何，何也未识高祖命意，有时与幕客谈及，忽有一客答说道："公不久便要灭族哩！"又作一波。何大惊失色，连问语都说不出来。客复申说道："公位至相国，功居第一，此外已不能再加了。主上屡问公所为，恐公久居关中，深得民心，若乘虚号召，据地称尊，岂不是驾出难归，前功尽隳么？今公不察上意，还要孳孳为民，益增主忌！忌日益深，祸日益迫，公何不多买田地，胁民贱售，使民间稍稍谤公，然后主上闻知，才能自安，公亦可保全家族了。”何依了客言，如议施行，嗣有使节往返，报知高祖，高祖果然欣慰。已而淮南告平，还都养疴，百姓遮道上书，争劾萧何强买民田，高祖全不在意，安然入宫。至萧何一再问疾，才将谤书示何，叫他自己谢民，何乃补给田价，或将田宅仍还原主，谤议自然渐息了。过了数旬，何上了一道奏章，竟触高祖盛怒，把书掷下，信口怒骂道：“相国萧何，想是多受商人货赂，敢来请我苑地，这还当了得么？”说着，遂指示卫吏，叫他往拘萧何，交付廷尉。可怜何时时关心，防有他变，不料大祸临头，竟来了一班侍卫，把他卸除冠带，加上锁链，拿交廷尉，向黑沉沉的冤狱中，亲尝苦味去了。古时刑不上大夫，况属相国，召平等胡不劝何早去，省得受辱？一连幽系了数日，朝臣都不知何因，未敢营救。后来探得萧何奏牍，乃是为了长安都中，居民日多，田地不敷耕种，请将上苑隙地，俾民入垦，一可栽植菽粟，赡养穷氓，二可收取稿草，供给兽食。这也是一条上下交济的办法，谁知高祖疑他讨好百姓，又起猜嫌，竟不计前功，饬令系治！猜忌之深，无孔不入。群臣各为呼冤，但尚是徘徊观望，惮发正言。幸亏有一王卫尉，代何不平，时思保救。一日入侍，见高祖尚有欢容，遂乘间高祖道：“相国有何大罪，遽致系狱？”

高祖道：“我闻李斯相秦，有善归主，有恶自受，今相国受人货赂，向我请放苑地，求媚人民，我所以把他系治，并不冤诬。”卫尉道：“臣闻百姓足，君孰与不足？相国为民兴利，请辟上苑，正是宰相应尽的职务，陛下奈何疑他得贿呢？且陛下距楚数年，又出讨陈豨、黥布，当时俱委相国留守。相国若有异图，但一动足，便可坐据关中，乃相国效忠陛下，使子弟从军，出私财助饷，毫无利己思想，今难道反贪商贾财贿么？况前秦致亡，便是由君上不愿闻过，李斯自甘受谤，实恐出言遭谴，何足为法？陛下未免浅视相国了！”力为萧何洗释，语多正直，可惜史失其名。高祖被他一驳，自觉说不过去，踌躇了好多时，方遣使持节，赦何出狱。何年已老，械系经旬，害得手足酸麻，身躯困敝，不得已赤了双足，徒跣入谢。高祖道：“相国可不必多礼了！相国为民请愿，我不肯许，我不过为桀纣主，相国乃成为贤相，我所以系君数日，欲令百姓知我过失呢！”何称谢而退，自是益加恭谨，静默寡言。高祖也照常看待，不消细说。

适周勃自代地归来，入朝复命，且言陈豨部将，多来归降，报称燕王卢绾，与豨曾有通谋情事。高祖以绾素亲爱，未必至此，不如召他入朝，亲察行止。乃即派使赴燕，传旨召绾。绾却是心虚，通谋也有实迹，说将起来，仍是由所用非人，致被摇惑，遂累得身名两败，贻臭万年！先是豨造反时，尝遣部将王黄至匈奴求援，匈奴已与汉和亲，一时未肯发兵，事为卢绾所闻，也遣臣属张胜，前往匈奴，说是豨兵已败，切勿入援。张胜到了匈奴，尚未致命，忽与故燕王臧荼子衍，旅次相遇。衍奔匈奴，见前文。两下叙谈，衍是欲报父仇，恨不得汉朝危乱，乃用言诱胜道："君习知胡事，乃为燕王所宠信，燕至今尚存，乃是因诸侯屡叛，汉不暇北顾，暂作羁縻，若君但知灭豨，豨亡必及燕国，君等将尽为汉虏了！今为君计，惟有一面援豨，一面和胡，方得长保燕地，就使汉兵来攻，亦可彼此相助，不至遽亡。否则汉帝好猜，志在屠戮功臣，怎肯令燕久存哩！"张胜听了，却是有理。遂违反卢绾命令，竟入劝冒顿单于，助豨敌汉。绾待胜不至，且闻匈奴发兵入境，防燕攻豨，不由得惊诧起来。暗想此次变端，定由张胜暗通匈奴，背我谋反，乃飞使报闻高祖，要将张胜全家诛戮。使人方发，胜却自匈奴回来，绾见了张胜，当然要把他斩首，嗣经胜具述情由，说得绾亦为心动，乃私赦胜罪，掉了一个狱中罪犯，绑出市曹，枭去首级，只说他就是张胜。暗中却遣胜再往匈奴与他连和，另派属吏范齐，往见陈豨，叫他尽力御汉，不必多虑。偏偏陈豨不能久持，败死当城，遂致绾计不得逞，悔惧交并。蓦地里又来了汉使，宣召入朝，绾怎敢遽赴？只好托言有病，未便应命。

汉使当然返报，高祖尚不欲讨绾，又派辟阳侯审食其，及御史大夫赵尧，相偕入燕，察视绾病虚实，仍复促绾入朝。两使驰入燕都，绾越加惊慌，仍诈称病卧床中，不能出见，但留西使居客馆中。两使住了数日，未免焦烦，屡与燕臣说及，要至内室问病。燕臣依言报绾，绾叹息道："从前异姓分封，共有七国，现在只存我及长沙王两人，余皆灭亡。往年族诛韩信，烹醢彭越，均出吕后计划。近闻主上抱病不起，政权均归诸吕后，吕后妇人，阴贼好杀，专戮异姓功臣，我若入都，明明自去寻死，且待主上病愈，我方自去谢罪，或尚能保全性命呢！"燕臣乃转告两使，虽未尝尽如绾言，却也略叙大意。赵尧还想与他解释，独审食其听着语气，似含有不满吕后的意思，心中委实难受，遂阻住赵尧言论，即与尧匆匆还报。审食其袒护吕后，却有一段隐情，试看下文便知。

高祖得两人复命，已是愤恨得很，旋又接到边吏报告，乃是燕臣张胜，仍为燕使，通好匈奴，并未有族诛等情。高祖不禁大怒道："卢绾果然造反了！"遂命樊哙率兵万人，往讨卢绾。哙受命即去。高祖因绾亦谋反，格外气愤，一番盛怒，又致箭疮迸裂，血流不止。好容易用药搽敷，将血止住。但疮痕未愈，痛终难忍，辗转榻中，不能成寐。自思讨布一役，本拟令太子出去，乃吕后从中谏阻，使我不得不行，临阵中箭，受伤甚重，这明明是吕后害我，岂不可恨？所以吕后、太子，进来问疾，高祖或向他痛骂一顿。吕后、太子，不堪受责，往往避不见面，免得时听骂声。适有侍臣与樊哙不协，趁着左右无人，向前进谗道："樊哙为皇后妹夫，与吕后结为死党，闻他暗地设谋，将俟宫车宴驾后，引兵报怨，尽诛戚夫人、赵王如意等人，不可不防！"高祖瞋目道："有这等事么？"侍臣说是千真万真，当由高祖召入陈平、周勃，临榻与语道："樊哙党同吕后，望我速死，可恨已极，今命汝两人乘驿前往，速斩哙首，不得有误！"两人闻命，面面相觑，不敢发言。高祖顾陈平道："汝可将哙首取来，愈速愈妙！"又顾周勃道："汝可代哙为将，讨平燕地！"两人见高祖盛怒，并且病重，未便为哙解免，只好唯唯退出，整装起行。在途私议道："哙系主上故人，积功甚多，又是吕后妹夫，关系贵戚，今主上不知听信何人，命我等速去斩哙！我等此去，只好从权行事，宁可把哙拘归，请主上自行加诛罢。"这计议发自陈平，周勃亦极口赞成，便即乘驿前往。两人尚未至哙军，那高祖已经归天了。

高祖一病数月，逐日加重，至十二年春三月中，自知创重无救，不愿再行疗治，吕后却遍访良医，得了一有名医士，入宫诊视，高祖问疾可治否？医士却还称可治，高祖谩骂道："我以布衣提三尺剑，取得天下，今一病至此，岂非天命？命乃在天，就使扁鹊重生，也是无益，还想什么痊愈呢！"说罢，顾令近侍取金五十斤赐与医士，令他退去，不使医治。医士无功得金，却发了一注小财。吕后亦无法相劝，只好罢了。高祖待吕后退出，便召集列侯群臣，一同入宫，嘱使宰杀白马，相率宣誓道："此后非刘氏不得封王，非有功不得封侯。如违此约，天下共击之！"誓毕乃散，高祖再寄谕陈平，令他由燕回来，不必入报，速往荥阳，与灌婴同心驻守，免致各国乘丧为乱。布置已毕，再召吕后入宫，嘱咐后事，吕后问道："陛下百岁后，萧相国若死，何人可代？"高祖道："莫若曹参。"吕后道："参年亦已将老，此后当属何人？"高祖道："王陵可用。但陵稍愚直，不能独任，须用陈平为助。平智识有余，厚重不足，最好兼任周勃。勃朴实少文，但欲安刘氏，非勃不可，就用为太尉便了。"大约是阅历有得之谈。吕后还要再问后人，高祖道："后事恐亦非汝所能知了。"吕后乃不复再言。又越数日，已是孟夏四月，高祖在长乐宫中，瞑目而崩。享年五十有三。自高祖为汉王后，方才改元，五年称帝，又阅八年，总计得十有二年。称帝以五年为始，故合计只十二年。小子有诗咏道：

仗剑轻挥灭暴秦，功成垓下壮图新。

如何功狗垂烹尽，身后牝鸡得主晨。

高祖已崩，大权归诸吕后手中，吕后竟想尽诛遗臣，放出一种辣手出来。当下召入一人，秘密与商，这人为谁？容至下回再详。

四皓为秦时遗老，无权无勇，安能保全太子，使不废立？高祖明知废立足以召祸，故迟回审慎，终不为爱妾所移，其所谓羽翼已成，势难再动，特给戚夫人耳。戚姬屡请易储，再四涕泣，高祖无言可答，乃借四皓以折其心，此即高祖之智术也。厥后械系萧何，命斩樊哙，无非恐太子柔弱，特为此最后之防维。何本谦恭，挫辱之而已足，哙兼亲贵，刑戮之而始安。至若预定相位，嘱用周勃，更为身后之图，特具安刘之策，盖其操心危，虑患深，故能谈言微中，一二有征。必谓其洞察未来，则尧舜犹难，遑论汉高。况戚姬、赵王，固为高祖之最所宠爱者，奈何不安之于豫，而使有人彘之祸也哉！